Richard Schneider
Bankenbande

Richard Schneider

BANKEN BANDE

Hypo Alpe Adria

Das größte Wirtschaftsverbrechen Europas

Mit einem Vorwort von Veit Heinichen

Der Autor dankt Ljubica Obradović (Übersetzungen)
und Vanja Meandžija (Recherchen) für die Mitarbeit.

Impressum

www.bankenbande.com

Lektorat: Dr. Rainer Schöttle
Korrektorat: Renate Novak
Gestaltung, Satz: Ekke Wolf
Gesamtherstellung: CPI Books, Leck

ISBN 978-3-200-04170-7

INHALT

DREIGROSCHENOPER

Vorwort von Veit Heinichen

Die Einstiegsszene eines Hollywood-Films vom Kaliber »Watergate«: Der Erzbischof einer zentraleuropäischen Hauptstadt greift zum Telefon und bittet seinen Kollegen in einem anderen Land gegen ein paar größere Gefälligkeiten um Hilfe bei einem Grundstücksgeschäft an der Adria, in der Nähe des dalmatinischen Küstenstädtchens Zadar.

»Das ist doch sehr gewagt«, würde der gutgläubige Leser behaupten, und auch als Autor akribisch recherchierter Kriminalromane käme ich niemals auf eine solche Idee und würde mich schon aus rein rechtlichen Gründen davor hüten, eine derartige Szene ohne belegbare Grundlage zu erfinden. Zitieren jedoch ist erlaubt: Dieses Szenarium findet sich in einem Bericht des kroatischen Geheimdienstes vom November 2007. Dieser Bericht liegt dem Journalisten Richard Schneider vor, dem Autor dieses dringend nötigen Sachbuches über die wahre Dimension eines Bankenskandals, der zu lange Zeit schon ruchbar war, doch stets als regionale Eigenheit heruntergespielt wurde. So lange eben, bis die Bombe platzen musste und er inzwischen die Fahnder zahlreicher Länder beschäftigt, worüber wiederum die Medien mehr oder weniger ausführlich berichten.

Dieses Buch geht – wie schon Schneiders erster Bestseller *Tatort Hypo Alpe Adria* – über das, was die internationale Presse bietet, weit hinaus. Zum einen müsste der an dem unglaublichen Fall Interessierte täglich die Medien der verschiedensten Länder konsultieren, um ein einigermaßen vollständiges Bild zu erhalten. Zum anderen enthält Schneiders Recherche eine Fülle an Details und O-Tönen, die dort eben nicht zu finden sind. Die Zeitungsreportage hat dafür keinen Raum, und oft genug werden brisante Meldungen vorgefiltert. Auch die Einschätzung des Skandals um die Hypo Group Alpe Adria differiert von Redaktion zu Redaktion. Ein national beschränkter Blickwinkel reicht nicht aus, um die Machenschaften zu bewerten, die Beteiligten sind international tätig und in den verschiedensten

Ländern zu Hause. Von Österreich, Slowenien, Kroatien, Deutschland, Italien, Ungarn, Belgien, den USA, der Schweiz und Liechtenstein aus haben sie ihr Netzwerk gesponnen und sich tollkühn daran bereichert. Die Trümmerbeseitigung und die Folgeschäden hingegen trägt – und das heißt: bezahlt – der Steuerzahler.

Zugegeben: Im Vergleich mit den großen Bankzusammenbrüchen erscheinen die Milliarden, die im Fall Hypo Group Alpe Adria verpufft sind, so manchem geradezu als Kleingeld. Was sind schon 5 Milliarden, die die BayernLB in den Wind schreiben musste, gegen die 50 Milliarden, die Bernie Madoff in den USA dank seines Schneeballsystems versenkte? Oder gegen den Schuldenberg von über 200 Milliarden US-Dollar durch die Insolvenz von Lehman Brothers? Die betrügerischen Positionen bei der französischen Société Générale sollen laut einer Pressemitteilung des Unternehmens einen Nominalwert von rund 50 Milliarden Euro gehabt haben. Und die Beihilfen und Kreditgarantien für die bundesdeutsche Hypo Real Estate betragen seit dem Jahr 2008 bis dato weit über 100 Milliarden Euro. Worüber also soll man sich da beim Fall Hypo Group Alpe Adria aufregen?

»Was ist der Einbruch in eine Bank gegen die Gründung einer Bank?«, ließ Bertolt Brecht 1928 einen Protagonisten in der Dreigroschenoper fragen. Diese These scheint in der postideologischen Zeit von noch größerer Aktualität zu sein. Richard Schneider zeigt in seinem Werk die Zusammenhänge zwischen den Beteiligten auf, die weit über das klassische Bankengeschäft hinausgehen. Er weist auch nach, dass die Klagenfurter Skandalbank nicht *systemrelevant* oder anders ausgedrückt: *too big to fail* war, wie so gerne behauptet wird, um sie nicht in die Insolvenz schicken zu müssen – sondern dass sie *das System* war. Da wurden obskure Firmengründungen betrieben mit dem Ziel, sich ganze Landstriche entlang der Adriaküste und im Binnenland Sloweniens und Kroatiens unter den Nagel zu reißen. Unternehmen wurden strategisch in die Pleite gefahren, um reichlich daran zu verdienen. Und graue Eminenzen intrigierten mithilfe kontrollierter Medien und darin erschienener propagandistischer Vernichtungsaktionen gegen die erklärten Gegner: Die demokratische Rechtsordnung wurde in mehr als nur einem Land ausgehöhlt.

Tatsächlich unterscheidet sich der Fall Hypo Alpe Adria schon dadurch von den meisten anderen großen Firmencrashs, dass sich inzwischen die Geheimdienste halb Europas, aber auch der USA und

Russlands mit der Sache befassen – ein unmissverständlicher Hinweis darauf, dass die Verstrickung von Wirtschaft, Politik und organisierter Kriminalität sich längst etabliert hat und dass die Schattengesellschaft sich am Bürger vorbei mit Erfolg ein völlig eigenes Europa zu schaffen versucht.

Die Gesetzgeber vieler Länder haben dazu über lange Zeit das Ihre beigetragen: In demokratischen Staaten, deren Gesellschaftssystem auf der Marktwirtschaft aufgebaut ist, bedeutet jedes Wirtschaftsverbrechen einen Schuss ins Rückgrat der Demokratie. Wenn Bilanzfälschung und Geldwäsche jedoch nur wie eine leichtere Körperverletzung geahndet werden, solange bei solchen Delikten nicht wegen organisierter Kriminalität und Bandenbildung ermittelt wird, die Ermittlungsmethoden wie auch die dafür vorgesehenen Strafen nicht entsprechend angepasst werden, haben die Täter auch in Zukunft leichtes Spiel. Und wenn die hohen Herren in Bayern jetzt darum ringen, als schmählich Betrogene behandelt zu werden, dann können sie sich leider die Frage nach ihrer Kompetenz nicht ersparen. Wofür sieht das Kapitalmarktrecht bei Firmenübernahmen denn eine Due-Diligence-Prüfung vor? Wäre nicht vielleicht die Wortschöpfung »Due Dilettance« angebrachter, wenn solche Fehler unterlaufen? Oder gilt schon wieder der begründete Verdacht auf Interessenkonflikte zwischen Politik und Wirtschaft, wenn diese heiklen Positionen mit hoch dotierten, aber inkompetenten Managern besetzt werden? Diese Frage stellt sich freilich nicht nur in Bayern, sondern, wie dieses Buch nachweist, in aller Krassheit auch in Österreich, Kroatien und anderen Ländern.

Fraglich bleibt, ob es dank dieser Einblicke in ein fatales System zu Konsequenzen kommen wird, mit denen die Volksvertreter sich ihrer verfassungsgemäßen Verantwortung erinnern, ihre Wähler und Steuerzahler zu schützen und die Attentäter mit den weißen Kragen wegen ihrer Attacken auf die demokratische Grundordnung in Zukunft konsequent zur Verantwortung zu ziehen. Es handelt sich nicht um Kavaliersdelikte, sondern vielmehr um die Taten einer kriminellen Vereinigung.

Natürlich ist täglich mit neuen Katastrophenmeldungen aus dem ehemaligen Reich der Hypo Group Alpe Adria und über die Verstrickungen der Protagonisten zu rechnen. Doch wer sich nicht informiert, vergisst schneller. Richard Schneiders Buch hilft, dieses System und seine Zusammenhänge zu verstehen; es ist ein Standardwerk und die erste Gesamtdarstellung dieses spektakulären Falls. Eine Grundlagenreportage, die das Vertuschen erschweren wird, egal, was jetzt noch ans Tageslicht kommt. Denn am Ende will es natürlich wieder keiner gewesen sein, und niemand hat von nichts gewusst.

Hollywood? – Nein, die bittere Realität eines hochkriminellen Netzwerks.

UNSCHULDSVERMUTUNG

Der Verfasser gibt in diesem Buch – bei dem es sich zum überwiegenden Teil um eine sogenannte *Verdachtsberichterstattung* handelt – nur die Ergebnisse seiner sorgfältigen Recherchen wieder, ohne irgendwelchen Personen eine unehrenhafte oder gar strafbare Handlung unterstellen zu wollen. Unter Verweis auf § 7b MedienG (Schutz der Unschuldsvermutung) wird ausdrücklich darauf hingewiesen, dass es sich bei allen aufgezeigten, beschriebenen oder zitierten Geschehen, bei denen der Eindruck eines unehrenhaften oder strafbaren Handelns entstehen könnte, immer nur um einen *Verdacht* handelt. Die in einem solchen Zusammenhang genannten oder beschriebenen Personen sind daher keinesfalls einer solchen Tat als überführt oder schuldig anzusehen. In all diesen Fällen – insbesondere bei den im Unterkapitel »Who's who im Hypo-Sumpf« genannten Personen – gilt daher die Unschuldsvermutung.

Aufgrund der inflationären und manchmal auch schon zynischen Verwendung dieser Passage, die gesetzlich bei jedem einzelnen Tatverdacht vorgeschrieben ist, hinterlässt sie beim Leser nicht selten gerade einen gegenteiligen Eindruck. Aus diesem Grund wird in diesem Buch, bei dem es sich um ein Gesamtwerk handelt – weshalb die hier angeführte Unschuldsvermutung auch für den gesamten Inhalt gilt –, der ausdrückliche Hinweis darauf nur mehr in Ausnahmefällen gegeben.

Richard Schneider

1 EINLEITUNG

Griss-Gram

Es war eine Abrechnung in einer Klarheit, die kaum jemand erwartet hatte. Niemand kam ungeschoren davon, als Irmgard Griss, die ehemalige Präsidentin des Obersten Gerichtshofes, Anfang Dezember 2014 den Bericht ihrer unabhängigen Untersuchungskommission zum Desaster der Hypo Alpe Adria präsentierte. Auf 344 Seiten wird akribisch nachvollzogen, wie aus der einstigen Erfolgsbank ein Milliardenkrimi wurde: unmissverständlich, kompromisslos und den Finger auf offene Wunden legend.

An jeder Biegung und Gabelung in der wechselhaften Geschichte der Hypo Group Alpe Adria (HGAA) konstatiert das Dokument nur Verfehlungen. Die Liste der Patzer ist schier endlos: Politiker in Kärnten und in der Bundesregierung in Wien, die Manager der größenwahnsinnigen Provinzbank in Klagenfurt und der nicht minder großmannssüchtigen BayernLB in München, Kontrollorgane wie Finanzmarktaufsicht und Nationalbank – sie alle, so zeichnet es der Bericht nach, trafen im Zuge dieser Kaskade stets zuverlässig jene Entscheidung, die noch tiefer in das Debakel führte. Es sei ein »Multiorganversagen auf allen Ebenen« gewesen, fasst Griss die Erkenntnisse ihrer Kommission zusammen. Am Ende wird es die Steuerzahler mindestens 20 Milliarden Euro kosten.

Der vernichtende Befund belebte sofort wieder die Diskussion darüber, wer die Verantwortung für die größte Pleite in der Geschichte der Republik trägt. Das war nicht ganz im Sinne des Erfinders. Ursprünglich hatte im März 2014 der damalige ÖVP-Finanzminister Michael Spindelegger die Kommission ins Leben gerufen, um den vehementen Forderungen der Opposition nach einem parlamentarischen Untersuchungsausschuss den Wind aus den Segeln zu nehmen. Der Verdacht, dass hier mehr vertuscht als aufgedeckt werden sollte, lag auf der Hand. Es sei »ein untauglicher Fluchtversuch von der unabdingbaren Klärung der politischen Verantwortung«, erregte sich etwa der Vizeklubchef der Grünen Werner Kogler und beharrte auf einem U-Ausschuss: »Eine so gigantische finanzpolitische Fehlentwicklung muss vom Parlament untersucht werden.« Die anderen Oppositionsparteien, die Freiheitliche Partei Österreichs (FPÖ), das Team Stronach und die NEOS reagierten auf Spindeleggers »Ablenkungsmanöver« genauso empört.

Inzwischen haben viele Kreide gegessen. Der Griss-Bericht sei »ein Sittenbild der österreichischen Politik und der Machtstrukturen in diesem Land«, zeigte sich Werner Kogler von der Arbeit der Kommission überrascht. Und FPÖ-Chef Heinz Christian Strache nahm das Dossier gar zum Anlass, Bundeskanzler Werner Faymann (SPÖ) zum Rücktritt aufzufordern: »Jeder Regierungschef mit Charakter würde das tun, denn jetzt liegt klar am Tisch, wo Verantwortlichkeiten zu definieren sind.« Dass die Opposition gegenüber der Kommission skeptisch gewesen sei, nachdem die Regierungsparteien 21 U-Ausschuss-Anträge zum Hypo-Skandal abgelehnt hatten, ist für Strache kaum verwunderlich: »Sie haben damit ja 21-mal bestätigt, dass es ihnen wichtig ist, zu vertuschen.«

Neues Licht in die Affäre bringt der umfangreiche Untersuchungsbericht allerdings nur wenig – das meiste war in den fünf Jahren, seitdem sich die Republik das konkursreife Institut hatte andrehen lassen, öffentlich geworden: von den wahnwitzigen Haftungen des Landes Kärnten über die tölpelhafte Verstaatlichung bis zur fahrlässigen Verschleppung einer Bad-Bank-Lösung. Dennoch erzählt der vorliegende Bericht nur die halbe Geschichte.

Um einige zentrale Aspekte des Trauerspiels macht das Dossier einen weiten Bogen. Nur am Rande streift es etwa die Frage, ob nicht vielleicht geheime Absprachen dafür mitverantwortlich waren, dass sich die Bayerische Landesbank 2006 die Mehrheit am Aktienpaket der Hypo sicherte. Bisherige Erhebungen hatten viele Hinweise dafür zutage gefördert, dass dem Geschäft auch massive Interessen einer kleinen Investorengruppe zugrunde lagen. Vor dem Problem, in diesem Punkt einen Nachweis zu erbringen, hatte aber auch das Landgericht München kapituliert, als es gegen die ehemaligen Vorstände der BayernLB (BLB) verhandelte. Und im großen Bogen des Dramas spielt diese Frage keine überragende Rolle.

Größere Bedeutung kommt aber einem anderen blinden Fleck des Berichts zu: Er lässt weitgehend das Ausmaß der kriminellen Energie außer Acht, von der die Bank in den Untergang getrieben wurde. Die Kommission wirft dem Finanzministerium sogar vor, »die Aufarbeitung der Vergangenheit« sei zu einem geschäftsschädigenden »Selbstzweck« verkommen. Diese Einschätzung verkennt allerdings die tatsächliche Dimension des Debakels. Die Hypo war ja nicht nur das Opfer von leichtsinnigen und unfähigen Bankern, die von der Finanzkrise überrollt worden waren. Sie war vielmehr der Balkanmafia in die Krallen geraten, die ihre Klagenfurter Hausbank wie eine Weihnachtsgans ausnahm und ihr mit zahlreichen Scheingeschäften Unsummen entlockte, woran sich schließlich auch das eigene Management beteiligt haben dürfte. Erst dieses fatale Zusammentreffen lässt den abenteuerlichen Expansionskurs nachvollziehen, auf dem die Bank ins Verderben steuerte. Als Grundlage für den parlamentarischen Untersuchungsausschuss, der nunmehr aufgrund des neuen Minderheitenrechts seine Arbeit im März 2015 trotz aller Widerstände aufnehmen konnte, liefert der Bericht von Irmgard Griss dennoch einen guten Ausgangspunkt.*

Götterdämmerung

Rückblende auf Freitag, den 13. August 2010. Über dem Wörthersee hängt ein Gewitter. Wolfgang Kulterer ist wie immer makellos gekleidet, als er um 7.40 Uhr seine Wohnung am Kreuzbergl verlässt und mit dem Lift in die Tiefgarage fährt, um in seinen silbergrauen Audi zu steigen. Doch der ehemalige Vorstandsvorsitzende der Hypo Alpe-Adria-Bank International AG (HBInt) kommt nicht einmal bis zum Auto. Kaum hat er den Aufzug verlassen, treten drei Männer aus dem Schatten und versperren ihm den Weg. Bei einem von ihnen handelt es sich um Bernhard Gaber, den Leiter der Soko Hypo, der Kulterer schon mehrmals im Zuge der Ermittlungen rund um die Kärntner Skandalbank vernommen hat. Der Kripomann kommt auch diesmal gleich zur Sache: Er präsentiert dem verdutzten Ex-Banker einen Haftbefehl, legt ihm Handschellen an und bringt ihn ins

* Dieser Einleitungsbeitrag stammt zu einem überwiegenden Teil aus der Österreich-Ausgabe der deutschen Wochenzeitung *DIE ZEIT* (»Der Weg ins Verderben«, Ausgabe 47 vom 13.11.2014). *DIE ZEIT* machte bereits 2006 auf den drohenden Hypo-Skandal aufmerksam und gilt bis heute als Vorreiterin bei der Berichterstattung zu dieser Causa. Und um es gleich zu gestehen: Auch der Verfasser dieses Buches scheint dabei hin und wieder als Autor auf. Das nimmt zwar dem Lob den Glanz, sei aber erwähnt – schließlich versteht er sich als dankbarer Eparch von Joachim Riedl, dem Leiter der Wiener *ZEIT*-Redaktion, der auch einige Textstellen in diesem Buch liebevoll redigiert hat.

Polizeigefängnis zum Verhör. Gleichzeitig werden im Auftrag der Klagenfurter Staatsanwaltschaft von rund 80 Polizeibeamten an zehn weiteren Standorten in Wien und Kärnten verschiedene Räumlichkeiten nach brisanten Unterlagen durchsucht. Eine Vertraute Kulterers, die im Verdacht steht, beim Beseitigen von belastenden Unterlagen geholfen zu haben, wird ebenfalls vorläufig festgenommen. Zwei Tage danach kommt Kulterer wegen Flucht- und Verdunkelungsgefahr in Untersuchungshaft, aus der er erst drei Monate später gegen eine Kaution von 500 000 Euro entlassen werden wird. Den Ermittlern, die ihn schon länger auch mittels Telefonüberwachung observiert haben, war aufgefallen, dass der ehemalige Bankmanager, der unter dem dringenden Tatverdacht steht, die Klagenfurter Hypo um zig Millionen Euro geschädigt zu haben, seinen Lebensmittelpunkt zusehends nach England verlegt hat.

Die erste Verhaftung im größten Bankenskandal der Zweiten Republik sorgte nicht nur in den heimischen Medien für Schlagzeilen: »Die Entscheidung ist ein Signal, dass es die österreichische Justiz nun ernst meint«, zollte etwa die *Süddeutsche Zeitung* der Polizeiaktion Beifall, während andere Blätter offen argwöhnten, dass es unter dem am 11. Oktober 2008 tödlich verunglückten Kärntner Landeshauptmann Jörg Haider wohl nicht so weit gekommen wäre.

Nur vier Monate später kam das Buch *Tatort Hypo Alpe Adria* (Residenz Verlag) auf den Markt und verschaffte auch einer breiten Öffentlichkeit erstmals einen zusammenfassenden Einblick in die dunklen Machenschaften der ehemaligen Hausbank der Balkanmafia. Doch nichts ist so alt wie eine Zeitung von gestern, heißt es. Aber auch Sachbücher über lebendige Themen, wie über die Affäre rund um die Hypo Group Alpe Adria, an der auch die BayernLB einen unrühmlichen Anteil hat, weisen vier Jahre nach Erscheinen das eine oder andere Eselsohr auf und sind im Detail nicht mehr druckfrisch. So etwa wurde – um nur ein Beispiel für die Dynamik in diesem Fall zu nennen – Kulterer inzwischen bereits in vier Prozessen wegen Untreue rechtskräftig zu insgesamt sechseinhalb Jahren Haft verurteilt, die er nun in der Strafanstalt Hirtenberg verbüßt. Von dort aus wird der einstige Shootingstar am österreichischen Bankenhimmel noch immer von einem Gericht zum nächsten gereicht: sei es als Zeuge in einem der zahlreichen Schadenersatzprozesse zu der Causa, sei es – wie zuletzt im Januar 2015 im »Hypo V«-Prozess, bei dem es ebenfalls um die dubiose Vergabe von Millionenkrediten ging – als Angeklagter. In dieser Verhandlung wurde der ansonsten eher glücklose Ex-Banker allerdings freigesprochen. Der Millionenverlust, um den es in diesem Fall ging, sei ein normales Risikogeschäft gewesen, urteilte die Richterin. Doch die Geschichte ist noch nicht gegessen, da die Staatsanwaltschaft gegen den Freispruch – wie schon bei einem früheren Prozess und zu Kulterers Pech erfolgreich – Berufung eingelegt hat.

Tatort Hypo Alpe Adria

Als *Tatort Hypo Alpe Adria* in Druck ging, steckten die Ermittlungen zu diesem atemberaubenden Kriminalfall, der weit über den Rahmen eines Finanzskandals hinausgeht, noch in den Kinderschuhen. Jener unselige Dezember 2009, in dem die HGAA in einer Nacht-und-Nebel-Aktion notverstaatlicht werden musste – weil die damaligen Eigentümer, die Bayerische Landesbank, das Bundesland Kärnten und die Grazer Wechselseitige Versicherung (GraWe), weder in der Lage noch willens waren, weitere 1,5 Milliarden Euro in dieses Fass ohne Boden zu kippen –, lag kaum ein Jahr zurück. Und keiner konnte ahnen, wie groß der im Kärntner Biotop unter den wohlwollend blickenden Augen des verstorbenen Landeshauptmanns Jörg Haider entstandene Hypo-Sumpf tatsächlich ist. Über die Jahrzehnte war die Geschäftstätigkeit der einstigen Landes- und Hypothekenbank zu einem weitgehend undurchschaubaren Geflecht von über 360 Beteiligungen, Stiftungen und Tochterunternehmen in zwölf Ländern gewuchert, und die Summen, mit denen das Finanzkarussell von Klagenfurt geschmiert wurde, sind beängstigend:

- Bei einem Kreditportfolio von insgesamt 37,8 Milliarden Euro schätzte ein Positionspapier des Vorstands zum Zeitpunkt der Notverstaatlichung, dass 2,1 Milliarden für faule Kredite zurückgestellt werden müssten. Zu diesem Ergebnis waren Wirtschaftsprüfer gekommen, nachdem sie knapp ein Drittel der Ausleihungen unter die Lupe genommen hatten. Es war die erste nennenswerte Untersuchung, seitdem die einst beschauliche Provinzbank in den späten Neunzigerjahren auf einen rasanten Expansionskurs nach Südosteuropa umgeschwenkt war. Doch der Leichenkeller unter der architektonisch eindrucksvollen Hypo-Zentrale am Stadtrand von Klagenfurt war noch um einige Etagen tiefer.

Inzwischen mussten bereits 4 Milliarden wertberichtigt werden, wobei das zuletzt festgestellte Ausfallrisiko noch immer bei knapp 19 Milliarden Euro liegen soll.

- Auch die BayernLB, die im Mai 2007 die Mehrheit an der damals bereits maroden Bank erworben hatte, verlor bei ihrem kurzen Ausflug in den Süden mindestens 3,7 Milliarden Euro – und aufgrund des Heta-Schuldenmoratoriums drohen nun weitere 1,2 Milliarden an Verlustabschreibung. Lange versuchten ein parlamentarischer Untersuchungsausschuss in Bayern und Staatsanwälte in München herauszufinden, wie es damals zu dem undurchsichtigen Kauf kommen konnte und wer alles von dem schummrigen Handel auf Kosten der Steuerzahler profitiert hat. Ab Januar 2014 standen deshalb auch alle involvierten Ex-Vorstände der BayernLB mit Werner Schmidt an der Spitze zehn Monate lang wegen Untreueverdacht vor Gericht. Dann wurde der Prozess plötzlich eingestellt, ohne auch nur einen Funken Licht in die dunklen Machenschaften gebracht zu haben. Bei einem der Hauptverantwortlichen brachte es Bayerns oberste Korruptionsjägerin, Oberstaatsanwältin Hildegard Bäumler-Hösl, nicht einmal zur Anklage: bei dem Vermögensverwalter Tilo Berlin, einem Wahlkärntner aus Hannover, der in den österreichischen Aristoclan Goess eingeheiratet hatte und einer illustren Gruppe aus dem Geldadel zu einem ansehnlichen Geschäft verhalf, indem er kurz vor dem Hypo-Verkauf die Sperrminorität an der Bank erwarb. Ein Deal, der dem kurzfristigen Großaktionär und einem bevorzugten Investorenkreis einen satten Gewinn von geschätzten 150 Millionen Euro bescherte – wobei in Bankenkreisen noch heute das Gerücht kursiert, es wären gut 20 Millionen mehr gewesen, die aber zu einem Großteil an wohlwollende Lobbyisten in Bayern geflossen sein sollen. Allerdings gäbe es »keinen hinreichend sicheren Rückschluss auf unlautere Absprachen«, heißt es von der Münchner Staatsanwaltschaft dazu, weshalb die Ermittlungen gegen Tilo Berlin in dieser Sache wegen »mangelnden Tatverdachts« einzustellen waren.
- Und dann gibt es auch noch die Bürgschaften des Bundeslandes Kärnten. Sie betrugen Ende 2009 rund 19 Milliarden Euro und damit das Zehnfache des jährlichen Landeshaushalts. Wären diese Verbindlichkeiten zum Tragen gekommen – das notorisch klamme Haider-Reich wäre in den Ruin gestürzt.

Die Rettungsaktion des Staates sei »alternativlos« gewesen, beteuerte der österreichische Finanzminister Josef Pröll (ÖVP), nachdem er der Republik das Milliardengrab aufgebürdet hatte. Der Weg dorthin war jedoch keineswegs unausweichlich und seit Langem absehbar. Auch mit den Auswirkungen der globalen Finanzkrise haben die Milliardenverluste der Kärntner Hypo nur rudimentär zu tun. Sie sind hauptsächlich hausgemacht.

»Allein schon der Umstand, dass es Banken gab, die die Krise mit noch verschmerzbaren Verlusten bewältigen konnten, während auf der anderen Seite manche mit aberwitziger Geschwindigkeit in den Ruin rasten, zeigt deutlich, dass es auch eine Vermeidbarkeit derartiger Folgen gab«, meint der ehemalige Richter und Strafrechtsexperte an der Martin-Luther-Universität Halle-Wittenberg Christian Schröder. Die Ausrede »Wirtschaftskrise« gilt auch für Wolfgang Hetzer, den ehemaligen Korruptionsjäger beim Europäischen Amt für Betrugsbekämpfung (OLAF) nicht. »Die globalen Finanzmärkte haben sich anscheinend in Tatorte verwandelt, wo sich hochintelligente Individuen tummeln, die mit überlegenem Fachwissen und krimineller Energie eine Vielzahl von Menschen schädigen und die Vernichtung ganzer Unternehmen organisieren«, lokalisiert er die Bankenwelt als lukrativen Tummelplatz für Kriminelle. Demnach ist die Wirtschaftskrise auch keine Krise, sondern das unvermeidliche und vorhersehbare Ergebnis einer systematischen Fehlentwicklung, an deren Anfang persönliches Versagen, professionelle Inkompetenz, politische Nachlässigkeit und kriminelle Energie standen.

Bei der HGAA erstreckte sich das Wildgehege dubioser Profitjäger auf den ganzen Alpe-Adria-Raum. Gleichgültig sahen Aufsichtsorgane und Politiker zu, wie sich die ungestümen Geldjongleure aus Klagenfurt auf immer riskantere Geschäftsfelder vorwagten. Niemand wollte es sich mit Jörg Haider, dem erratischen Problemkind der österreichischen Innenpolitik, verderben, der sich schamlos bei seiner großmannssüchtigen Provinzbank bediente, um seine Eskapaden und Prestigeprojekte zu finanzieren: Landesvater und Landesbank, beide waren dem Wahn verfallen, in der jeweiligen Champions League ihrer Metiers ganz vorne mit dabei zu sein.

»Kärnten is lai ans« heißt ein Volksschlager aus dem Hypo-Reich. Wahre Freunde waren Haider und sein Chefbanker trotzdem nie, ihr gegenseitiges Verhältnis sei eher »nüchtern und sachlich« gewesen, meint Kulterer. Gemeinsam unternommen hat er mit seinem Eigentümervertreter dennoch einiges:

- Als Jörg Haider das verfallene Schlosshotel Velden zum Prestigeprojekt des Wörthersee-Tourismus machen wollte, kaufte die Hypo den Renaissancebau samt 6,5 Hektar Grund für 6,5 Millionen Euro und steckte weitere 125 Millionen in die Sanierung.
- Der Landesfürst wollte Geld für einen »Zukunftsfonds« – auch hier half seine Landesbank und platzierte im Hinblick auf den damals noch geplanten Börsengang eine sogenannte Wandelanleihe in Höhe von 500 Millionen Euro, die als vorweggenommener Verkaufserlös für einen Teil der Landesaktien in eine eigene Schatulle für Kärntner Zukunftsprojekte flossen.
- Auch als sich das südlichste Bundesland an der maroden Fluglinie Styrian Spirit beteiligte, griff die Hypo auf Haiders Zuruf der Airline mit einem 2-Millionen-Kredit unter die Flügel, der letztlich uneinbringlich war – eine Untreue, die Kulterer 2013 (nach einem anfänglichen Freispruch) zwei Jahre Haft bescherte.
- Und nicht zu vergessen: die Wörthersee-Arena. Haider wollte Klagenfurt zu einem der Austragungsorte für die Fußballeuropameisterschaft 2008 machen und ließ das örtliche Stadion großzügig umbauen. Seine Hausbank sponserte natürlich den Namen und steuerte fünf Millionen Euro bei. 2007 wurde die neue Hypo Alpe-Adria-Arena mit 30 000 Sitzplätzen und großem Pomp eröffnet. Während der EM fanden dort gezählte acht Spiele statt. Danach sollte die Sportstätte eigentlich auf 12 000 Sitze zurückgefahren werden, weshalb alle Bewilligungen und auch die Konstruktion auf einen Rückbau ausgelegt waren: Doch Haider wollte das »schönste Stadion Österreichs« groß lassen. Bis dato hat dieser Größenwahn die Steuerzahler rund 90 Millionen Euro gekostet. Einziger Nutznießer ist Haiders ehemaliger Kickerverein, der Regionalligist SK Austria Klagenfurt, der jetzt vor ein paar Hundert Zuschauern dort seine Heimspiele über die Runden bringt.

»Wir hatten einmal im Monat miteinander zu tun, nicht öfter«, will Kulterer den Politiker in den braunen Spendierhosen stets auf »eine gesunde Distanz« gehalten haben. Das Monatstreffen wäre »aufgrund seiner Position als Landeshauptmann und als Eigentümervertreter logisch und zwangsläufig notwendig« gewesen. Unlogischen Wünschen habe sich Kulterer immer verweigert. »Ich habe Haider oft kritisiert und ihm gesagt: Wenn du jetzt neben Kindergeld, Heizkostenzuschuss und Führerscheintausender auch noch einen Großmutterbonus verteilst, werden wir sehr bald pleite sein«, kehrt Kulterer den Widerständler heraus. Das habe einmal sogar zu einem Eklat geführt. Außerdem dürfe man die Größe der Bank in Relation zur Größe des Landes nicht außer Acht lassen. »Spätestens ab 2002 hat der Schwanz mit dem Hund gewedelt.«

Risk Controlling auf Kärntnerisch

Überheblichkeit, Selbstüberschätzung, unzureichende Strukturen und chaotische Zustände – kurz: die verhängnisvolle Allianz von Inkompetenz und Impertinenz hat zweifellos einen beträchtlichen Anteil an dem Debakel. Ausschlaggebend war aber auch, dass das Ziel, in die Oberliga der europäischen Finanzdienstleister aufzusteigen, anscheinend jedes Mittel rechtfertigte. Deshalb, so werfen ihnen auch kroatische Ermittler vor, hätten sich die Provinzbanker gerne instrumentalisieren lassen, als es darum ging, Geld aus dunklen Quellen zu waschen. Und es war nur eine Frage der Zeit, wann sich auch Teile des Hypo-Managements mit dem kriminellen Virus, den ihre häufig zweifelhaften Geschäftspartner eingeschleppt hatten, infizierten.

Christian Böhler, einst Leiter der bankinternen Forensik-Abteilung, bezeichnet die »wesentlichen Player« im Hypo-Skandal offen als »kriminelle Organisation«. Die Bank wäre nach den jugoslawischen Sezessionskriegen vor allem in Südosteuropa rasant gewachsen und hätte oft mit »Schwerstkriminellen, Geheimdienstlern und hochrangigen, korrupten Politikern« kooperiert. »Kleine Provinzbanker, die sich mit solchen Leuten ins Bett legen, müssen irgendwann mit Problemen aufwachen«, sieht Böhler die geübten Konstellationen pragmatisch. Und er dürfte sich in diesen Dingen auskennen: Der 39-jährige Steirer ist gelernter Polizist, hat ein abgeschlossenes Wirtschaftsstudium, war jahrelang verdeckter Fahnder mit Schwerpunkt Organisierte Kriminalität und auch Ermittler bei der Soko Hypo – bevor er im August 2011, nach einem kurzen Zwischenstopp beim Wirtschaftsprüfermulti KPMG, bei der Skandalbank als Forensik-Chef anheuerte. Als solcher saß er auch im Verwaltungsrat der Hypo Liechtenstein, einer der wesentlichen Drehscheiben für etliche

Malversationen. So richtig verwirklichen konnte sich der Enthusiast in diesem Job dennoch nicht: Im September 2014 wurde er in seinem Urlaub überraschend vom Dienst freigestellt. Er hätte, so ließ das Hypo-Management durchsickern, Informationen an die NEOS, bei denen Böhler politisch andockte, weitergegeben. Stimmt nicht, hält dieser entgegen: Er habe lediglich einige Daten und Mails, »bei denen ich befürchten musste, dass sie unter den Teppich gekehrt werden«, an seinen privaten Account weitergeleitet, denn es sei »noch lange nicht alles auf dem Tisch«. Er wolle lediglich dazu beitragen, »dass endlich die gesamte Wahrheit ans Tageslicht kommt«. Das sei man den Steuerzahlern schuldig, erklärt Böhler, der jetzt eine eigene Beraterfirma hat, seine arbeitsrechtlich etwas heikle Motivation. Eine Heldentat, die neben Fantasie auch Opfermut erforderte, da die Heta als Nachfolgegesellschaft der Hypo ihrem ehemaligen Chef-Forensiker wegen des Bankgeheimnisses nach wie vor den Mund verbietet, was im Wiener U-Ausschuss, wo Böhler als Zeuge geladen war, bereits für einigen Wirbel sorgte.

Wie gering die Skrupel waren, die den Kärntner Höhenrausch hätten dämpfen können, offenbart aber erst die europäische Dimension dieses Skandals. Klagenfurt war die Drehscheibe eines Klüngels zwielichtiger Profiteure und korrupter Politiker, der von Belgrad über Zagreb bis München und von Italien über Montenegro bis Liechtenstein sowie in die Schweiz seine Geschäftsfäden zog – und bis heute im Dienst gewisser Interessen auf dem Pulverfass Balkan steht. Auch der Verkauf der Bank an die BayernLB soll politischen Interessen gedient haben. So sagte es jedenfalls der Hauptbeschuldigte im deutschen Gerichtsverfahren, Werner Schmidt, vor der Staatsanwaltschaft aus. Konkret habe der damalige bayerische Finanzminister Kurt Faltlhauser, der selbst seitens seines Ministerpräsidenten Edmund Stoiber unter Druck gestanden habe, auf den Kauf der HGAA gedrängt. Vor allem, nachdem sich die BayernLB im Dezember 2006 mit ihrem Angebot, die ziemlich ramponierte österreichische Gewerkschaftsbank BAWAG zu übernehmen, einen Korb geholt hatte und der Zuschlag an den US-Investmentfonds Cerberus ging. Die Abfuhr war eine peinliche Niederlage. »Ihr seid zu blöd, eine Bank zu kaufen«, soll Faltlhauser den Vorstand seiner Landesbank abgekanzelt haben. »Dieser Satz bringt das gesamte Dilemma um die HGAA, den Verkauf an die BLB, die Notverstaatlichung und den Milliardenschaden für Österreich und die Bayern auf den Punkt«, heißt es in einer Anzeige an die Oberstaatsanwaltschaft München vom Mai 2013. »Ebenso wie der verstorbene Landeshauptmann Dr. Haider politischen Druck auf die Vorstände der HGAA ausübte und sie somit zu Handlungen wider besseren Wissens veranlasste oder nötigte, so unterlag der Vorstand der BLB in manchen Bereichen dem politischen Druck der bayerischen Staatsführung und ignorierte die Expertisen der Wirtschaftsprüfer.«

In dieser Situation kam die Kärntner Hypo den Bayern gerade recht. Als dann im Juli 2007 auch dieser Deal zu scheitern drohte, weil sich die Zagreber Nationalbank beim Verkauf querlegte, drohte Edmund Stoiber Kroatien offen mit einer Belastung der gegenseitigen Beziehungen. Der Rest ist mittlerweile Bankengeschichte: Auf Druck des damaligen Premierministers Ivo Sanader, der sich zu Hause gerade mit Parlamentswahlen herumschlug, und nach der Zahlung mehrerer dubioser Lobbyistenhonorare in Richtung Zagreb lenkte der renitente Notenbankchef ein, und die HGAA – aber auch der Verdacht der Korruption – rückte in greifbare Nähe der Bayern. Nichts schien mehr die Verhandlungen bremsen zu können. Der Kauf wurde durchgezogen, obwohl die eigenen Prüfer vor den hohen Risiken gewarnt und die Kärntner Bank wörtlich als »ausgequetschte Zitrone« bezeichnet hatten. »Wir weisen ausdrücklich darauf hin, dass zwischen erster und zweiter Datenphase eine Vielzahl von Ordnern ausgetauscht wurden«, heißt es in ihrem Abschlussbericht an den BLB-Vorstand. Außerdem hätten die zur Verfügung gestellten Daten »nur sehr eingeschränkt« ausgewertet werden können, da diese »in unsortierten Ordnern und unvollständig bereitgestellt wurden«. So klingt Risk Controlling auf Kärntnerisch und Due Diligence auf Bayerisch. Doch da war die Katze längst im Sack verpackt – und alle befanden sich in Feierlaune:

- Tilo Berlin, der mit seiner luxemburgischen Berlin & Co Capital S.a.r.l. erst im Dezember 2006 in die Bank eingestiegen war, freute sich über einen hübschen Spekulationsgewinn.
- Jörg Haider, der aufgrund seiner ausschweifenden Brot-und-Spiele-Politik stets knapp bei Kasse war, hatte durch den Verkauf der Landesanteile wieder Spielgeld und durfte jubeln: »Kärnten wird reich!«
- Wolfgang Kulterer, der wusste, wie es um seine Bank bestellt war, konnte sich sorglos auf seinen englischen Landsitz zurückziehen und dort seinem Hobby frönen, dem Military-Reiten.

- Und auch Werner Schmidt konnte stolz die Brust schwellen: Jetzt war er mit seiner Bayerischen Landesbank endlich auch ein wichtiger Player im südosteuropäischen Finanzraum und stand zu Hause in München, nach seinem Pech mit der BAWAG, nicht mehr wie ein Trottel da.

Der Oberst von Krumpendorf

Falsche Bilanzen, zweifelhafte Bankprüfer und politische Interessen ließen das Geschehen in diesem Wirtschaftskrimi jahrelang unentdeckt. Inzwischen ermitteln am Tatort Hypo Alpe Adria Geheimdienste wie die CIA, etliche Staatsanwaltschaften, Interpol und in Österreich auch eine eigene Sonderkommission. »Die Herausforderung ist enorm«, gibt sich Oberst Bernhard Gaber, Leiter der im Dezember 2009 vom Wiener Bundeskriminalamt eingesetzten »Soko Hypo«, keinen Illusionen hin. »Schließlich hat man es hier nicht mit herkömmlichen Kriminellen, sondern mit durchaus erfahrenen Managern und ihren teils hoch qualifizierten Anwälten zu tun.« Die Arbeit sei auch deshalb schwierig, weil sich die Ermittlungen oft über nationale Grenzen hinweg erstrecken und Anfragen an ausländische Polizei- oder Justizbehörden allein schon aufgrund der Sprachbarrieren nicht einfach seien.

Zum Glück macht Gaber, dessen Tempo – und daraus resultierende Ungeduld – nicht nur im eigenen Umfeld bewundert und gefürchtet wird, diesen Job nicht zum ersten Mal. Der Soko-Chef, der nach einer Cobra-Ausbildung (dem österreichischen Pendant zur deutschen GSG 9) unter anderem auch für den Personenschutz von Bundespräsident Kurt Waldheim und Bundeskanzler Franz Vranitzky zuständig war, gilt als ehrgeizig, zielstrebig und kompetent. Dementsprechend steil verlief auch seine Polizeikarriere: Nach Abschluss der Sicherheitsakademie des Innenministeriums wurde der Lavanttaler, der 1982 in den Gendarmeriedienst eintrat, zur Kripo Kärnten versetzt, wo er als Referatsleiter für Betrugs- und Wirtschaftsdelikte zuständig war. Daneben absolvierte er die Mitteleuropäische Polizeiakademie in Wien und zahlreiche internationale Ausbildungskurse, weshalb er heute in halb Europa gut vernetzt ist. Seinen ersten Einsatz als *Master of Public Administration* hatte der groß gewachsene Familienvater, der fast immer ein schelmisches Lächeln im Gesicht trägt, was schon so manchen seiner Delinquenten verwirrte, als Verbindungsbeamter während der Fußball-WM 2006 in München. Nur wenige Tage später übernahm er die Leitung der Soko BAWAG und holte höchstpersönlich den abgetauchten Bankchef Helmut Elsner aus einem Spitalbett an der Côte d'Azur; und noch während seiner Zeit als BAWAG-Ermittler wurde er vom Innenministerium auch mit dem Aufbau einer weiteren Sonderkommission zur Aufklärung der Constantia-Banken-Affäre betraut.

Danach wollte der passionierte Golfspieler eigentlich kürzertreten und als Schengen-Polizist nur mehr Autoschieber und Menschenhändler jagen. Deshalb ließ er sich Mitte 2009 wieder nach Klagenfurt versetzen und bewarb sich um den damals vakant gewordenen Posten als Leiter des Landeskriminalamtes Kärnten. Doch als im Dezember darauf die Hypo-Affäre in ihrer ganzen Dimension sichtbar wurde, war es mit Gabers Traum von einem beschaulichen Leben als Kripobeamter vorbei. Da war »der Mann, den Manager fürchten«, wie die *Kleine Zeitung* ihn betitelte, vom Innenministerium schon längst als Leiter der Soko Hypo vorgesehen.

Inzwischen beschäftigt sich Gaber mit seinen 23 Sonderermittlern seit nahezu sechs Jahren von der ehemaligen Kärntner Gendarmeriekaserne in Krumpendorf aus mit den Desperados vom Wörthersee und ihren bayerischen Amigos. Unterstützt wird das Team dabei durch externe Experten etwa aus dem IT-Bereich, denn die bei Hausdurchsuchungen beschlagnahmte Datenmenge bewegt sich im zweistelligen Terabytebereich. Trotz des enormen Arbeitsaufwands – hochgerechnet beträgt er rund 50 000 Mannstunden pro Jahr – ist derzeit kein Ende in Sicht. »Die Ermittlungen werden wohl noch drei bis vier Jahre dauern, es tauchen ja stets neue Aspekte auf«, gibt sich Gaber noch immer keinen Illusionen hin. Und so befindet sich der Oberst von Krumpendorf auch weiterhin im Infight mit den Tätern im Nadelstreif.

Aktuell werden über 150 Namen in einer Beschuldigtenliste aufgeführt, wobei der Ermittlungsradius 14 Länder umfasst – die ehemaligen Märkte der HGAA plus Liechtenstein und die Schweiz. Speziell in beiden letzteren Ländern würden die Erhebungen »im Rahmen der gesetzlichen Vorgaben nur zäh vorangehen«, umschreibt der Soko-Chef zeitweilige Stockungen in den benachbarten Steuerparadiesen diplomatisch. Nur in Italien, wo die Bank allein 2013 über 540 Millionen Euro abschreiben musste, ist sein Team (noch) nicht aktiv. Dafür hat dort die Steuerpolizei von Udine ihre Ermittlungen gegen sieben hochrangige Hypo-Manager bereits abgeschlossen: Sie sollen seit 2004 bei der Zinssatzberechnung von 54 000 Leasingverträgen gemauschelt und unerlaubt Zinsen in Höhe von 88 Millionen Euro kassiert haben.

In Österreich selbst sind bisher knapp 300 Sachverhaltsdarstellungen zur Hypo-Affäre eingegangen. Mehr als ein Drittel davon stammen von der Bank selbst, der Rest von Dritten und anonymen Anzeigern. Die Vorwürfe werden von neun Staatsanwälten in derzeit zwölf getrennten Ermittlungsverfahren aufgearbeitet, sechs von der Wirtschafts- und Korruptionsstaatsanwaltschaft (WKStA) in Wien und sechs von der Staatsanwaltschaft Klagenfurt, wo auch das Hauptverfahren (Aktenzeichen 10 St 273/09g) geführt wird. Im Einzelnen geht es bei allen Ermittlungen um den Verdacht der Untreue, des Betrugs und der Bilanzfälschung. Aber auch um Geldwäsche im großen Stil und um die Bildung einer kriminellen Vereinigung – wenngleich in fast allen Verdachtsfällen noch immer die Unschuldsvermutung gelten muss:

- Von den 23 Schuldsprüchen, die in den fünf bisher stattgefundenen Gerichtsverfahren gegen neun Beschuldigte gefällt wurden, waren im Mai 2015 erst zwölf rechtskräftig.
- Bei weiteren drei Angeklagten wurde gegen die Schuldsprüche ein Rechtsmittel eingelegt.
- Weiters wurden gegen insgesamt 15 Personen drei Anklagen erhoben, über die von Gericht noch nicht entschieden worden ist, da die Betroffenen dagegen Einspruch erhoben haben, was nach österreichischem Recht möglich ist.

Statistisch gesehen scheint die Tätigkeitsbilanz der Klagenfurter Staatsanwaltschaft dennoch vorzeigbar. Denn von den insgesamt 280 angezeigten oder von der Soko Hypo selbst aufgegriffenen Verdachtsfällen – die ein Finanzvolumen von insgesamt 5,9 Milliarden Euro umfassen – wurden bis Ende 2014 immerhin 247 aufgearbeitet. Die restlichen noch offenen 33 Fälle betreffen etwa 100 Beschuldigte und sollen bis 2016 entweder durch Anklageerhebung, Diversion oder Einstellung erledigt werden. Da aber ständig neue Verdachtsmomente auftauchen, dürfte die Statistik der drei in die Klagenfurter Verfahren involvierten Staatsanwälte bereits wieder durcheinandergeraten sein.

CSI Hypo – Den Tätern auf der Spur

Als der größte Bankenskandal der Zweiten Republik platzte, wurden noch große Sprüche geklopft. Kaum hing der Hypo-Klotz dem österreichischen Steuerzahler am Bein, versicherte der damalige Architekt der Übernahme ÖVP-Finanzminister Josef Pröll, man werde jeden Beleg zweimal umdrehen und die Schuldigen ohne Ansehen der Person zur Rechenschaft ziehen. Das klang nach ungebremstem Tatendrang. Heute klingt dieses Versprechen hohl. Auch von der vom Finanzministerium eingesetzten eigenen Untersuchungskommission mit dem plakativen Namen »CSI Hypo«, die aus einer Heerschar von Anwälten und Wirtschaftsexperten bestand, ist nicht viel übrig geblieben.

Die »Al-Qaida-Truppe des Finanzministers«, wie der enge Haider-Vertraute und ehemalige BZÖ-Nationalratsabgeordnete Stefan Petzner die Einrichtung nannte, sollte den Augiasstall von Klagenfurt von innen her ausmisten. Dabei ging es den CSI-Ermittlern vor allem um die Beweissammlung für spätere Schadenersatzklagen. Deshalb konzentrierten sie sich bei ihrer Arbeit in erster Linie auf das Umfeld des ehemaligen Hypo-Managements und stachen damit, wie sich bald herausstellen sollte, in ein gefährliches Wespennest. Ausräuchern durften sie die Hypo-Schädlinge aber nicht. Die Sondertruppe wurde, obwohl sie mit Dutzenden Anzeigen an die Staatsanwaltschaft nicht gerade erfolglos war, Mitte 2012 plötzlich abgezogen und ihr Chef Wolfgang Peschorn, hauptberuflich Präsident der Finanzprokuratur – eine Art oberster Anwalt der Republik –, durch den ehemaligen BAWAG-Ankläger Georg Krakow ersetzt. Der fungierte in der Folge in einer Funktion, die sich schwammig »externer Koordinator« nannte, während die Peschorn-Truppe sukzessive in die hauseigene Forensik-Abteilung der Bank integriert und letztlich durch einen permanenten Hickhack aufgerieben wurde.

Die Reibungsverluste waren eigentlich vorhersehbar und gingen vor allem auf ewige Streitigkeiten im sogenannten Lenkungsausschuss zurück. Dabei handelte es sich um eine Kommission, die alle relevanten Entscheidungen im Zusammenhang mit der forensischen Vergangenheitsbewältigung, wie etwa die Abschreibung eines dubiosen Kredites oder den Verzicht auf die Anzeige gegen einen reumütigen Sachbearbeiter, absegnen musste. Sie bestand aus Peschorn und einem weiteren Mitglied aus der Finanzprokuratur sowie dem damaligen Hypo-Boss Gottwald Kranebitter und dessen Vorstandskollegen Wolfgang Edelmüller. Doch während die Banker so wenig Staub wie möglich aufwirbeln wollten, um den Ruf und das Alltagsgeschäft nicht noch mehr zu gefährden, lautete die Devise der CSI Hypo: Schonungslose Aufdeckung der Altlasten und deren Verursacher, allein schon, um am Ende über Schadenersatzklagen möglichst viel Geld für den Steuerzahler lukrieren zu können. Peschorns Credo ließ dabei nur selten Kompromisse zu. »Das Geschäft der Bank läuft dann gut, wenn man klar demonstriert, dass man alles aufgearbeitet hat«, zeigte er sich gnadenlos. »Ich bin nicht beauftragt worden, einen Kuschelkurs zu fahren.«

Die Hypo-Manager hatten für das akribische Gewühle in der Vergangenheit kein Verständnis und sprachen von einer »die Bank lähmenden Fokussierung auf Gestriges«. Peschorn verhindere mit seiner »Strategie der verbrannten Erde« die Sanierung der HGAA, er verklage alles und jeden, hieß es aus Klagenfurt giftig. »Man kann eine Bank auch zu Tode ermitteln«, wetterte etwa der damalige Aufsichtsratsvorsitzende Johannes Ditz, ein früherer ÖVP-Wirtschaftsminister, und forderte, als der unbelehrbare CSI-Chef nicht von seiner scharfen Gangart abrücken wollte, die Auflösung der Sondertruppe.

Solange Josef Pröll Finanzminister war, verhallten diese Rufe ungehört. Dem Vernehmen nach soll er jeden, »der ihm sein Leid über Peschorn klagen wollte, wochenlang auf einen Termin haben warten lassen«, beobachtete das *Format*. Peschorn, der politisch keiner Partei zuzuordnen ist, konnte auch unter Prölls Nachfolgerin Maria Fekter noch über ein Jahr lang ungehindert im Sumpf wühlen. Die Berechtigung dafür war seiner Meinung nach eine Auflage, die von der Bank im Zusammenhang mit einer 2010 vom Staat gewährten Finanzspritze (900 Millionen Euro Partizipationskapital) ausdrücklich übernommen worden war. Damals hat sich die HBInt in einer Grundsatzerklärung verpflichten müssen, ihre Vergangenheit »gemeinsam mit dem Bund im Rahmen einer *Post Acquisition Due Diligence* aufzuarbeiten«, um die Ursachen für den Vermögensverfall und die dadurch notwendig gewordene Verstaatlichung »uneingeschränkt und unter Zurverfügungstellung sämtlicher Informationen zu klären«; aber auch um den Staat als Alleineigentümer der Bank »über die erforderlichen Voraussetzungen für strategische Entscheidungen aus eigener Wahrnehmung in Kenntnis zu setzen«. Laut dieser Vereinbarung musste die HBInt sogar selbst um die Installierung einer CSI Hypo ersuchen, wobei »sämtliche Kosten für die vom Bund zu diesem Zweck namhaft gemachten Personen« von der Bank zu tragen waren. »Im Endeffekt war es dann so, dass Peschorn die Hypo regiert hat«, meint der ehemalige Haider-Intimus und CSI-Gegner der ersten Stunde, Stefan Petzner, »was aktienrechtlich schon etwas bedenklich ist.«

Die Bank, der Prokurator und allerlei Querelen

Mächtig genug ist Wolfgang Peschorn dazu allemal. Als Präsident der österreichischen Finanzprokuratur – einer Behörde, die es so in Deutschland nicht gibt – ist der rhetorisch brillante und fachlich gewandte Spitzenjurist gewissermaßen der Anwalt der österreichischen Regierung in Finanzfragen. Zu seinen Aufgaben gehört es auch, ein wachsames Auge auf den Staatshaushalt zu haben. Doch der Mann hatte offensichtlich Argusaugen, von denen nie eines schlief. Jedenfalls attestiert die deutsche *WirtschaftsWoche* Peschorn unter Berufung auf einen »ranghohen Hypo-Manager« bei seiner Arbeit »inquisitorische Züge mit allen negativen Ausprägungen«, während ein Aufsichtsrat der Bank ihn im gleichen Artikel »messianisch veranlagt« nennt.

Das alles klingt zumindest nach einem unbequemen Zeitgenossen. Ähnlich dürften auch der seinerzeitige Vorstandsvorsitzende Gottwald Kranebitter und sein Aufsichtsratschef Johannes Ditz den karrierebewussten Kopf der CSI Hypo empfunden haben. Deshalb gaben sie im Juni 2011 heimlich ein Gutachten »zu den Einflussrechten der Republik Österreich (...) auf Grund der getroffenen Vereinbarungen im Rahmen der CSI-Hypo« in Auftrag. Darin kommt ein Linzer Universitätsprofessor zu dem Schluss, dass eine solche Vereinbarung grundsätzlich zulässig sei, da man einem Alleinaktionär, der nicht zuletzt zu Sanierungszwecken eingesprungen ist, »ein legitimes Interesse daran zubilligen wird können, dass die Grundlagen für eine erfolgreiche Sanierung geschaffen werden«. Dieser berechtigte Wille setze auch eine genaue Kenntnis der Verlustursachen voraus, genauso wie der legitime Wunsch, »allfällige Ersatzansprüche gegen frühere Organmitglieder und Aktionäre« geltend zu machen. Denn beides würde letztendlich der Bank zugutekommen, lautet ein erstes Resümee des Sachverständigen.

Doch dann folgt ein großes Aber: »Dies gilt aber nur insoweit, als es um die Verfolgung dieser, auch im Interesse der Gesellschaft gelegener Ziele geht.« Kritisch werde die Sache nämlich dann, »wenn die Republik Österreich auch die ihr obliegenden hoheitlichen Aufgaben der Strafjustiz auf die Gesellschaft verlagert und insbesondere die dabei entstehenden Kosten aufbürdet«. Das laufe rechtlich »auf eine unzulässige Verlagerung von Aufwendungen des Gesellschafters an die Gesellschaft«, was auch nicht durch die Zustimmung des Alleinaktionärs – im vorliegenden Fall des Staates – autorisiert werden könne. Mehr von dem 26-seitigen Gutachten brauchten die Peschorn-Gegner gar nicht zu lesen. Trotzdem dauerte es fast noch ein Jahr, bis sie den unbequemen Saubermann endlich loswurden und im Mai 2012 Georg Krakow als »externer Koordinator« ins Spiel kam, dessen Mandatsvertrag aber von Haus aus auf zwei Jahre befristet war.

Dass der nicht uneitle Peschorn seinem Nachfolger von da an nur mehr über die Schulter blicken durfte, störte den Pragmatiker angeblich nicht. Immerhin habe er »in einer schicklichen Zeit« 70 Prozent seiner Vorstellungen umsetzen können, gibt sich der Prokurator nach außen hin relaxed; des Weiteren habe es unter seiner Ägide 70 Anzeigen an die Staatsanwaltschaft, 77 Beschuldigte und ein eingeklagtes Forderungsvolumen von insgesamt 650 Millionen Euro gegeben. Bei den restlichen 30 Prozent seiner Vorstellungen sei die CSI-Truppe nur »am System Liechtenstein und seinem Bankgeheimnis« gescheitert. Für Hannes Androsch – der Industrielle und ehemalige SPÖ-Finanzminister ist Aufsichtsratsvorsitzender der Fimbag, welche die Bankenbeteiligungen des Bundes kontrolliert – stinkt die Krakow-Bestallung gerade deshalb »gewaltig zum Himmel«. Er vermutet, Peschorn und seine Aufräumtruppe seien nur deswegen zurückgepfiffen worden, »weil man an manchen Aufklärungen gar nicht interessiert ist, vor allem, was gewisse Geldflüsse nach Liechtenstein betrifft«. Ein ähnliches Muster habe sich schon im BAWAG-Prozess gezeigt, wo ebenfalls »ganz offenkundig nie die Frage gestellt wurde, wozu eine österreichische Bank eine so große Anzahl an Stiftungen in einem Steuerparadies benötigt«. Auch sei auffällig, dass zum Beispiel Tilo Berlin »hierzulande nicht wirklich in die Mangel genommen wird«.

Spielerwechsel vor Schlusspfiff

Ob Georg Krakow in der Folge als Rächer der Hypo Alpe Adria entschlossener vorging als etwa die ehemaligen CSI-Anwälte der Grazer hba Rechtsanwälte GmbH, von denen fast alle bisher von der Bank eingebrachten Anzeigen stammen, ist Ansichtssache. Zumindest fiel der 48-jährige Jurist, der nach dem BAWAG-Prozess im Sog der zur Justizministerin beförderten Richterin als deren Kabinettschef Karriere machte, der Allgemeinheit kaum durch ausgeprägte Rachegelüste auf. Offiziell sollte der karenzierte Oberstaatsanwalt, der im Oktober 2011 die Seiten wechselte und seither als Senior Counsel für die Wiener Anwaltskanzlei Baker & McKenzie tätig ist (die ihn an die Hypo nur verliehen hatte), der Bank dabei behilflich sein, gegen all jene vorzugehen, die das Milliardendebakel verursacht haben. So wie schon die CSI Hypo zuvor, nur eben etwas leiser. In der Fußballersprache wäre das eindeutig die Position der Sturmspitze gewesen. Tatsächlich aber, so wird gemunkelt, hätte er von der Bank aus gar nicht angreifen, sondern diese nur verteidigen dürfen. Und zwar primär gegen die Begehrlichkeiten der BayernLB, die durch die Übernahme der Wörthersee-Bank immerhin Milliarden versenkt hatte und lange versuchte, sich schadlos zu halten, indem sie bis zum Generalvergleich im Juli 2015 sowohl die alten Aktionäre der HGAA als auch die Republik Österreich als jetzige Alleineigentümerin des Hypo-Torsos Heta mit einer Flut von Klagen überschwemmte.

Der Austausch der juristischen Angriffsspitze erscheint nicht nur Androsch als »reine Vernebelungstaktik«. Inzwischen rätseln auch an den Ermittlungen direkt Beteiligte, was alles durch den Platzverweis der CSI Hypo vertuscht werden sollte. »Bisher hat keiner diese Fragen ausgeräumt«, meint ein involvierter Ermittler. Dass das je einer wird tun dürfen, glaubt er indes nicht: »Damit öffnet man die Büchse der Pandora.« Seit März 2015 fühlt sich der Skeptiker in seiner Meinung noch mehr bestätigt. Da hat nämlich die Finanzmarktaufsicht (FMA) in ihrer Funktion als Abwicklungsbehörde der Heta alle Rechtsanwälte, Wirtschaftsprüfer und Privatermittler, die bisher in diesem Bereich tätig waren, mittels E-Mail verständigt, dass »keine weiteren, neuen Ermittlungen/Sachverhaltsdarstellungen oder Ähnliches« in Auftrag gegeben werden können und laufende Bestrebungen dazu »sofort einzustellen« sind. Eine Verfolgung der für das Hypo-Desaster Verantwortlichen durch die Abbaubank sei nicht »im Interesse der Gläubiger und ihrer Gleichbehandlung«, wird auf Nachfrage als Begründung angegeben. Außerdem könne die Heta nicht die Arbeit der Staatsanwaltschaft erledigen. Schließlich handle es sich bei allen Verdachtsfällen um sogenannte Offizialdelikte, die von der Justiz auch ohne Anzeige zu verfolgen sind. Ein Argument, das natürlich seine Richtigkeit hat – vorausgesetzt, ein Ermittler bekommt ungehindert Zugang zu allen relevanten Akten, die in den Banksafes schlummern. Doch genauso gut könnte man bei einem Kongress der Anonymen Alkoholiker nach Freibier schreien: Denn mit dem Wunsch auf Akteneinsicht ist auch der vom Parlament eingesetzte Untersuchungsausschuss unter Hinweis auf das Bankgeheimnis bislang gescheitert, wobei die heikelsten Unterlagen ohnedies bereits dem Reißwolf zum Opfer gefallen sein dürften.

TÜ-Protokoll

Lfd. Gesprächsnr.: **861**
Beginn: **2010-07-22 10:11:48.0** *Ende:* **2010-07-22 10:13:14.0**

Anschlussbez.: **0664/[redacted]** *Anderer Anschluß:* **43664[redacted]**
Sprecher TÜ: **Kulterer** *Anderer Sprecher:* **Sch[redacted]**
Sachbearbeiter: **tru** *Dolmetscher:*

Gesprächsinhalt: sinngemäß
Begrüßung
Sch[redacted] ruft Dr. Kulterer an und sagt, er habe nicht anrufen können, er sei gerade im Alu-Flex Park in Umag,

Kulterer: ich hab eine einzige Frage: können sie sich erinnern, wann geschreddeert wurde, (S. was jetzt.?) wissens eh meine ganzen Ding, wo damals der Stangl und der S[redacted] den Auftrag gekriegt haben alles zu schreddern was von mir oben ist in die Panzerschränke

S: ja genau was ich das auch nicht mehr, das war..
K. das muss erste jahreshälfte 2008 gewesen sein
S. ja, so ungefähr, ich kann aber fragen, weil das hat der F[redacted] gmacht, ich ruf den an, ich ruf an und meld mich
K: super ok, die 2. Frage ist nur, wenn sie zufällig auf ihren Kalender schauen könnten: 22.9. 2006, ob sie da mit mir irgendwo waren
S. ok, aber ich bin nicht in Klagenfurt..
K. was i wohl, aber das hat Zeit, 22.9.06 (F. wiederholt Datum), ok, passt, Danke ihnen, danke, wiederhören.

Beweisvernichtung. Bereits nach der ersten Verurteilung von Wolfgang Kulterer im November 2008 wurden offensichtlich im Auftrag von Tilo Berlin auch andere verdächtige Schriftstücke sofort vernichtet.

Der Schlusspfiff im internen Match gegen die Hypo-Verbrechen wird nicht zuletzt mit dem auch von der Griss-Kommission kritisierten »enormen Aufwand« begründet. Demnach habe die Bank für die forensische Aufarbeitung des Skandals bisher rund 60 Millionen Euro aufwenden müssen, dazu kämen weitere 200 Millionen an Kosten für externe Berater wie Wirtschaftsprüfer und Sachverständige. »Für sie tat sich (...) ein äußerst profitables und in seinem Umfang und in seinen Erweiterungsmöglichkeiten bisher nicht gekanntes Geschäftsfeld auf«, moniert der Bericht, dieweil diesen Kosten mit »zwei Millionen Euro an rechtskräftig zugesprochenen Schadenersatzsummen und knapp 26 Millionen an tatsächlich rückgeführten Vermögenswerten (...) nur bescheidene Rückflüsse gegenüber stehen«. Die Kommission, die immerhin unter der Leitung einer ehe-

TÜ-Protokoll

Lfd. Gesprächsnr.: **874**
Beginn: **2010-07-22 12:54:54.0** *Ende:* **2010-07-22 12:56:31.0**

Anschlussbez.: **0664[redacted]** *Anderer Anschluß:* **0043664[redacted]**
Sprecher TÜ: **Kulterer** *Anderer Sprecher:* **F[redacted]**
Sachbearbeiter: **tru** *Dolmetscher:*

Gesprächsinhalt: sinngemäß

Dr. Kulterer ruft einen Herrn F[redacted] (phon) an.

Begrüßung.

Kulterer: Danke für den Anruf
F[redacted]: Ja, bezüglich , ah, der Anfrage von, jetzt is so, Vernichtung war im November 2008 nach der Verurteilung
Kulterer: aha, und das war der Grund, ja
F. u.zw. der Auftrag war, ich hab mit dem Stangl kurz sprochen a, der Dr. Berlin, er hat mitn Berlin gred, dass das vernichtet ghört und ich glaub das hat der Dr. Berlin mit ihnen abgestimmt, dass das vernichtet gehört.
K: nein, hat er nicht, das is ja genau das Problem, das da einige Sachen drinnen warn, die i jetzt natürlich gebraucht hätt, und de sind alle weg, aber was kann ich machen, hilft ma ja nicht. Wieviel war denn das, 2 Schränke oder so was
F: ja das waren 2 Schränke, da waren sicher 40 Ordner ca ungefähr, ja
K: ok.
F: das waren aber alles Kopien, ja
K: ja das weiss ich, ok, gut Herr F[redacted] danke ihnen für die Information, ich wollte nur wissen, wann das war
F: ja das war November 2008
Kulterer bedankt sich.

maligen Höchstrichterin stand, scheint aber auch sonst ein gestörtes Verhältnis zur Strafrechtsverfolgung zu haben: »Dass sich die auf diese Weise betriebene Aufarbeitung der Vergangenheit für die HBInt in mehrfacher Hinsicht katastrophal auswirken musste, war offenkundig. Schon die Bezeichnung ›CSI Hypo‹ war für eine Bank im hohen Maße geschäftsschädigend, denn sie brachte die Bank mit kriminellen Machenschaften in Verbindung.«

No na!, würde ein Zyniker angesichts der über 1700 verdächtigen Geschäftsfälle sagen, von denen bisher nur ein Bruchteil aufgearbeitet werden konnte. Zudem ist dieses Rechtsverständnis – abgesehen davon, dass Recht nicht eine Frage des Geldes sein sollte und Gerechtigkeit schon gar nicht – nur die halbe Wahrheit. Zur anderen Hälfte gehört, dass wahrscheinlich allein bereits die Existenz der CSI Hypo den Forderungen der Bank gegenüber etlichen dubiosen Geschäftspartnern einen gewissen Nachdruck verliehen hat. So etwa hat die HGAA Mitte 2010 eine schon verloren geglaubte 70-Millionen-Euro-Investition erst auf Heller und Pfennig zurückbekommen, nachdem ein Anwalt der Peschorn-Truppe Anzeige erstattet hatte. Ähnliches gilt für einen Vergleich in Höhe von 19 Millionen Euro, den die Bank nach einer zivilen Schadenersatzklage gegen ehemalige Aktionäre durchsetzen konnte, die sich im Zusammenhang mit dem sogenannten Consultants-Verkauf offensichtlich zu Unrecht eine Sonderdividende ausbezahlt haben. Und auch ein kroatischer Oligarch und ehemaliger Hypo-Konsulent aus Zadar, der einst mit einem Gesamtobligo von rund 250 Millionen Euro vermutlich zu einer der größten Zitterpartien der Bank gehörte, zeigte sich erst nach etlichen Strafanzeigen einsichtig und hat inzwischen brav die Hälfte seiner Schulden bezahlt. Alles in allem, so rechnen involvierte Juristen vor, sollen auf diese Weise über 300 Millionen Euro in die Bank zurückgeflossen sein. Dabei geben sie dem Leiter der Strafrechtssektion im Justizministerium, Christian Pilnacek, der ebenfalls zu den erklärten CSI-Kritikern gehört haben soll, in einem durchaus recht: »Die Querelen mit der Bank haben nicht gerade zu einer Beschleunigung der Aufklärung geführt.«

*Who's who im Hypo-Sumpf**

Welches Potenzial noch immer in diesem Skandal steckt, zeigt die permanente Ausweitung der Beschuldigtenliste, die rund 150 Namen aufweist. Zum Zeitpunkt der Verstaatlichung war das brisante Papier fast noch ein blütenweißes Blatt und, so wie der Wissensstand der Ermittler, von Fakten nahezu unbelastet. Dementsprechend allgemein gehalten ist auch die Rubrik 1 des Sünderregisters: »Verantwortliche der Hypo Alpe Adria Group«.

Erst Anfang März 2010, nach einigen Einvernahmen und zwei Wellen von Hausdurchsuchungen, landeten die ersten drei konkreten Namen darauf. Dabei handelt es sich um den ehemaligen Hypo-Vorstand Günter Striedinger, den kroatischen Ex-General und Immobilienhändler Vladimir Zagorec sowie den in Slowenien geborenen Klagenfurter Geschäftsmann Miro Oblak. Letzterer ist Erfinder von Skiper, einer von der HGAA bis dato mit rund 250 Millionen Euro finanzierten Ferienanlage in Savudrija, und dürfte anscheinend zu Unrecht die niedrige Startnummer 4 tragen. Das Investment galt in den heimischen Medien lange als eine der Hauptursachen für die Hypo-Pleite. Tatsächlich handelt es sich aber bei dem »Skandalprojekt« an der Südwestspitze Istriens um das wahrscheinlich wertvollste und vielleicht sogar einzige wirkliche Asset der Pleitebank. Nichtsdestotrotz hat sich die Klagenfurter Staatsanwaltschaft im Januar 2015 fünf Einzelkredite aus dem Zeitraum 2002 bis 2005 für eine Teilanklage als juristischen Theaterdonner herausgepickt, während gleichzeitig die Ermittlungen zu den Hauptvorwürfen gegen Oblak – dabei ging es um 19 weitere Kredite und um angeblich unredliche Grundstücksspekulationen und Managementgebühren – »mangels hinreichend konkreter Anhaltspunkte für strafrechtlich relevantes Verhalten« nach fast fünfjähriger Ermittlungszeit eingestellt wurden.

Für Striedinger, Zagorec und die Nummer 7 der Beschuldigtenliste, den früheren Vorstandsvorsitzenden Wolfgang Kulterer, war das nie eine Option. Das Trio soll »im bewussten und gemeinsamen Zusammenwirken mit anderen«, so heißt es im Gerichtsakt mehrfach, das Klagenfurter Geldinstitut um mehrere Hundert Millionen

* Es wird nochmals ausdrücklich auf die Unschuldsvermutung (s. Seite 11) hingewiesen.

Euro geschädigt haben. Zu ihren angeblichen Komplizen sollen auch der ehemalige Steuerberater der Bank Hermann Gabriel (Nummer 11) und der einstige Rechtsberater Gerhard Kucher (Nummer 15) zählen, aber auch die Liechtensteiner Wirtschaftstreuhänder Gerold und Wilfried Hoop. Das Brüderpaar scheint an 12. beziehungsweise an 49. Stelle in der Beschuldigtenliste auf und soll über ein Gewirr von Stiftungen vor allem die strukturelle Umsetzung nahezu aller vermuteten Schandtaten in Liechtenstein orchestriert haben.

Die meisten Namen, die in dieser Übersicht aufscheinen, stammen aus Strafanzeigen, die bisher bei der Staatsanwaltschaft hinterlegt wurden. In ihnen wird ein Großteil jener Transaktionen penibel rekonstruiert, durch welche die Bank nahezu systematisch in ein Milliardengrab verwandelt wurde. Demnach verschwanden immer nach demselben Muster jahrelang Unsummen, zunächst in abenteuerlichen Projekten und anschließend meist in dunklen Kanälen, welche sich über den halben Erdball zu erstrecken scheinen. Ebenso breit gefächert wie die Staatsangehörigkeit der verdächtigten Übeltäter – hauptsächlich handelt es sich aber um Österreicher und Kroaten – ist auch der soziale Status der Beschuldigten: So etwa geht es bei der Nummer 41 der Liste um eine völlig unbekannte Sekretärin, die für ihren Ex-Chef Wolfgang Kulterer nach dessen Ausscheiden aus der Bank verschiedene Unterlagen bei sich zu Hause versteckt haben soll, während es sich bei Josef Martinz auf Position 37 um einen früheren Lokalpolitiker handelt. Der Absolvent der Wirtschaftsuni war Obmann der Kärntner ÖVP, Mitglied der Landesregierung und den Ermittlern vor allem durch ein verwegen hohes Honorar aufgefallen, das er einem befreundeten Steuerberater für dessen dürres Gutachten über den Bankverkauf zukommen ließ. Ein kleiner Teil davon ist nachweislich in die Kasse seiner Partei zurückgeflossen, weshalb Martinz im März 2014 in letzter Instanz rechtskräftig zu viereinhalb Jahren Haft verurteilt worden ist.

Im Unterschied zu einer Vorzimmerdame oder einem kleinen Kreditsachbearbeiter handelt es sich bei einem Politiker um eine Person des öffentlichen Interesses, weshalb auch der volle Name von der Beschuldigtenliste übernommen werden kann. Dasselbe gilt für die ehemaligen Vorstandsmitglieder der HGAA Josef Kircher (Position 6), Siegfried Grigg (Position 17), Tilo Berlin (Position 19) sowie Andreas Dörrhöfer (Position 40) – und natürlich auch für den glücklosen Ex-Chef der BayernLB Werner Schmidt (Position 16).

Obwohl die auf den Positionen 39 und 42 gelisteten Ex-Vorstände Božidar Špan und Gerhard Süss ebenfalls in diese VIP-Kategorie fallen, kommen ihre Namen in den Medien nur selten vor, was verwundert. Süss war Geschäftsführer der Hypo Consultants, die hauptsächlich als Endlager für faule Kredite diente; danach, so belegen Ermittlungsakten, dürfte er auch als Geschäftspartner von Günter Striedinger und dessen Schwager Hermann Gabriel die Geschicke der Klagenfurter Bank beeinflusst haben. Aber auch Božidar Špan war mehr als eine Randfigur in diesem Skandal. Laut einem internen Aktenvermerk, der sich auf ein Treffen mit slowenischen Justizbehörden bezieht, soll der langjährige Chef der Bankzentrale in Laibach, der von Juni 2008 bis Mai 2010 sogar Vorstand der Klagenfurter HBInt war, nicht nur in fragwürdige Immobiliengeschäfte verwickelt gewesen sein, sondern auch »mit Hilfe seines Bruders über Russland und Zypern« veruntreute Hypo-Gelder gewaschen haben. Gleich gelagerte Fälle habe man auch in Serbien vorgefunden: »Dazu werden die bereits besprochenen Asset Tracing Untersuchungen der bekannten Konten und Personen vorbereitet«, heißt es in dem Schreiben vom November 2013 verheißungsvoll. Ob die jetzt frei übersetzte »Jagd nach den verlorenen Schätzen« in der Folge tatsächlich stattgefunden hat, ist nicht bekannt. Die Ermittlungen zu den bis dato zwei einzigen angezeigten Geldwäscheverdachtsmeldungen wurden jedenfalls schon vor diesem Zeitpunkt eingestellt. Erstmals aufgefallen ist Špan den slowenischen Justizbehörden bereits Anfang 2011, im Zuge einer Razzia wegen verdächtiger Immobiliengeschäfte zwischen der Hypo und dem inzwischen bankrotten ehemaligen Staatskonzern Vegrad. Das Bauunternehmen war nach seiner Privatisierung – die natürlich mit Klagenfurter Hilfe stattfand – unter anderem auch Generalunternehmer und vorübergehend sogar Eigentümer von Skiper und hat nach seinem Konkurs allein bei der HGAA eine finanzielle Blutspur von über 300 Millionen Euro hinterlassen, wovon ein Drittel die Ferienanlage in Savudrija betraf. Bei der Durchsuchung der diversen Büroräume stießen die Fahnder auf Unterlagen, wonach der Baukonzern über die slowenische Hypo Leasing an liechtensteinische Unternehmen Provisionen in Höhe von insgesamt 40 Millionen Euro gezahlt haben soll. Die beschlagnahmten Dokumente lassen vermuten, dass außer Špan – der früher auch auf der Payroll des jugoslawischen Geheimdienstes gestanden haben soll – noch andere Hypo-Manager an diesen Unternehmen im Steuerparadies Liechtenstein beteiligt waren. Tatsache ist, dass kurz vor der Razzia bei Vegrad und der slowenischen Hypo-Zentrale der gesamte Führungsstab der Bankentochter über Nacht ausgetauscht worden ist.

Man muss als Beschuldigter nicht unbedingt Špan, Kulterer oder Tilo Berlin heißen, um mit vollem Namen in der Zeitung zu stehen. Auch aufgrund der »Schwere der Tat«, wie es im Gesetz heißt, kann ein öffentliches Interesse begründet sein. Deshalb dürfen zum Beispiel auch die Namen von Zdenko Zrilić und Bruno Orešar ausgeschrieben werden. Immerhin handelt es sich bei diesen beiden Kroaten, die auf Position 8 und 29 rangieren, um zwei Beschuldigte, deren Kreditobligo insgesamt über 400 Millionen Euro betragen hat. Zrilić war zudem in seiner Heimatstadt Zadar jahrelang Hypo-Repräsentant und ist über Umwege ebenfalls mit Striedingers Rubicon verbandelt, und zwar über ein kroatisches Tochterunternehmen, wobei auffällt, dass die österreichische Holding erst im Februar 2014, sechs Monate nach Striedingers rechtskräftiger Verurteilung zu vier Jahren Haft, aus dem Handelsregister gelöscht worden ist.

Im Gegensatz dazu dürfen die Namen von Daniel W. (Position 35) und Kenneth Sch. (Position 43) nur abgekürzt veröffentlicht werden; allein schon deshalb zählen sie zu den geheimnisvollsten Personen der bisher aktenkundigen Beschuldigten. Der eine, Kenneth Sch., ist der Schwager von Hermann Gabriel und taucht unter anderem auch in der sogenannten Vorzugsaktien-Affäre auf. Bei Daniel W. wiederum handelt es sich um einen früheren österreichischen Polizeiattaché in Rumänien, der sich 2009 auch als Sicherheitschef um die Milliardärsfamilie Flick und deren zur Festung umgebaute Luxusvilla am Südufer des Wörthersees kümmerte. Der karenzierte Polizist und ehemalige Büroleiter einer burgenländischen SPÖ-Landesrätin landete kurioserweise ausgerechnet aufgrund eines abgehörten Telefonats, das er mit Wolfgang Kulterer geführt hatte, auf der Beschuldigtenliste. In dem Gespräch soll der Ankauf rumänischer Immobilien besprochen worden sein. Ob für Kulterer oder für die Flick-Dynastie, gibt den Ermittlern noch immer Rätsel auf.

Dafür wissen sie über das Privatleben des gestrauchelten Bankers inzwischen bestens Bescheid. So etwa hörten sie unfreiwillig mit, als er seinen Herzdamen in London, Zürich und Rom Absagen erteilte, weil er sich die aufwendigen Liaisons nicht mehr leisten könne. Schließlich hatte der arme Mann damals auch noch für das Futter seiner Reitpferde aufzukommen, die er auf der Suffield Farm in

Puttenham, einem idyllischen Dörfchen in den Hügeln von Surrey, im Stall stehen hatte – wobei er sich, um seine laufenden Anwaltskosten berappen zu können, inzwischen auch von diesen Lieblingen trennen musste, genauso wie von seinem 517 PS starken Aston Martin.

Keiner ist Kleiner

Wo immer auf spektakuläre Weise Geld verschwunden ist, veruntreut oder illegal verspekuliert wurde, ob bei der ehemaligen Grazer Bank für Handel und Industrie (BHI), der Wiener BAWAG oder der Klagenfurter Hypo Alpe Adria, tritt der Grazer Wirtschaftsprüfer Fritz Kleiner in Aktion. Als von Gericht oder Staatsanwaltschaft beauftragter Sachverständiger wühlt er sich durch Aktenberge, Zahlenkolonnen, Überweisungsbelege, Verträge und andere Dokumente mit dem Ziel, die Wahrheit ans Licht zu bringen »oder ihr wenigstens nahe zu kommen«, wie er manchmal gerne tiefstapelt. Was er aber nicht nötig hat, denn keiner ist Kleiner: Aufgrund seiner Expertisen wanderte Ex-BAWAG-Chef Helmut Elsner ins Gefängnis, verlor Wolfgang Kulterer nach der Swap-Affäre seinen Job und wurde zum Beispiel Christian Rauscher, der Treasury-Manager der HBInt, dem Kulterer die Schuld an den Swap-Verlusten anlasten wollte, erst gar nicht angeklagt. Als einer der meistbeschäftigten Sachverständigen Österreichs, wenn es um große Wirtschaftsverfahren geht, hat er gerade in der Krise Konjunktur, denn in komplexen Finanz- oder Bilanzierungsfragen sind Gerichte auf Leute wie ihn angewiesen. Einerseits spart es Zeit, andererseits fehlt es den auf Strafrecht spezialisierten Juristen zumeist an Expertise in Buchprüfungs- oder Börsenangelegenheiten. Persönliche Erfolgsquoten, so sagt er, seien ihm dabei egal. »Die Konsequenz aus meinen Gutachten ziehen die unabhängigen Gerichte – ich bin ja nicht der Rächer der Enterbten. Für mich ist entscheidend, ob das Gutachten hält, und das ist bisher in hundert Prozent der Fälle so gewesen. Was das Gericht damit macht, habe ich nicht zu beeinflussen.« Bei den Jungen heute sei das anders. »Die sind wie Bluthunde, und das ist nicht gut«, meint der 69-jährige »Herr der Zahlen«, wie ihn das Wirtschaftsmagazin *trend* einmal nannte.

Der Job als Gutachter kam für den Doppelakademiker – neben Jus absolvierte er ein Dolmetschstudium in Englisch – völlig unerwartet. »Mein erstes Gutachten war eine Unternehmensbewertung am Landesgericht in Leoben. Mein Vater, ebenfalls Steuerberater, ist während des Gutachtens an einem Herzinfarkt gestorben. Der Richter wollte, dass ich übernehme. Das war mein Eintritt in die Welt der Gutachter«, erzählt Kleiner. In seiner Jugend hatte er andere Träume. »Ich wollte eigentlich lange Zeit Bergrettungsmann werden, weil ich gern auf Berge gekraxelt bin. Dann Geometer. Bei der Matura gab es dann eine Berufsberatung. Da wurde mir gesagt, ich möge einen juristisch-kaufmännischen Beruf ergreifen. Heute mache ich eben das, was ich mache. Etwas anderes kann ich nicht.« Sein erster großer Bankprüfungsauftrag erfolgte im Zuge der BHI-Pleite, in die zahlreiche Grazer Wirtschaftspromis verwickelt waren. Was den Vater dreier Kinder auch in den Augen der Kollegenschaft auszeichnet, ist sein Konzentrationsvermögen und seine Ausdauer. Für die Verfassung des BAWAG-Gutachtens zog er sich für dreieinhalb Monate mit fünf Kollegen praktisch völlig zurück. »Wir haben fast in der Kanzlei gewohnt«, erinnert er sich und relativiert damit auch das auf den ersten Blick fürstliche Honorar von 680 000 Euro. »Da können Sie erstens schon einmal 20 Prozent Umsatzsteuer abziehen. Und zweitens haben wir dafür noch zwei Kollegen aus der Schweiz zuziehen müssen, die ja von diesem Honorar mitbezahlt wurden.«

Finanziell gesehen seien Wirtschaftsprüfertätigkeit und Steuerberatung lukrativer, meint Kleiner, »aber die Gutachten machen mir den größten Spaß«. Der Grund sei die völlige Freiheit in dieser Rolle. »Als Sachverständiger hat man keinen Auftraggeber, in dessen Sinne man argumentiert. Es geht nur um die objektive Feststellung des Sachverhalts.« Auch politisch hält sich der ehemals linksradikale Studentenvertreter, der heute gerne in seiner kommoden Jaguar-Limousine reist, von Punzierungen fern. »Die Roten halten mich für einen Schwarzen«, amüsiert er sich, »die Schwarzen für einen Roten.« Die Studienjahre seien aber sicher prägend gewesen: »Mit Ho Chi Minh habe ich Rückgrat bekommen. Wir wurden von links und von rechts abgewatscht. Da hat man gelernt, zu seiner Meinung zu stehen.« Seiner Unabhängigkeit komme das zupass, und die sei ihm ein hohes Gut. Immerhin sei das Ziel des Gutachters, Fakten und Zusammenhänge unangreifbar und objektiv darzustellen. »Es gibt Kollegen, die schreiben lauter Konjunktive hinein – könnte, würde, möglicherweise –, aber das ist nicht die Aufgabe eines Gutachters. Ich muss sagen können: so war das, oder so war das nicht. Oder ich muss sagen, dass ich es nicht weiß.«

Genau das ist es, was nicht nur Freunde, sondern auch Feinde an ihm besonders schätzen. Der Wiener Anwalt Richard Soyer etwa – er vertrat in der Hypo-Causa bereits zwei Angeklagte, die das Gericht mit plötzlichen Geständnissen überraschten – konzediert dem Grazer Gutachter Fairness: »Er hat Augenmaß und, wie ich es empfinde, ein echtes Bemühen um Objektivität. Fachlich ist er sicher gut und außerdem hat er einen gesunden Realitätsbezug.« Seine Gutachten seien – im Gegensatz zu jenen vieler seiner Kollegen – leicht lesbar und man wisse, worauf er hinauswolle, streut ein Richter am Wiener Landesgericht dem Grazer Gutachter ebenfalls Rosen. Freilich gibt es auch heftige Kritiker wie zum Beispiel Elsner-Anwalt Wolfgang Schubert, der Kleiner im BAWAG-Prozess fachliche Inkompetenz und Parteilichkeit vorgeworfen hat, etwa weil die Schlussversion des Gutachtens wesentlich schärfer verfasst war als eine – durch einen EDV-Fehler zutage getretene – provisorische Fassung. Ähnliche Vorwürfe gab es auch in einem nun schon fast zehn Jahre dauernden Ermittlungsverfahren gegen ehemalige Funktionäre des gleich viermal in Konkurs gegangenen Grazer Bundesligisten GAK, wo Kleiner der Gutachterauftrag letztlich entzogen wurde, weil er in den Achtzigerjahren eine Geschäftsbeziehung mit einem verdächtigten Steuerberater unterhalten hat. »Dadurch könnte in der Öffentlichkeit der Eindruck einer Befangenheit des Sachverständigen entstehen«, so ein Sprecher der Staatsanwaltschaft Graz.

Er selbst nimmt solche Angriffe gelassen. »Ich bin auch bei persönlichen Angriffen nicht böse, schließlich kämpfen solche Menschen ja um ihre Existenz, und ich bin für sie ihr natürlicher Feind.« Mitleid empfinde er selten, aber manches mache ihn nachdenklich. »Egal wie man jetzt über Kulterer denkt: Dieser soziale Abstieg vom gefeierten Banker, vor dem alle gebuckelt haben, mit Eigentumswohnung, Luxusautos und Reitgut zum Häftling in eine kahle Zelle ist schon ziemlich brutal.« In vielen Wirtschaftsverfahren, wo es um Krida oder Betrug geht, stehe am Anfang auch keine kriminelle Energie. »Da schlittert ein Unternehmer in einen Liquiditätsengpass und nimmt dann von wo unerlaubt Geld mit dem festen Vorsatz, es wieder zurückzuzahlen, wenn die Lage sich verbessert. Und dann läuft es halt anders, die Summen werden immer höher, Kredite erschwindelt, und plötzlich schlittern diese an sich braven Bürger in einen schweren Betrug mit ein paar Jahren Haft.«

Als Verantwortliche für die immensen Verluste der Hypo Alpe Adria macht Kleiner primär das Management fest, erst in zweiter Linie die Politik. »Man kann sich nicht darauf ausrasten, dass ein Teileigentümer dem Vorstand Anweisungen erteilt. Das gibt es nicht. Punkt. Aber diese Bank ist größenwahnsinnig geworden, vielleicht auch die dahinter stehende Politik.« Laut Kleiner seien die Bayern beim Kauf der Hypo-Anteile auch nicht über den Tisch gezogen worden. »Sie wollten einfach unbedingt kaufen und kümmerten sich im Jahr 2007 überhaupt nicht um den Zustand der Bank.« Die sei schon »marod gewesen seit der Ausweitung in Südeuropa unter ihrem Vorstandsvorsitzenden Wolfgang Kulterer«. Es sei »Größenwahn« gewesen, in einen neuen Markt zu gehen, ohne »so viel Spielkapital zu haben, dass ich es verlieren kann«. Nach dem Verkauf sei das Problem weiter gewachsen. Kontrolliert worden sei durch den Aufsichtsrat in den Jahren 2007 bis 2009 »genau gar nichts«.

Kleiner stellt auch infrage, dass es sich bei der Hypo um eine »systemrelevante Bank« gehandelt habe, weshalb er sich auch immer für eine Insolvenz unter Beteiligung der Gläubiger ausgesprochen hat. Die Anstaltslösung bringe den gleichen Verlust, wie wenn man die Bank stehen gelassen hätte, meint Kleiner: »Es schaut nur optisch anders aus.« Doch die Einflüsterer des damaligen Finanzministers Josef Pröll seien aus dem Bankenbereich gekommen. »Banken werden einer Insolvenz nie positiv gegenüberstehen, weil sie Betroffene sind und wahrscheinlich mitzahlen müssten.« Auch jetzt bei der Abwicklung dürfe man sich nicht an Berater aus dem Bankensektor halten, warnt Kleiner. Es brauche unabhängige Experten, die »dem Finanzminister ein Konzept für eine Bad Bank und eine geordnete Abwicklung der Bank vorlegen. Unter Beteiligung der Gläubiger – wie dies eben auch sonst bei stillen Ausgleichsverfahren üblich ist.«

Auch zum Poker um die Verstaatlichung, wo die Bayern die »kaltblütigeren Spieler« gewesen und nach Wien gefahren seien, »um Ösis zu schrecken«, hat der Grazer eine klare Meinung: »Wenn die Bayern sagen, wir lassen die Bank in Konkurs gehen, und die Österreicher sagen, ja, lästig, aber auf Wiedersehen, dann hätte ich mir das weitere Szenario gerne angeschaut.« Aber natürlich sei es für einen österreichischen Finanzminister und Vizekanzler nicht einfach, den Bayern zu sagen: »... – und jetzt raus hier.«

2 UNHEIMLICHE VERLUSTE UND HEIMLICHE VORZÜGE

Der Urknall

Als am Montag, dem 15. November 2004, das veraltete Warnsystem der Risikokontrolle in der Klagenfurter Hypo-Zentrale Alarm schlug, hatte die Katastrophe bereits ihren Lauf genommen. Die Charts auf den Bildschirmen im Treasury-Raum – wo schon lange nicht mehr nur mit Aktienkursen, sondern auch mit Zins- und Währungsschwankungen spekuliert wurde – trieben den Anwesenden den kalten Schweiß auf die Stirn: Die Bank hatte durch Devisenwetten in kürzester Zeit ein Minus von mehr als 148 Millionen Euro eingefahren. Kulterer will erst zwei Tage später davon erfahren haben und hätte Christian Rauscher, den verantwortlichen Treasury-Manager, »unverzüglich zur Rede gestellt und ihn mit dem Sachverhalt konfrontiert«. Dieser bestätigt das Gespräch an diesem Tag, hat es aber anders in Erinnerung: Kulterer, so der Mann, hätte gemeint, er habe fünf Minuten Zeit und er solle sich kurzfassen. Das Gespräch sei dann später unter Teilnahme des Risk Controlling fortgesetzt worden. »Wir haben daraufhin sofort die Reißleine gezogen«, rekapituliert Wolfgang Kulterer in einem *profil*-Interview das Debakel. Da aber noch andere gleichartige Geschäfte gelaufen seien, wäre es unmöglich gewesen, »diesen Dammbruch sofort zu stopfen«. Das sei erst zwei Wochen später gelungen, aber da hatte der Verlust der Bank mit 328 Millionen Euro bereits das Dreifache des selbst auferlegten Limits für das Derivatenbuch überschritten. Die Klagenfurter Glücksritter hatten sich nämlich auf ein besonders riskantes Spiel eingelassen und gleichzeitig auf zwei Entwicklungen auf den Finanzmärkten gesetzt: zum einen auf fallende Zinsen und zum anderen auf einen Kursanstieg von Dollar und Yen gegenüber dem Euro – womit der Swap-Skandal perfekt war.

Bevor irgendwelche Börsenfreaks aufschreien: Die Bezeichnung »Swap« ist im konkreten Fall natürlich irreführend, da es sich beim Hypo-Hasard finanztechnisch um sogenannte »geschriebene Währungsoptionen« handelte, die – im Gegensatz zu herkömmlichen Swaps – ein unbegrenztes Verlustpotenzial haben. Doch was ist nun eigentlich wirklich ein Swap?

Swaps sind ebenso wie Optionen und Futures abgeleitete Finanzinstrumente und werden auch als Derivate bezeichnet. Abgeleitet nennt man die Finanzinstrumente dann, wenn sie hinsichtlich ihres Wertes oder ihrer Wertentwicklung von anderen Produkten, den sogenannten Underlyings oder Basisinstrumenten abhängig sind. Dabei kann es sich um Güter oder Waren wie zum Beispiel Weizen, Metalle oder Rohöl handeln, aber auch wieder um eigene Finanzinstrumente wie Wertpapiere, Zinssätze oder Devisen. Das Produkt »Swap« ist, wie die deutsche Übersetzung des Wortes bereits sagt, ein Tausch. In der Finanzwelt werden dabei bestimmte Geldflüsse zu bestimmten Zeitpunkten zwischen zwei Vertragspartnern getauscht. Das Produkt selbst hat viele Facetten: Die beiden wichtigsten Formen sind der Zinsswap und der Währungsswap. Ohne Hasard ist das Ganze also ein spannendes und im Bankenbereich auch alltägliches Geschäft.

Der Zinsswap ist die einfachste Form dieses Finanzprodukts. Bei diesem Geschäft wird, ganz allgemein gesprochen, versucht, den Zinsaufwand möglichst gering und den Zinsertrag möglichst hoch zu halten; eine allgemeingültige Entscheidung zwischen einem geringen Einkaufspreis und einem hohen Verkaufspreis, wie sie auch jeder Krämer täglich treffen muss. Er ist eine Vereinbarung zwischen zwei Vertragspartnern, hier Bankinstituten, in der sich diese verpflichten, zukünftige Zinszahlungen in derselben Währung auszutauschen. Beim Zinsswap werden immer nur die Zinszahlungen ausgetauscht, ohne Beachtung der Kapitalbeträge, auf welchen die Zinsen beruhen, während beim Währungsswap immer ein Austausch von Kapitalbeträgen und Zinsbeträgen in unterschiedlichen Währungen stattfindet. Als Richtsätze gelten insbesondere auf dem Euro-Markt der EURIBOR (*Euro Interbank Offered Rate*) und der LIBOR (*London Interbank Offered Rate*). Der EURIBOR ist der Referenzzinssatz (Briefkurs) für einwöchige sowie Ein- bis Zwölfmonatsgelder zwischen Großbanken. Der LIBOR ist der Briefkurs, zu dem international tätige Großbanken Euro-Geldmarktgeschäfte in London abschließen.

Der Swap-Markt ist somit von den zukünftigen Zinseinschätzungen oder Währungsentwicklungen der Vertragspartner abhängig und daher von vornherein ein Geschäft mit Risikocharakter. Bei der

Hypo wurde dieses Finanzinstrument in ihrem Aktiv-Passiv-Geldmanagement eingesetzt, um Zinsverbindlichkeiten zu verringern oder aus spekulativen Swap-Geschäften bankinterne Erträge zu erwirtschaften. Diese Vorgangsweise ist von vornherein keineswegs unüblich. Man darf nur kein Zocker sein. Denn ausgehend von den Grundmodellen wurden die Variationen über die Jahre seit 1981, als der erste Währungsswap zwischen IBM und der Weltbank geschlossen wurde, zunehmend verfeinert. Es ist wie bei den Sportwetten: Ursprünglich konnte man nur auf Sieg, Niederlage oder Unentschieden tippen, inzwischen sind die skurrilsten Ereigniswetten möglich. Das Gegenteil der *Plain Vanilla Swaps* sind *Exotic Swaps* – wie eben geschriebene Währungsoptionen.

Den Schatzmeistern der Hypo war der Unterschied bekannt. Ähnlich hochriskante Zinswetten hatten der Bank schon Anfang 2004 beachtliche Verluste beschert, weshalb es laut Kulterer eine Anordnung gegeben hätte, die Risikofunktionen herauszunehmen und die Swaps umzubauen. Kulterer behauptet weiters, dass ihm damals Währungsoptionen, die in den Swaps inkludiert waren, unbekannt gewesen seien. »Dazu ist zu sagen, dass die Befundaufnahme gezeigt hat, dass bereits seit 2003 (ev. auch 2001) solche Währungsoptionen in den Swaps inkludiert waren, womit nicht bewiesen ist, dass Kulterer davon gewusst hat. Allerdings lässt dies dann eine Schlussfolgerung auf die Qualität der Berichtserstattung an den Vorstand zu«, hält der Grazer Wirtschaftsprüfer Fritz Kleiner in seinem Gerichtsgutachten zur Swap-Affäre fest.

Laut Kulterer wäre die nur 14 Tage dauernde Spekulationsorgie im darauffolgenden Herbst trotzdem ein Alleingang des verantwortlichen Treasury-Managers gewesen, was dieser aber bestreitet. Im Gegenteil, er habe seinem Chef jeden Tag die Zahlen vorlegen müssen, rechtfertigt sich Rauscher, der nach dem Malheur mit einer anderen Aufgabe im Hause betraut worden ist. Wie aus dem Kleiner-Gutachten hervorgeht, wurden auch keine Pouvoir-Grenzen bei der Platzierung der Swaps überschritten. Glaubt man dem Abschlussbericht der Notenbank vom Mai 2006, dann hatte der glücklose Treasurer sowieso keine Chance, »da die Kontrollmöglichkeiten der HBInt dem Umfang, der Komplexität und dem Risikogehalt der durchgeführten Geschäfte nachhinkten«. Laut Österreichischer Nationalbank (OeNB) sei die Bank weder in der Lage gewesen, den tatsächlichen Wert der gehandelten Produkte selbst festzustellen, noch die Geschäfte in ihren Risikomesssystem abzubilden: »Eine dementsprechende Begrenzung dieser Risiken war daher gar nicht möglich.« Auch Kulterer musste darauf zugeben, dass »diese Produkte ja bei uns neu und auf Knopfdruck nicht bewertbar waren«. Tatsächlich hatte die Bank letztlich ganze 14 Tage warten müssen, um von ihren Geschäftspartnern die Werte zu bekommen. Doch Kulterer und seine Vorstandskollegen wollten sich die Bilanz nicht versauen lassen und beschlossen, den horrenden Verlust zu verschleiern.

Das große Schweigen

Um den Vorfall an der Bilanz vorbeischummeln zu können, mussten insgesamt elf Swap-Geschäfte umstrukturiert werden. Laut Kleiner-Gutachten wurden dazu mit den Geschäftspartnern – den Investmentbanken Lehman Brothers, Goldman Sachs, Credit Suisse First Boston, Merrill Lynch und Morgan Stanley – Folgeverträge abgeschlossen, im Rahmen derer das Minus über zehn Jahre abgebaut werden sollte. Grob gesprochen handelte es sich dabei um Kredite, die als neuerliche Swap-Geschäfte getarnt in den Bankbüchern aufschienen. »Wie schon in der Befundaufnahme erwähnt, bin ich der Überzeugung, dass es sich bei den restrukturierten Swap-Geschäften im Herbst 2004 um Tilgungsvereinbarungen, also um Kreditgeschäfte, handelt, für die eine völlig klare Bilanzierung stattzufinden hat«, schließt Kleiner jede Diskussion darüber aus.

Was der Gutachter damit meint, ist: Laut Handelsrecht hätte der gesamte Verlust in der Bilanz 2004 auf einmal bilanziert werden müssen, da Aufwendungen, die ein Wirtschaftsjahr betreffen, auch in diesem Wirtschaftsjahr zu verbuchen sind. Die Einbuchung der Verluste als Verbindlichkeit hätte aber als Gegenbuchung eine Aufwandserhöhung – und somit eine Verminderung des Bilanzgewinns – bedeutet. In absoluten Zahlen handelte es sich dabei um einen Betrag von 293 Millionen Euro. Insgesamt betrugen die Swap-Verluste sogar rund 330 Millionen Euro, denn vor Abschluss dieser hochspekulativen Derivate hatte das Portfolio einen positiven Wert von knapp 40 Millionen.

Ein weiterer Knackpunkt dabei war, dass weder die beiden Wirtschaftsprüfungskanzleien Confida und Deloitte, die für die Bilanzprüfung zuständig waren, noch der eigene Aufsichtsrat über die Vorgänge »umgehend« informiert wurden, so wie es das Gesetz vorschreibt. Erst ein halbes Jahr später, am 19. Mai 2005, trat Kulterer den Canossagang zum Aufsichtsratspräsidium an. »Verdammt spät. Vielleicht aber auch ganz bewusst erst zu diesem Zeitpunkt«, argwöhnt das *profil*. Im April zuvor hatte sich nämlich ein Wechsel an der Spitze des Hypo-Aufsichtsrats vollzogen. Der deutsche Energiemanager Klaus Bussfeld hatte kurz zuvor sein Mandat niedergelegt. An seine Stelle rückte der enge Kulterer-Freund und Confida-Mitbegründer Karl-Heinz Moser, der bis heute Alleineigentümer der gleichnamigen Wiener Kanzlei ist. Sowohl Kulterer als auch Moser beteuern, dass dieser zeitliche Ablauf »reiner Zufall« sei. Absichtlich nicht informiert hat Moser aber seine Aufsichtsratskollegen. Dieses Gremium wurde erst im Mai 2006, nachdem das Thema auch schon in den Medien für Schlagzeilen gesorgt hatte, informiert. Mosers Rechtfertigung dazu: »Die Bilanz 2004 war bereits am 15. Mai 2005 beschlossen worden. Da war ich noch nicht im Aufsichtsrat.« Er selbst wäre erst »nach Feststellung durch den alten Aufsichtsrat« in der Hauptversammlung an diesem Tag zum Aufsichtsratsvorsitzenden der HBInt gewählt worden. Die Frage der Bilanzierung der Swap-Verluste sei daher für ihn erst bei der Bilanzerstellung für das Jahr 2005 ein Thema gewesen. Dass er von Kulterer vier Tage nach seiner Bestellung über den stattgefundenen Hasard unterrichtet worden sei, stimme, allerdings will er »unvollständig und mangelhaft informiert worden« sein. Kulterer habe erklärt, »dass das Problem der 2004 entstandenen Swap-Verluste bereits im Griff bzw. gelöst ist«. Daher habe er »keine Erfordernis nach einem sofortigen Sonderbericht« an seine Aufsichtsratskollegen gesehen. Im Kleiner-Gutachten liest sich das anders: Dass es sich bei den Swap-Verlusten um einen Umstand gehandelt hat, der für die Bank »von erheblicher Bedeutung« war und dem Aufsichtsrat »unverzüglich zu berichten« gewesen wäre, steht für den Gutachter außer Zweifel. »Ein wichtiger Anlass, bei dem mit medialem Interesse zu rechnen gewesen ist, war das allemal.«

Aber auch seine Vorstandskollegen Günter Striedinger und Thomas Morgl ließ der Hypo-Chef fast einen Monat lang im Dunkeln, bevor er die Kollegen im Zuge einer Vorstandssitzung über die Katastrophe aufklärte, was aber in keinem offiziellen Protokoll aufscheint. Genauso wenig wie die Teilnahme von Rauscher und zwei weiteren Abteilungsleitern an dieser Sitzung, wo laut dem ehemaligen

Treasury-Chef auch besprochen worden sei, welche unmittelbaren Aktionen zu setzen wären und wer die Gespräche mit den Investmentbanken zu führen hätte. Bei dieser Vorstandssitzung sei auch die Frage aufgetaucht, ob das Gesamtausmaß überhaupt schon bekannt sei, worauf er, Rauscher, einen schriftlichen Kurzbericht vorgelegt hätte, der aber ebenfalls nicht mehr vorhanden ist. Er habe noch um Protokollierung ersucht, beharrt Rauscher auf der Existenz des Schriftstückes, aber es hätte geheißen, dass Teile dieser Sitzung »nicht in die übliche Vorstandsmappe« gingen, damit ja nichts nach außen dringe. »Ob es noch eine andere, also eine Vorstandsmappe für ›unübliche‹ Fälle gibt, ist nicht aktenkundig«, meint Kleiner in seiner trockenen und manchmal fast schon zynischen Art. Aktenkundig sei hingegen, dass ab Mitte November 2004 bis Mitte Januar 2005 die hochspekulativen Swaps tatsächlich umstrukturiert wurden. Dass der Großteil der »massiven Restrukturierungsmaßnahmen«, wie von Kulterer behauptet, 2005 stattgefunden habe, konnte der Grazer »aufgrund der Aktenlage« nicht bestätigen. »Ob dieser Hinweis auf 2005 mit der Bilanzierung 2004 zusammenhängt, ist eine eventuell vom Gericht zu lösende Frage der Beweiswürdigung«, legt er dem Richter das Wort »Bilanzfälschung« fast schon in den Mund.

Deshalb sind Kulterer und seine Vorstandskollegen 2008 letztlich auch verurteilt worden: wenn auch nur zu glimpflichen Geldstrafen, wobei die Bank, die damals bereits unter der Leitung von Tilo Berlin stand, kulanterweise nicht nur die Rechtsanwaltskosten für die Bilanztrickser übernommen hat. Auch die zu Unrecht eingesteckten Bonuszahlungen mussten die Verurteilten nur pro forma zurückzahlen, da sie haargenau die gleiche Summe im Zuge ihrer Abfertigung als eine Art Sonderzahlung erhielten. So etwa bekam Kulterer, der ja eigentlich rausgeschmissen worden ist, für die vorzeitige Auflösung seines Vorstandsvertrages eine Zusatzzahlung von 334 068 Euro; bei Striedinger machte der unerwartete Abfertigungszuschuss 246 623 Euro und bei Morgl immerhin noch 129 580 Euro aus. »Die betragliche Übereinstimmung ist auffällig, aber ich will sie nicht kommentieren. Darüber wird das Gericht zu urteilen haben«, heißt es dazu im Kleiner-Gutachten lapidar.

Was aber fast schon eine Chuzpe ist: Ausgerechnet auf Basis der getürkten Bilanz kürte das deutsche Beratungsunternehmen Zeb/rolfes.schierenbeck.associates die Hypo in seiner *European Banking Study 2004* zur profitabelsten Bank Österreichs. Aufgeflogen – und das auch nur ansatzweise – ist der Schwindel nämlich erst am 10. Februar 2006. An diesem Tag informierte der Prüfer der Confida-Klagenfurt Walter Groier den Hypo-Vorstand über unglaubwürdige Zinsdarstellungen bei den Derivaten, worauf Kulterer dem Miteigentümer der Confida und ehemaligen Geschäftspartner seines Aufsichtsratsvorsitzenden Karl-Heinz Moser eine Erklärung versprochen haben soll. »Das wäre aus meiner Sicht der letzte Moment gewesen, in dem Kulterer die Wirtschaftsprüfer aktiv von sich aus hätte informieren müssen«, zeigt Kleiner in seinem Gutachten auf. Infolge des weiteren Vorgehens habe er aber den Eindruck gewonnen, »dass Kulterer die Wirtschaftsprüfer noch nicht zur Gänze über den wahren Sachverhalt aus dem Herbst 2004 informieren wollte«.

Drei Absätze weiter, wo es dann um die Problematik der Verschleierungstaktik geht, wird der Gerichtsgutachter – »und dies explizit unabhängig davon, dass ich selbst Wirtschaftsprüfer bin« – fast schon grantig. »Es ist im höchsten Maße unakzeptabel, wenn ein Vorstand den vom Aufsichtsrat beauftragten Wirtschaftsprüfer, den die Hauptversammlung aus- und gewählt hat, und dessen Honorar die geprüfte Gesellschaft trägt (soviel zur Unabhängigkeit des wirtschaftsprüfenden Berufes), zu so entscheidenden Fragen nicht informiert. Damit wird die Wirtschaftsprüfung in ihrer Sinnhaftigkeit und die Information des Aufsichtsrates, der sich auf die Wirtschaftsprüfung zu verlassen hat, zur Gänze in Frage gestellt.« Für Kleiner ist auch unverständlich, warum Kulterer nicht bereits Mitte November 2004 beim stattgefundenen Vorgespräch für die Jahresabschlussprüfung mit den Prüfern von Deloitte und Confida Klartext über das soeben erst aufgetauchte Problem im Treasury gesprochen hat. »Mit größter Wahrscheinlichkeit, mit allergrößter Wahrscheinlichkeit aus der Sicht eines aktiven Wirtschaftsprüfers hätten die fachlich orientierten Bilanzprüfer aufgrund der gegebenen Auftragssituation und Loyalität zum Auftraggeber damals unterstützend eingreifen können, um durch Ausnutzung der (später ohnehin angewandten) Bilanzierungswahlrechte und Bewertungsspielräume die Bilanzsituation für 2004 trotz Einbuchung der Verluste akzeptabel darzustellen.« Stattdessen verfolgte Kulterer aber das Ziel, den Kreis der Informierten möglichst klein zu halten. »Die Bank war mein Kind, und ich habe alles dafür getan, mein Kind zu schützen«, versuchte Kulterer im November 2008 vor Gericht seine Vorgehensweise zu rechtfertigen.

Der verstoßene Westfale

Ein Problem in seiner Hypo-Familie war sicher der als kritisch wahrgenommene Hypo-Aufsichtsratschef Klaus Bussfeld, der als Vorstand der Kärntner Landesholding auf diesem Sessel saß, die damals noch 52 Prozent der Hypo-Anteile hielt. Der deutsche Unternehmensberater, der in den Siebzigerjahren auch für den damaligen Ministerpräsidenten von Nordrhein-Westfalen Johannes Rau tätig war, zog 1996 vorübergehend in den Vorstand des Energiekonzerns RWE ein, wo er bis Herbst 2003 für Auslandsprojekte zuständig und maßgeblich am Erwerb der Anteile am Kärntner Stromerzeuger Kelag durch die RWE beteiligt war. »Ich war bestürzt und überrascht, dass die Swap-Spekulationen vor dem gesamten Aufsichtsrat und vor mir verschwiegen wurden«, sagt Bussfeld, der im April 2005 nach nur elf Monaten als Hypo-Aufsichtsratschef wieder abgelöst worden ist, zehn Jahre später vor dem Wiener Untersuchungsausschuss aus. Er glaube, dass die damals geplante Wandelanleihe in Höhe von 500 Millionen Euro – ein Vorgriff auf einen Börsengang, der dann aber nie stattfand – »ein Motiv« für die Verschleierung gewesen sein könnte. Der Gang an die Börse sei vor allem von Kulterer stark präferiert worden, er selbst sei für eine Mischform mit einem strategischen Investor eingetreten. Die Ausgabe dieser Wandelanleihe (die bekanntlich in den Kärntner Zukunftsfonds floss) sei letztlich auch die Initialzündung für seinen relativ raschen Abgang gewesen. Durch einen Börsengang hätten sich die Eigentümerverhältnisse stark verändert, »es schien mir der richtige Zeitpunkt zu gehen«, so Bussfeld.

An politische Interventionen größeren Ausmaßes – etwa durch Jörg Haider – will sich der ehemalige Aufsichtsratschef im U-Ausschuss nicht erinnern können. »Einzelwünsche hat es nicht gegeben, die Politik wollte natürlich gute Ergebnisse«, meint der Westfale. Das, was nach seinem Ausscheiden bis zur Notverstaatlichung mit der Bank passiert sei, gehöre aber »zu den erschütterndsten Erlebnissen meiner Karriere«. Insgesamt sei das Desaster um die Hypo »eine der tragischsten und dramatischsten Geschichten, die in der europäischen Bankenwelt passiert sind«. Vieles, was nach 2005 geschehen ist, sei für ihn »schwer nachvollziehbar«. Etwa wie die BayernLB vor dem Kauf der Hypo im Jahr 2007 zu einer Einschätzung gekommen sei, die offenbar »jenseits jeder Realität« gelegen habe.

Genauso wenig könne er begreifen, wie ein Vorstand, der wegen der Vertuschung von Verlusten den Hut nehmen musste, dann Aufsichtsrat im selben Unternehmen werden könne. »Mir ist nicht klar, warum bei den Bayern nicht alle Alarmglocken geläutet haben«, greift sich Bussfeld noch immer an den Kopf. Auf die Frage eines Abgeordneten, ob der Verkauf der Hypo an die Bayern für Kärnten ein gutes Geschäft gewesen sei, antwortet er: »Ich bin mir nicht sicher«, denn bei einem guten Geschäft dürfe niemand über den Tisch gezogen werden, meint er – um sich auf Nachfrage zu korrigieren: »Die Bayern sind nicht über den Tisch gezogen worden, sie sind über den Tisch geschwommen gekommen.«

Bussfeld sagte im U-Ausschuss nicht zum ersten Mal zur Causa Hypo aus. Er war auch schon bei der Gerichtsverhandlung im November 2008 – wo im Klagenfurter Landesgericht gegen Kulterer, Striedinger und Morgl wegen Bilanzfälschung verhandelt worden ist – als Zeuge geladen. Sein Arbeitsverhältnis zu Kulterer bezeichnete er damals als »geschäftsorientiert und sachlich«. Es habe Spannungen gegeben, gab er zu, dies habe wohl daran gelegen, dass er sowohl den Begriff »Aufsicht« als auch jenen des »Rats« wahrgenommen habe. Richter Christian Liebhauser-Karl, der die Verhandlung im »Hypo I«-Prozess führte, wollte daraufhin wissen, ob sein plötzliches Ausscheiden aus dem Aufsichtsrat mit den Swap-Problemen zusammenhängen könnte; immerhin sei sein Nachfolger Moser nur wenige Wochen nach Amtsantritt vom Vorstand informiert worden. Er habe jedenfalls keine Informationen bekommen, meinte Bussfeld ausweichend – hätte er jedoch davon erfahren, hätten etliche Fragen geklärt werden müssen. So wäre auch zu diskutieren gewesen, ob die Dimension der Derivatgeschäfte mit der Strategie der Bank vereinbar gewesen sei. Und die Einschaltung der Innenrevision wäre »sowieso der allererste Schritt« gewesen.

»Ex post betrachtet«, beantwortete Bussfeld eine weitere Frage des Richters, hätte ein Publikwerden der Verluste »gravierende Nachteile« für die Bank gebracht, denn Ende 2004 habe die Vorbereitung auf die Wandelschuldverschreibung und den geplanten Börsengang begonnen. Ob er denn unter diesen Umständen selbst den gesamten Aufsichtsrat informiert hätte, wollte daraufhin die Staatsanwältin wissen. »Man muss bei solchen Dingen auch darauf achten, das Ansehen der Bank nicht zu beschädigen«, wich der Deutsche erneut einer konkreten Antwort aus. Die Geschäfte, welche der Hypo die hohen Verluste eingebracht hätten, wären seiner Meinung nach allerdings »Investmentbanking-Geschäfte« gewesen und nicht die Aufgabe einer Landesbank.

GraWe-Vorstand Othmar Ederer, der Bussfelds Stellvertreter im Aufsichtsrat war und so wie dessen Nachfolger Karl-Heinz Moser ebenfalls erst im Mai 2005 von den Swap-Verlusten erfahren haben will, erklärte bei seiner Zeugenvernehmung vor demselben Richter, er hätte es vorgezogen, wenn er umgehend informiert worden wäre. Er sei sehr enttäuscht gewesen und habe Kulterer auch nach dem Grund für die Verzögerung gefragt – »er hat mir aber keine für mich plausible Erklärung geben können«. Er, Ederer, sei zum damaligen Zeitpunkt wie Moser der Einschätzung gewesen, dass die Hypo die »negativen Marktwerte ohne größere Probleme bewältigen« könne. Die Situation habe sich aus damaliger Sicht nicht so dramatisch dargestellt, dass der gesamte Aufsichtsrat hätte informiert werden müssen. Die Größenordnung der Verluste sei zwar beträchtlich, »aber kein Katastrophenereignis« gewesen, versuchte der Chef der Grazer Wechselseitigen Versicherung, die zu diesem Zeitpunkt immerhin 48 Prozent der Hypo-Aktien besaß, die dramatische Situation von damals herunterzuspielen. Deshalb sei die Rücknahme des Testates für die Bilanz 2004 durch die Wirtschaftsprüfer für ihn auch »sehr überraschend« gekommen.

Selbst Landeshauptmann Jörg Haider soll, so behauptete es jedenfalls sein ehemaliger Pressesprecher Stefan Petzner vor der Sommerpause im U-Ausschuss, nur wenige Tage vor dem allgemeinen Publikwerden von den Hasardspielen seiner Hausbank erfahren haben. Der Haider-Intimus wäre damals von seinem Boss sogar unverhofft zu diesem Gespräch hinzubeordert worden. Es habe in einem italienischen Lokal in Klagenfurt stattgefunden, das an diesem Tag geschlossen gewesen sei. »Ganz hinten im Eck saßen in einem Lichtkegel Dr. Kulterer und Dr. Haider.« Da habe ihm Haider berichtet: »Du, der Wolfgang hat mir grad erzählt: ›Wir haben ein Riesenproblem in der Hypo.‹«

Kalkül statt Gefühl

Der SPÖ-Fraktionsführer im U-Ausschuss Kai-Jan Krainer bezweifelt, dass Haider tatsächlich erst eineinhalb Jahre nach den exorbitanten

Verlusten darüber informiert worden ist. Er vermutet sogar, dass die daraufhin stattgefundenen Personalrochaden »generalstabsmäßig geplant worden sind, damit die Affäre nicht an die Öffentlichkeit kommt«. So etwa sei der kritische Bussfeld nicht nur im Hypo-Aufsichtsrat von Karl-Heinz Moser abgelöst worden, sondern auch im Vorstand der Kärntner Landesholding (KLH), wo er vom damaligen Leiter der Hypo-Rechtsabteilung ersetzt worden ist. Gleichzeitig sei auch der Eigentümervertreter des Landes Kärnten, Finanzreferent Karl Pfeifenberger (FPÖ), nach seinem überraschenden Rückzug aus der Politik von Haider selbst substituiert worden. »Dieser Ämtertausch war durchdachtes Kalkül«, glaubt Krainer. »Damit wollte man die Informationskette zwischen der Bank und dem Mehrheitseigentümer, der Kärntner Landesholding, unterbrechen.« Bis 2005 sei es jedenfalls Usus gewesen, dass die KLH-Vorstände auch im Aufsichtsrat der Hypo saßen, um den Bankern auf die Finger zu schauen und dem eigenen Aufsichtsrat – der mit vom Landtag entsandten Personen auch aus anderen Parteien besetzt ist – zu berichten. Damit war in der Folge aber Schluss, was von den Sozialdemokraten, für die zum Beispiel Ex-Finanzminister Ferdinand Lacina im KLH-Aufsichtsrat saß, auch permanent kritisiert worden ist.

Petzner bleibt trotzdem bei seiner Version, die er schon dem U-Ausschuss erzählte. Auch wenn Haider im Hypo-Skandal nicht reinzuwaschen sei, verteidigt er noch immer dessen Rolle über weite Strecken und redet sie auf die Bank bezogen recht klein. »Eine Rehabilitation Haiders ist nicht möglich«, gibt er zu. Allerdings gebe es eine ganze Reihe von Verantwortlichen: in Wien, in Brüssel – und natürlich in München. Haider sei zwar ein sehr guter Jurist, aber »kein guter Kaufmann« gewesen, erklärt Petzner. Daher sei er in wirtschaftlichen Belangen auf die Expertise seines Büroleiters angewiesen gewesen. Haider habe allerdings schon länger vermutet, dass ihn die Bank grundsätzlich nicht richtig informiere, und zu ihm, Petzner, schon zu einer Zeit gesagt, wo noch alle von einem Börsengang geträumt hätten: »Ich habe den Verdacht, dass da am Balkan etwas im Argen liegt – besser wir werden das Werk'l heute los als morgen.« Auch der Privatdetektiv Dietmar Guggenbichler, der – nachdem sich Haider von der FPÖ getrennt und mit einigen Gefolgsleuten eine neue Partei (BZÖ) gegründet hatte – im Auftrag von Haiders Altpartei nach »Schmutzwäsche« in dessen umtriebigem Leben gesucht habe, sei eines Tages zum Landeshauptmann gekommen und habe gewarnt: »Am Balkan ist die Kacke am Dampfen.«

Die Swap-Verluste seien natürlich »ein massives Problem« und »ein massiver Schaden« für die Hypo gewesen, weil mit dieser »Image-Delle« ein Hypo-Börsengang schwierig bis unmöglich wurde. Das Bekanntwerden der Verluste werde riesige Turbulenzen nach sich ziehen, habe Haider gesagt und Petzner beauftragt, »Krisenmanager« in der Hypo zu spielen. Alles sei sehr knapp gewesen, sagt Petzner. Denn Krisenkommunikation mache man am besten nicht, »wenn die Kacke schon am Dampfen ist«. Dann, als die Wirtschaftsprüfer ihr Testat zurückgezogen und die Finanzmarktaufsicht alarmiert hätten, die Kulterer ein Absetzungsverfahren und der Hypo eine Sonderprüfung durch die OeNB auf den Hals gehetzt habe, sei das Ganze eskaliert, beschreibt Petzner den aufkeimenden Konflikt mit der FMA. Deshalb habe man die Aufsichtsbehörde medial »massiv unter Angriff genommen«. Ob die damaligen Vorwürfe zutreffend waren, will der Haider-Intimus heute »nicht beurteilen«.

»Jeder Hendldieb wird in Österreich besser behandelt als ein erfolgreicher Bankdirektor«, wetterte Jörg Haider damals gegen die FMA-Vorstände, die Kulterers Kopf forderten. Sie würden wie »mittelalterliche Henker« agieren und wollten sich damit nur »eines unkonventionellen und am Bankplatz Wien unbeliebten Bankdirektors entledigen, der ihnen gezeigt hat, wie es geht«, redete er sich in Rage und drohte mit rechtlichen Schritten. »Lieber Karl-Heinz, ich will nicht klagen«, klagte er schließlich doch in einem Brief an seinen politischen Ziehsohn Finanzminister Grasser. »Aber ich hätte mir gewünscht, du würdest mehr Verständnis aufbringen und nicht alles glauben, was dir von den FMA-Vorständen aufgetischt wird.« Aber er vertraue »auf die Gerechtigkeit, in deren Licht auch der offenkundige Amtsmissbrauch der FMA-Vorstände richtig beurteilt werden wird«.

Ja, er habe sich gewaltig unter Druck gefühlt, sollte im Mai 2015 Heinrich Traumüller, einer der betroffenen FMA-Vorstände vor dem parlamentarischen Untersuchungsausschuss aussagen. Um das »System Hypo« weiterzuführen, habe Haider »aus dem Arsenal die schärfsten Geschütze geholt«. Das habe mit Schadenersatzdrohungen angefangen und sei mit einer Strafanzeige wegen Amtsmissbrauch weitergegangen. Höhepunkt sei dann ein vom

Finanzministerium eingeleitetes Absetzungsverfahren gegen die FMA-Vorstände selbst gewesen. »Man wollte jetzt unsere Köpfe«, gibt Traumüller zu Protokoll. Von Haiders Brief an den lieben Karl-Heinz will der einstige Kabinettschef von Grasser jedoch erst durch den U-Ausschuss erfahren haben. Petzner, der mit Haider auch den Schreibtisch geteilt hat, glaubt nicht an ein persönliches Schreiben. Der »Jörgl« habe nämlich keinen Computer gehabt und alles mit Füllfeder geschrieben. Die Betreuung des Landeshauptmanns sei in die Zuständigkeit seines Büroleiters gefallen.

Die feindlichen Prüfer

Fantasie oder Wirklichkeit? So ganz genau weiß es Heinrich Traumüller auch nicht einzuschätzen, wie er im U-Ausschuss erzählt. »Ich denke oft, ich habe es nur geträumt«, gesteht er den staunenden Abgeordneten. Wie »Fetzen aus einer Nebelwolke« seien auch die Erinnerungen an jenes »irritierende und sehr emotionale Gespräch«, das er mit dem stellvertretenden Vorsitzenden des FMA-Aufsichtsrats geführt hätte und bei dem er nahe daran gewesen wäre, den Raum zu verlassen und seinen Rücktritt zu erklären. Dieser sei ihm »in den Rücken gefallen« und habe das Vorgehen gegen den Hypo-Vorstand harsch kritisiert. Man solle »nicht so grauslich sein« und die Herren besser im Amt belassen, habe der Mann gemeint. Im Gegensatz dazu sei die FMA »wild entschlossen« gewesen, Kulterer hinauszuwerfen, »um die Kultur in der Bank nachhaltig zu ändern«. Doch dieser wechselte bekanntlich nur von der Vorstandsspitze an die Spitze des Aufsichtsrats, wo er die Bank weiterhin steuern konnte – so wie Haider es wollte.

Dass es sich bei Traumüllers Konfrontationspartner um den damaligen Gouverneur der Notenbank Klaus Liebscher, den heutigen Vorstand der staatlichen Bankenholding Fimbag, handelte, wird den Abgeordneten erst bei mehrmaligem Nachfragen klar. Aber sonst sei das Verhältnis zwischen der FMA und der OeNB »von guter Kooperation geprägt gewesen«, spielt Traumüller die damals vorherrschende Eifersucht zwischen den beiden Prüfbehörden schon im nächsten Satz wieder herunter. »Ich bin es leid, diese ewigen medialen Debatten anzuheizen, die von Konfrontation ohne Ende sprechen.« Natürlich seien vereinzelt »Animositäten vorgekommen, da die Aufteilung der Kompetenzen damals nicht ideal gewesen ist« – aber das sei Schnee von gestern.

Heute weiß man, dass damit lange viel zugedeckt werden konnte. So etwa wurden die explodierenden Landeshaftungen der Hypo von allen Kontrollorganen – angefangen vom Kärntner Landtag über die Finanzmarktaufsicht und Nationalbank bis hin zum Rechnungshof – stillschweigend akzeptiert. Fragwürdige Tricks bei der Aufstockung des Eigenkapitals, die Jahre später Kulterer & Co hinter Gitter bringen sollten, wurden widerstandslos abgenickt. Und auch der Einstieg der obskuren Investorengruppe rund um Tilo Berlin wurde genauso wenig hinterfragt wie die hasardartige Expansion unter der BayernLB. Spätestens seit Auffliegen der Swap-Affäre kannten alle Aufsichtsstellen das milliardenschwere Risiko der Hypo, das auf einer hauchdünnen Eigenkapitaldecke lastete. Aber niemand gebot den wild gewordenen Geldjongleuren am Wörthersee Einhalt. Die Angst vor einem Konflikt mit Haider war offenbar stets größer. Auch deshalb konnten die wahnwitzigen Bosse die Bank unkontrolliert an die Wand fahren.

»An die Urknalltheorie, dass der Hypo-Kollaps plötzlich und überraschend passierte, glaubt keiner mehr«, schreibt Ashwien Sankholkar, der wahrscheinlich kompetenteste Kenner heimischer Affären im *Format*: »Das Haider-Universum samt dunkler Begleiter expandierte bis zum Herbst 2008 fast ungehindert. Im September 2008 war die Pleite der US-Investmentbank Lehman Brothers und im Oktober Haiders Unfalltod. Beides zusammen sprengte die Hypo-Welt.« Übrig geblieben sei ein schwarzes Loch, das nun Haiders Trabanten sukzessive in den Abgrund ziehe. »Die Vertuschung der jahrelangen Aufsichtsfehler wäre beinahe gelungen, wenn die BayernLB nicht den Stecker bei der Hypo gezogen und der Staat die Bank ohne Not verstaatlicht hätte«, argwöhnt der Journalist. Doch bis der U-Ausschuss alle Verursacher des Hypo-Milliardenschadens festgemacht habe, würde es noch dauern: Die Expedition durch das Haider-Universum habe gerade erst begonnen.

Jörg Haider selbst hatte die Schuldigen schon zu Lebzeiten ausgemacht: die Wirtschaftsprüfer von Deloitte. »Die wollten sich durch die Meldung an die FMA für das wenige Tage später erteilte Prüfungsmandat bei der BAWAG profilieren«, schimpfte er in einem Interview für das *profil*: »Das war offenbar der Judaslohn dafür, dass sie die Hypo diskreditiert haben.«

Das Pamphlet

Vier Arbeitstage und ein Wochenende lang hatte der Leiter der Oberstaatsanwaltschaft Graz das brisante Dokument auf seinem Schreibtisch liegen, bevor er es am 22. Mai 2013 an das Justizministerium in Wien weiterleitete. Gleichzeitig bekam auch die Staatsanwaltschaft Klagenfurt eine Kopie des 222 Seiten umfassenden Schriftstückes und wurde aufgefordert, innerhalb von drei Monaten eine Stellungnahme abzugeben. Doch schon zwei Tage später wurde der Akt im Justizministerium für immer abgelegt, ungeachtet der schweren Vorwürfe, die darin vor allem gegen ehemalige Wirtschaftsprüfer der Hypo Alpe Adria erhoben werden. Glaubt man dem »Abschlussbericht eines namentlich nicht bekannten Informanten«, dann sollen sie nicht nur Bilanzen geschönt haben: Die weiteren Anschuldigungen, die durchwegs erschreckend direkt formuliert sind, weshalb das Schriftstück eher einem anonymen Pamphlet gleicht, reichen vom Verdacht der »Bildung einer kriminellen Vereinigung« über »Betrug zum Nachteil der BayernLB und des Freistaates Bayern« bis hin zu Erpressung und Geldwäsche. Einen konkreten Beweis bleibt der Verfasser freilich schuldig – wobei für die Betroffenen in diesem Fall nicht einmal die Unschuldsvermutung gelten kann, da das Schriftstück in keinem offiziellen Ermittlungsakt aufscheint. Vermutlich war auch das der Grund, dass der Akt von der Justiz so schnell erledigt worden ist. Die Staatsanwaltschaft habe, so heißt es aus Klagenfurt, keinen Anlass gesehen, die wüsten Anschuldigungen weiterzuverfolgen: An der Sache sei nichts dran, was man nicht schon wisse.

Doch der bereits verstaubt geglaubte Akt aus dem Jahr 2013 – der ursprünglich bei der Staatsanwaltschaft München eingegangen war – könnte noch immer für einigen Wirbel sorgen. Etliche Namen in diesem Pamphlet, das mit allen anderen Hypo-Akten im Justizministerium an den U-Ausschuss ausgehändigt werden musste, befinden sich nämlich auch auf der Zeugenwunschliste der Parlamentarier, die das Milliardendebakel rund um die Wörthersee-Bank aufarbeiten sollen. Dabei scheinen mit Wolfgang Kulterer, Tilo Berlin, GraWe-Chef Othmar Ederer und seinem ehemaligen Vorstandskollegen Siegfried Grigg nicht nur prominente Vertreter aus dem »Who's who im Hypo-Sumpf« auf, sondern auch einige bisher in der Öffentlichkeit kaum bekannte Strippenzieher aus der Welt der

Wirtschaftsprüfer – vornehmlich aus den Kanzleien der Confida, von Deloitte-Österreich und der KPMG.

Dass diese Unternehmen mehrmals mit der Klagenfurter Skandalbank etwas zu tun hatten, sei es als Bilanzprüfer, Gutachter oder bloß als Berater, ist nicht neu; der Hypo haben auch noch andere Wirtschaftskanzleien gedient. Allerdings sollen die in dem Pamphlet genannten Unternehmen, so wird darin behauptet, die Spielregeln ihrer Zunft vor allem, was die Unvereinbarkeit betrifft, auffallend großzügig ausgelegt haben. Bezüglich der KPMG zum Beispiel wird moniert, sie sei sowohl für Tilo Berlin als Hypo-Investor als auch für Tilo Berlin als Hypo-Vorstandsvorsitzenden tätig gewesen; genauso wie zuerst als Gutachter für die BayernLB, als diese die Hypo von den Österreichern kaufte, während sie später bei der Verstaatlichung auf die Interessen der Republik gut achtete. Ansprechpartner bei der international tätigen KPMG soll dabei immer der damalige Partner und Geschäftsführer der Österreich-Niederlassung Gottwald Kranebitter gewesen sein. Jener Mann also, der dann von April 2010 bis Mitte 2013 auch als Hypo-Chef die Geschicke der Bank beeinflusste, die in dieser Zeit an den Wirtschaftsprüfungsmulti rund zehn Millionen Euro an Beraterhonoraren bezahlte.

Inzwischen ist der gebürtige Tiroler Teilhaber einer Wiener Unternehmensberatung und soll, wenn man den Tratsch der dortigen Bankenszene für bare Münze nimmt, auch einen ehemaligen Großkreditkunden der Hypo betreuen, der unter seiner Ägide angeblich einen Schuldennachlass von über 60 Millionen Euro bekommen hat. Daher zielt der im Pamphlet erhobene Verdacht einer Unvereinbarkeit auch in erster Linie auf die Person Kranebitter ab. Vonseiten der KPMG heißt es dazu, er habe 2010 sämtliche Funktionen niedergelegt und Geschäftsanteile abgestoßen: »Persönliche Beziehungen zu Dr. Kranebitter spielten bei der Auftragsvergabe keine Rolle.« Die Kanzlei habe Beratungsleistungen erbracht, welche dokumentiert und jederzeit nachvollziehbar wären. Ihren ehemaligen Geschäftsführer hat die Bank indes noch immer nicht ganz losgelassen, da es noch ein gerichtliches Nachspiel für den Hobby-Bergsteiger geben könnte. Konkret geht es um ein Ermittlungsverfahren wegen der Vergabe eines unbesicherten 25-Millionen-Euro-Kredites an den späteren Pleitekonzern Alpine Bau im September 2012. Kranebitter und zwei ehemalige Vorstandskollegen werden in diesem Verfahren bei der Wiener Korruptionsstaatsanwaltschaft als Verdächtige geführt.

Das Trio fühlt sich von den früheren Alpine-Machern getäuscht und pocht auf seine geltende Unschuldsvermutung.

Wüste Vermutungen

Einmal, im Juni 2015 in der 16. Sitzung des Wiener U-Ausschusses, hat das Pamphlet bereits für Aufsehen gesorgt. Damals wurden Auszüge daraus vom Fraktionsführer der Grünen, Werner Kogler, einem ehemaligen Wirtschaftsprüfer von Deloitte vorgehalten, der von 2004 bis 2009 für die Prüfung der Hypo-Bilanzen zuständig war. Eigentlich sollte der Mann zu vermeintlichen Kick-back-Zahlungen an Wolfgang Kulterer befragt werden, die er im März 2007 bei der Bilanzerstellung entdeckt haben wollte – um seinen Verdacht, nachdem er ihn der Österreichischen Nationalbank gemeldet hatte, kaum einen Monat später wieder zurückzuziehen. Stattdessen konfrontierte ihn der Fraktionsführer der Grünen mit einem Thema, auf das der arme Mann überhaupt nicht vorbereitet war:

»Es konnten in der Wirtschaftsprüfungsgesellschaft Deloitte Österreich zwei glaubwürdige Informanten gewonnen werden«, las Kogler aus dem Dokument vor, »durch deren Aussage, abgesichert durch beweiserhebliche Schriftstücke, nachgewiesen werden kann, dass Deloitte durch falsche Testate« die BayernLB betrogen habe. Auch soll ein bestimmter Prüfer der Kanzlei (der aber nicht mit dem Zeugen ident ist) »für die Hypo Alpe Adria betrügerische Testate über nicht existierende Gelder, Grundstücke und Häuser« ausgestellt haben. Die Zeugen wären »bereits der StA München I zugeführt« worden, wollen aber nur aussagen, »wenn sie wirtschaftlich und persönlich abgesichert werden und durch die Aussage keinen beruflichen Schaden erleiden«, beendet Kogler die Zitate aus dem Pamphlet. Der ehemalige Deloitte-Prüfer im Zeugenstand war daraufhin so baff, dass die Sitzung unterbrochen werden musste. Die in dem Pamphlet aufgestellten Behauptungen wurden von Deloitte natürlich postwendend zurückgewiesen. Die Aussage, dass ein Prüfer Gefälligkeitsgutachten erstellt hätte, sei unwahr. Vielmehr sei das Gegenteil der Fall. In Wirklichkeit sei der erwähnte Bankprüfer sogar jener gewesen, »der die Zurückziehung des Bestätigungsvermerks durch Deloitte – gegen den heftigen Widerstand des Vorstandsvorsitzenden der Bank, Dr. Wolfgang Kulterer, und des Aufsichtsratsvorsitzenden Dr. Moser – veranlasste«. Dies habe letztendlich auch zu einem Ausscheiden der Confida als Bankprüfer geführt, »was sicher nicht im Interesse von Dr. Karl-Heinz Moser, ehemaliger Partner der Confida-Klagenfurt, stand«.

Damit ist nun auch jener Name gefallen, gegen den sich die Hauptvorwürfe in dem Pamphlet richten. »Dem vorliegenden Bericht gehen mehrere Hinweise voraus, dass Karl-Heinz Moser seine Tätigkeit als Unternehmensberater und Wirtschaftsprüfer, seine wirtschaftliche und politische Vernetzung und das ihm entgegengebrachte Vertrauen dazu nutzt, sich zum Nachteil seiner Geschäftspartner im großen Umfang zu bereichern«, heißt es in dem ominösen Dokument. Er habe »in seinen Funktionen als Aufsichtsrat und Investor wesentlichen Einfluss auf die Geschäftsentwicklung der Hypo Alpe Adria genommen, die nicht (nur) auf den Vorteil der Bank, sondern auch auf die eigene Gewinnmaximierung ausgerichtet waren«. Seinen Expertisen würde »offensichtlich blindes Vertrauen entgegengebracht«, weshalb er unter anderem auch das milliardenschwere Familienvermögen des österreichischen Porsche-Clans und der Erben des deutschen Großindustriellen Friedrich Karl Flick verwalten dürfe. Im Gegensatz dazu gilt Moser – der die Vorwürfe erst gar nicht kommentieren will, zumal er das Dokument auch gar nicht kennt – allgemein als ehrenwerter Mann. Der 66-jährige Klagenfurter unterhält ein einflussreiches Netzwerk zu führenden Industriellen und Politikern. So ist er etwa Rechnungsprüfer der unter der Präsidiale des Wiener Bürgermeisters Michael Häupl stehenden Österreichisch-Tschechischen Gesellschaft und auch Revisor der von Altbundeskanzler Franz Vranitzky gegründeten Schumpeter Gesellschaft.

Auch Moser, der in dem Pamphlet zumeist unter seinem Namenskürzel KHM aufscheint, soll bei der einen oder anderen Hypo-Bilanz herumgetrickst haben. Mit dem permanenten Hinweis auf vermeintlichen Bilanzschwindel scheint auch klar, warum das belastende Dokument zuerst bei den Justizbehörden in München und nicht gleich in Klagenfurt deponiert worden ist. Sollte sich nämlich auch nur einer der Vorwürfe in einem seriösen Ermittlungsverfahren bestätigen, könnte zum Beispiel die dann dadurch geschädigte BayernLB – die sich gerade erst mit der Republik Österreich als jetzige Alleineigentümerin der Hypo-Abwicklungsanstalt Heta auf einen Generalvergleich geeinigt hat – auf die Idee kommen, sich auch an den involvierten Wirtschaftskanzleien, die immerhin auch einen guten Ruf zu verlieren haben, schadlos zu halten. Im Umkehrschluss könnte das allerdings auch ein möglicher Hinweis darauf sein, warum man in Österreich den angeblichen Machenschaften nicht weiter nachgehen wollte und den Akt in kürzester Zeit entsorgt hat. Pech, dass er nun wieder aufgetaucht ist, wobei die aggressive Wortwahl auch den neu bestallten Verfahrensanwalt des Hypo-Untersuchungsausschusses Karl Hoffmann schwer irritierte: »Ich habe noch nie so eine scharfe Zusammenfassung gelesen. Das muss ein Deutscher geschrieben haben.«

Mauss-Loch

Hoffmann hält seine Nase dabei vermutlich in die richtige Richtung. Tatsache ist, dass das Hypo-Pamphlet – bei dem es sich offensichtlich um eine mit dunklem Himmel im Mund geschriebene anonyme Anzeige handelt – am 16. Mai 2013 von Manfred Nötzel, dem Leiter der Staatsanwaltschaft München I, an die Staatsanwaltschaft Graz als Oberinstanz der Klagenfurter Anklagebehörde übermittelt wurde, »da für den größten Teil der Taten keine deutschen Verfolgungszuständigkeiten bestehen«, wie Nötzel in einem Begleitschreiben anmerkte und um gelegentliche Rückmeldung bat. Dass der Münchner Oberstaatsanwalt bei der Erwähnung der Taten nicht den Konjunktiv verwendet, ist auffällig und lässt vermuten, dass er die Vorwürfe zumindest für prüfenswert hält, da er den Verfasser, der immerhin über ein beachtliches Insiderwissen verfügen dürfte, vermutlich persönlich kennt und ihm vertraut. Das wiederum festigt die Spur zu einem gewissen Werner Mauss, auf den alle diese Attribute zutreffen würden.

Bei dem in Essen geborenen 75-jährigen Mann handelt es sich um eine Art deutschen James Bond, der für seine schrägen Aktionen genauso berüchtigt ist wie sein österreichischer Kollege Dietmar Guggenbichler. Zugeschrieben werden Mauss, der als Undercoveragent schon für den deutschen Geheimdienst BND, das Bundeskriminalamt in Wiesbaden oder die Bundesregierung in Berlin gearbeitet haben soll, unter anderem die erfolgreiche Suche nach Giftfässern im italienischen Seveso oder dem Mitte der Siebzigerjahre geraubten Kölner Domschatz – aber auch die Aufspürung des 2007 aus einem Mausoleum in Velden entführten Sarkophags des deutschen Milliardärs Friedrich Karl Flick.

Für diesen Auftrag heuerte ihn, angeblich auf Empfehlung aus Münchner Justizkreisen, der Düsseldorfer Wirtschaftsprüfer Jörg-Andreas Lohr an, der damals Vorstandschef der Flick-Privatstiftung und vorübergehend einer der Testamentsvollstrecker des auf sechs Milliarden Euro geschätzten Flick-Erbes war. Heute hat Lohr in der Stiftung nichts mehr zu sagen, weil er im Juni 2011 abgelöst wurde. Offiziell, weil Ingrid Flick es so wollte. Inoffiziell, weil der langjährige Wirtschaftsprüfer der Flick-Privatstiftung Karl-Heinz Moser bei der Verwaltung des enormen Vermögens angeblich andere Vorstellungen vertrat. Ein angeblicher Zwist im Hause Flick, über den alle Beteiligten, inklusive der Milliardärserbin Ingrid Flick, vornehm schweigen.

Ob nun Lohr seinem Kontrahenten Moser für die erlittene Schmach mit dem just zum Zeitpunkt seiner Entlassung erstellten Pamphlet eins auswischen wollte, wie manche Kiebitze aus der Wörthersee-Society vermuten, ist reine Spekulation. Als annähernd sicher gilt indes, dass die Hypo-Doku von Werner Mauss stammen soll, der sich ebenfalls in einem Loch verkriecht und dazu nicht Stellung nehmen will. Für seine Urheberschaft würden nicht nur die Diktion und das Schriftbild des anonymen Berichts sprechen, die der Homepage des Privatermittlers bis hin zu den ständig wechselnden Schriftarten gleicht. Auch seine persönliche Nähe zum Münchner Oberstaatsanwalt Nötzel, die im Januar 2015 Anlass einer Schriftlichen Anfrage des Bündnis 90/Die Grünen im Bayerischen Landtag war, wäre ein Indiz dafür. In der Antwort des bayerischen Justizministers wurde die »Zusammenarbeit der Staatsanwaltschaft München I mit Werner Mauss« bei der Flick-Sarg-Entführung »aufgrund eines Rechtshilfeersuchens der Republik Österreich« jedenfalls bereits bestätigt.

Dass der Auftraggeber des Pamphlets nur aus dem engeren Umkreis der Witwe Ingrid Flick stammen kann, gilt ebenfalls als wahrscheinlich, zumal der als »Abschlussbericht« betitelten Anzeige sogar eine Kopie des Flick-Testamentes beigefügt ist. Auch das könnte ein Hinweis auf einen gekränkten Nachlassverwalter sein. Für Spannung ist jedenfalls gesorgt. Allein schon deshalb, weil Karl-Heinz Moser laut diesem Pamphlet im 19. Wiener Gemeindebezirk »über ein geheimes Archiv, ›Giftküche‹ genannt«, verfügen soll, das durch Tarnfirmen »konspirativ abgedeckt ist«. Darin sollen auch etliche Unterlagen »zur Beweisbarmachung des Betrugs an der BayernLB vorzufinden sein«. Von einem Sturm auf den angeblichen Aktenbunker wird in dem vermutlichen Mauss-Bericht allerdings abgeraten: »Unser Gesprächspartner ist aus eigener Anschauung der festen Auffassung, dass sich das Netzwerk von KHM bis hin in das österreichische Justiz- und Innenministerium erstreckt, so dass bei einem Rechtshilfeersuchen für eine Durchsuchung des Objektes die Gefahr besteht, dass KHM rechtzeitig einen Hinweis erhält und so entsprechende Maßnahmen für die Verdunkelung einleiten würde.« Nach dem Generalvergleich der Bayern mit Österreich, der München immerhin 1,23 Milliarden Euro gebracht hat, und wo alle Wogen nun geglättet sind, dürfte sich der ganze Aufwand ohnedies nicht mehr lohnen.

Das Geständnis

Dienstag, 19. November 2013. Es ist der zweite Verhandlungstag im »Hypo IV«-Prozess, und er scheint lähmend zu werden. Fast eine Stunde lang bombardiert der Koanwalt von Wolfgang Kulterer das Schöffengericht mit Anträgen und referiert über die Unzuständigkeit und Befangenheit des Vorsitzenden Christian Liebhauser-Karl. Dann geht um 10.07 Uhr die Bombe hoch. »Schuldig!«, sagt der frühere Vorstand der Hypo Leasing Josef Kircher auf die Frage des Richters und fügt hinzu: »Ich habe intensiv nachgedacht und bin zur Überzeugung gelangt, dass ein Geständnis besser ist.« Und dann packt er aus: Ja, es habe diese Nebenvereinbarungen gegeben, das Ganze sei »eine Schwindelei« gewesen, von der alle gewusst hätten, »denn es wurde oft im Vorstand darüber diskutiert«. Auf Wunsch aller sei das nicht protokolliert worden, erzählt Kircher freimütig und legt zum Beweis seiner Angaben bislang unbekannte Unterlagen vor. »Wie konnte das bei der Hausdurchsuchung durchgehen?«, wundert sich der Richter. »Das wurde mir aus der Bank zugespielt«, weicht Kircher aus und erläutert zum Schrecken seiner Mitangeklagten die vorgelegten Dokumente im Detail.

Grundsätzlich ging es in diesem Prozess um die Ausgabe von Vorzugsaktien der Hypo Leasing Holding (HLH) aus dem Jahr 2006 in Höhe von 100 Millionen Euro. Um den Kauf der Wertpapiere attraktiver zu machen, wurde auserlesenen reichen Investoren hinter vorgehaltener Hand eine sogenannte Put-Option, also eine Art Geld-zurück-Garantie, gewährt. Das heißt, die Bank hatte sich verpflichtet, die Vorzugsaktien jederzeit zum vollen Ausgabepreis zurückzunehmen. Nach Aktienrecht war das Geld damit nicht mehr frei verfügbar und hätte daher nicht – wie dennoch geschehen – in der Bilanz als Eigenmittel verbucht werden dürfen. Bis dahin wäre das Ganze nur eine simple Bilanzfälschung gewesen. Weil aber den ausgewählten Vorzugsaktionären zu den hohen Zinsen auch noch eine Sonderdividende ausbezahlt worden ist, geht die Staatsanwaltschaft zusätzlich von einem Schaden für die Hypo in Höhe von mindestens acht Millionen Euro aus. Damit war auch der Tatbestand der Untreue erfüllt. Verantworten dafür mussten sich außer Kulterer und Kircher auch die Ex-Vorstände Siegfried Grigg und Tilo Berlin. Aber auch die Flick-Privatstiftung, die Vorzugsaktien im Nominalwert von 25 Millionen Euro gezeichnet hatte und sich laut Anklage »durch die Straftaten von Kulterer um mindestens 1,027 Millionen Euro bereichert« haben soll. Andere Vorzugsaktionäre wurden nicht angeklagt, allerdings dürften etliche von ihnen Probleme mit den Finanzbehörden bekommen haben. Dass mit der Flick-Stiftung erstmals auch eine juristische Person vor dem Richter steht, könnte auch für künftige Verfahren Signalwirkung haben. Möglich macht das ein seit Januar 2006 geltendes Sondergesetz (Verbandsverantwortlichkeitsgesetz), das die Haftung eines »Verbandes« wie etwa einer Aktiengesellschaft, einer Personengesellschaft oder eben auch einer Stiftung regelt, »wenn durch die Straftat eines Entscheidungsträgers Pflichten verletzt werden, die den Verband betreffen«, erklärt Hypo-Anwalt Johannes Zink, ein früherer CSI-Ermittler. Im konkreten Fall sei die Doppelrolle von Kulterer ausschlaggebend gewesen, der zum Zeitpunkt des umstrittenen Aktiendeals sowohl Hypo-Aufsichtsratschef als auch Vorstand in der Flick-Privatstiftung war und damit, wie die Anklage meint, auf beiden Seiten Bescheid wusste. Die Anwälte der Milliardärserbin Ingrid Flick, die Kulterer auch persönlich nahegestanden haben soll, sehen die Sache naturgemäß anders. Die Stiftung sei »für die Malversationen der Hypo-Manager« nicht verantwortlich. Die Konditionen, unter denen man die ausgegebenen Papiere gekauft habe, seien »unter damaligem Kenntnisstand« marktüblich gewesen. »Nach Ansicht der Flick-Privatstiftung war Dr. Kulterer im Zusammenhang mit dem Vorzugsaktienengagement alleine für die Hypo und nicht in seiner Funktion als Stiftungsvorstand der Flick-Privatstiftung tätig.«

Dem widersprechen aber auch die von Kircher neu vorgelegten Dokumente, worin Kulterer als Ansprechpartner für das Geschäft mit der Flick-Stiftung aufscheint. Wie Richter Liebhauser-Karl feststellt, hat die entsprechende Vereinbarung neben Tilo Berlin auch Siegfried Grigg, der damals nicht nur Hypo-Chef, sondern auch Vorstand der Grazer Wechselseitigen Versicherung war, unterschrieben. »Ist jedem bewusst gewesen, was er da unterzeichnet hat?«, wollte der Richter von Kircher wissen. »Ja!«, versicherte dieser bereitwillig, es habe immer wieder Treffen gegeben, »bei denen über die Problematik der Konstruktion diskutiert worden ist«. Auch der frühere Aufsichtsratsvorsitzende der Bank, GraWe-Chef Othmar Ederer, sei informiert gewesen. »Mit Sicherheit Bescheid gewusst haben Grigg, Ederer und ich«, bestätigte Kircher noch einmal.

Wie aus einem Verlust ein Vorzug wird

Um als Außenstehender dem Prozessverlauf weiter folgen zu können, sollte man die Vorgeschichte kurz Revue passieren lassen und sich über einige Fachbegriffe einig sein:

Die Hypo hatte wegen ihres rasanten Wachstums schon immer eine dünne Risikokapitaldecke. Im Jahr 2003 lag sie mit 5,13 Prozent weit unter dem Durchschnitt anderer international tätiger Banken. Durch die Ausgabe von Vorzugsaktien in Höhe von 100 Millionen Euro sollte nicht nur die schlechte Eigenmittelsituation, sondern auch das sogenannte *Financial Strength Rating* verbessert werden. Dabei handelt es sich um eine Art finanzieller Leumund, der von Ratingagenturen vergeben wird und komplexe Zusammenhänge in einer leicht verständlichen Skala komprimiert darstellt. Die jeweilige Bewertung, die von den Ratingagenturen permanent überwacht wird, ist öffentlich zugänglich und dient Kunden oder Investoren als Entscheidungshilfe etwa bei der Aufnahme, Aufrechterhaltung oder Beendigung einer Geschäftsbeziehung – und vor allem auch bei einer Investition. Treten nun wesentliche Veränderungen bei einem Unternehmen oder in dessen Branche ein oder stehen die zur Beurteilung erforderlichen Informationen nicht mehr im notwendigen Umfang zur Verfügung, kann das Rating geändert, ausgesetzt oder zurückgezogen werden. Spätestens mit Auffliegen der Swap-Verluste 2006 war daher für die Hypo-Manager Feuer unterm Dach. Deshalb wurde neben einer Kapitalerhöhung bei der HBInt auch die Ausgabe einer zweiten Tranche von Vorzugsaktien in Höhe von noch einmal 100 Millionen Euro beschlossen, um die künftigen Expansionspläne und den damals noch geplanten Börsengang nicht zu gefährden.

Doch Vorsicht beim Begriff »Eigenmittel«: Er darf nicht mit dem »Eigenkapital« verwechselt werden, bei dem es sich betriebswirtschaftlich um das Grundkapital einer Gesellschaft wie etwa das Stammkapital bei einer GmbH oder das Aktienkapital bei einer AG handelt, während mit »Eigenmittel« der Risikopuffer eines Unternehmens gemeint ist. Im Falle einer Bank bedeutet das: Je mehr Kredite sie vergibt, also je mehr Risiken sie eingeht, desto höher müssen gleichzeitig die Eigenmittel sein, um mögliche Verluste abdecken zu können. Vorgeschrieben ist eine Quote von mindestens acht Prozent. Gibt demnach eine Bank einen Kredit von 100 Millionen Euro, muss sie diesen mit acht Millionen Euro Eigenmittel unterlegen, wobei dieses Geld – und das ist der Knackpunkt bei beiden Tranchen – jederzeit uneingeschränkt verfügbar sein muss. Liegt eine Bank unter diesem Limit, darf sie keine Kredite mehr vergeben und kann, sollte es hart auf hart gehen, sogar ihre Lizenz verlieren.

Bereits die erste Tranche ist eine Geschichte für sich. Zwar gab es bei ihr keine heimlichen Nebenabsprachen wie bei der Ausgabe 2006, aber dafür wurde den Vorzugsaktionären als Zuckerl der Kaufpreis mit billigen Hypo-Krediten versüßt, deren Zinssatz um eineinhalb Prozent unter der garantierten Dividende (6,25 Prozent) lag. Die Art und Weise, wie bei der Verschleierung dieser unerlaubten Eigenfinanzierung vorgegangen wurde, war dabei nur schwer zu durchschauen, da das Geld zusätzlich noch über mehrere Stiftungen in Liechtenstein im Kreis geschickt worden ist. Im Grunde genommen war die Vorgangsweise fast schon genial:

- In einem ersten Schritt wurde die gesamte Emission von der Hypo International gezeichnet. Als Grund für den originären Erwerb wurde gegenüber der OeNB angegeben, dass man das Vertriebsnetz der HBInt nutzen wollte. Es ist jedoch anzunehmen, dass dieser Weg zumindest auch deshalb gewählt wurde, um das Verbot der Finanzierung eigener Aktien zu umgehen und die Ausnahmeregelung für Kreditinstitute nutzen zu können.

- In einem zweiten Schritt verkaufte die HBInt dann die Papiere an insgesamt zehn Vorzugsaktionäre. Sieben davon, die auf ein Ausgabevolumen von fast 95 Prozent kamen, wurde der Kaufpreis von der Hypo Liechtenstein mit einem Kredit finanziert, wobei das Geld gleich über mehrere Stiftungen die Runde machte.
- Mit allen wurde eine sogenannte Call-Option vereinbart, die der HBInt das Recht einräumte, die Vorzugsaktien frühestens ab 2009 zurückzukaufen – weshalb der Kaufpreis allein schon aus diesem Grund nicht als Eigenmittel verbucht werden durfte.
- Und letztlich wurden von allen Aktionären schriftliche Erklärungen eingeholt, in denen diese bestätigen mussten, dass der Kauf auf eigenen Namen und Rechnung erfolgte und keine Treuhandkonstruktion vorlag; womit vermutlich von Haus aus der Verdacht ausgeräumt werden sollte, dass sich auch Hypo-Manager über Treuhänder an diesem unlauteren Finanzkarussell bereichert haben.

Ein Risiko gab es für die Vorzugsaktionäre dabei nie. Dafür ist der Bank laut einem Gutachten durch das Zinszuckerl ein Schaden von 5,5 Millionen Euro entstanden, weshalb die Sache Anfang 2012 in einem eigenen Prozess (»Hypo III«) auch vor Gericht kam. Angeklagt waren in diesem ersten Fall neben den Ex-Vorständen Wolfgang Kulterer und Günter Striedinger auch die ehemaligen Hypo-Berater Hermann Gabriel und Gerhard Kucher, die sich alle wegen des Verbrechens der Untreue verantworten mussten. Die Anklage stützte sich dabei im Wesentlichen auf ein Gerichtsgutachten, das die Geldströme penibel nachgezeichnet hat: angefangen von der HBInt über die Hypo Liechtenstein und zwölf eigens dafür gegründete Anstalten in Vaduz bis zurück zu einer österreichischen Holding, die Kucher gehörte. Für den Gutachter war das eine »missbräuchliche Konstruktion«, da niemals Mittel von außen geflossen sind. Die vier Angeklagten, die sich von Anfang an »nicht schuldig« bekannten, brachten gegenteilige Gutachten vor und waren bis zuletzt guten Mutes. »Es wird ein Freispruch«, rief auch Hermann Gabriel am Tag der Urteilsverkündung an der Tür zum Klagenfurter Landesgericht den wartenden Journalisten zu.

»Wie versteinert sitzen die Angeklagten da, falten ihre Hände und halten gepresst den Atem an«, berichtet am 24. Mai 2012 der Reporter der *Kleinen Zeitung* live aus dem Gerichtssaal. »Schuldig im Sinne der Anklage«, verliest Richterin Sabine Roßmann das Urteil und listet trocken die Haftstrafen auf: Wolfgang Kulterer dreieinhalb Jahre; Günter Striedinger vier Jahre; Anwalt Gerhard Kucher vier Jahre; Hermann Gabriel viereinhalb Jahre. »Dass es *unbedingte* Haftstrafen sind, muss die Richterin nicht extra ausführen. Ab drei Jahren Haft ist das automatisch«, klärt der Journalist seine Leser auf.

Die vier Verurteilten sind sichtlich geschockt. Den ganzen Prozess hindurch hatte sich die zierliche Vorsitzende des Schöffengerichts keine Präferenz anmerken lassen und ihre Fragen stets besonnen und mitunter irgendwie neugierig und nicht wie eine Richterin gestellt. Im Gegensatz zu ihrem robusten Ersatzrichter Manfred Herrnhofer, der die Angeklagten durch seinen scharfen Ton oft verunsichert hatte. Selbst die Verteidiger hatten in ihren Plädoyers für ihre ausgeglichene Prozessführung nur lobende Worte. Doch nun legt sie akribisch ihr Urteil dar und lässt die Verurteilten betroffen ins Leere starren.

Generell, so leitete Roßmann ihre Urteilsbegründung ein, sehe es das Gericht als erwiesen an, dass hier ein Umgehungsgeschäft vorgenommen worden war, um die wahren Geldflüsse zu verschleiern: »Es gibt Gesetze, um Klumpenrisiken zu vermeiden, die haben Sie umgangen«, rügte die Richterin. Auch der Tatvorsatz stehe außer Zweifel, Kulterer und Striedinger seien langjährige Bankmanager, Kucher und Gabriel Experten. »Daher kann ich Ihnen eine besondere Ausgangsposition unterstellen«, sprach sie die Verurteilten direkt an. Schließlich sei es in diesem Prozess nicht um irgendein Thema gegangen, sondern um die Eigenmittelknappheit der Bank. Die gehabte Vorgangsweise sei dabei mehr als fragwürdig gewesen. »Wenn man weiß, man darf keine Nebenabreden treffen, und schon vorher mit den Investoren Absprachen trifft, Vorbereitungen mit der Hypo Liechtenstein für die Finanzierung macht, dann war das eine klar geplante Tat.« Indem man den Deal zudem über elf liechtensteinische Anstalten abgewickelt habe, wären bewusst auch zahlreiche bankinterne Vorschriften umgangen worden, um sich bei kritischen Fragen hinter dem liechtensteinischen Bankgeheimnis verstecken zu können.

Bei der Begründung der jeweiligen Strafhöhe ging es dann ins Detail. Ab einer Schadenssumme von mehr als 50 000 Euro beträgt das Höchstmaß beim Verbrechen der Untreue zehn Jahre Haft. »Hier haben wir diese Wertqualifikation 109-fach«, rechnete die Richterin vor, wobei sie Kulterer einen entscheidenden Milderungsgrund zugestand: »Sie sind der Einzige, bei dem ich keinen Zufluss der Mittel in Ihrem Umfeld feststellen konnte.« Von seinen Mitangeklagten könne sie das nicht behaupten: So etwa habe Kucher, über dessen österreichische Holding allein Vorzugsaktien in Höhe von 55 Millionen abgerechnet wurden, einen Zinsgewinn von mindestens 640 000 Euro gemacht. Gabriel wiederum hätte über eine versteckte Firmenkonstruktion seines zweiten Schwagers an dem Deal profitiert, wovon dann letztlich auch für seinen ersten Schwager Striedinger, konkret für seine Firma Rubicon, ein »Darlehen« in Höhe von 1,5 Millionen Euro abgefallen wäre.

In Gabriel sah die Richterin – deren Urteil ein Jahr später auch vom Obersten Gerichtshof bestätigt wurde – auch den eigentlichen Kopf des Ganzen. Trotzdem konnte sich der ausgefuchste Steuerberater am längsten vor der Haftstrafe drücken: Die erste Aufforderung zum Haftantritt hat er wegen eines Umzuges verpasst, da er vergessen hatte, einen Nachsendeantrag zu stellen, weshalb ihm die Post nicht zugestellt werden konnte. Danach bekam er ein schweres Bandscheibenleiden und einen Aufschub für eine Operation. Doch als er am 3. Juni 2014 »während des angeblich medizinisch notwendigen Strafaufschubes«, wie es in einem Bericht der Soko Hypo heißt, auf einem privaten Forstweg beim Reversieren seines BMW X5 eine Steilböschung hinunterstürzte, war es mit seiner Schonzeit endgültig vorbei. Denn wie sich bei der Rekonstruktion des angeblichen Unfalls herausstellte, hatte Gabriel in diesem Waldstück in den frühen Morgenstunden noch bei bester Gesundheit gewildert.

Vom Vorzug, ein Vorzugsaktionär zu sein

Es war lange ein wohlgehütetes Geheimnis, wer den Vorzug hatte, ein Vorzugsaktionär zu sein. Bei den ursprünglichen zehn Investoren der ersten Tranche handelte es sich laut einem KPMG-Gutachten »zum größten Teil um Gesellschaften und Stiftungen, die zu einem auffälligen Naheverhältnis zur HGAA stehen«. Größter Anteilhaber war mit einem Volumen von 55 Millionen Euro die BC Holding AG, die von Rechtsanwalt Gerhard Kucher nur wenige Tage vor Ausgabe gegründet worden war. Da die Vorzugsaktien den einzigen Wert dieser Holding darstellten, liege der Verdacht nahe, dass die AG nur zu diesem Zweck gegründet worden sei, kombiniert die KPMG in einem Zwischenbericht ihrer »Forensischen Prüfung im Zusammenhang mit Ausgabe von Vorzugsaktien der Hypo Alpe-Adria Leasing Holding AG«. Ähnlich verhält es sich bei der MA-Privatstiftung (Volumen 10 Mio.) und der OGK-Privatstiftung (Volumen 10 Mio.), die neben Kucher auch dem Steuerberater Hermann Gabriel zugeordnet werden kann, aber auch bei der VMR Handels-GesmbH, die letztlich in den Händen von Gabriels Verwandtschaft gelandet ist. Alles in allem brachten es die ehemaligen Hypo-Berater auf ein Ausgabevolumen von 77 Millionen Euro.

Weitere Vorzugsaktien hielten die Privatstiftung Annagasse (Volumen 10 Mio.) und die Collegia-Privatstiftung (Volumen 5 Mio.), die sich am Wiener Investmentbanker Heinrich Pecina festmachen lassen. Pecina ist Vorstand der Vienna Capital Partners-Gruppe (VCP), die bei der Ausgabe der zweiten Vorzugsaktien-Tranche auch als Vermittler zur Annagasse auftrat und dafür ein Honorar von 1,33 Millionen Euro einstreifen durfte. Gemäß einem anonymen undatierten Schreiben an die CSI Hypo soll der wirtschaftliche Berechtigte dieser Stiftung Wolfgang Kulterer sein. Unterlagen, die diese Behauptung bestätigen, liegen offensichtlich nicht vor. Es existiert aber eine E-Mail, die diesen Verdacht erhärtet. In diesem Schreiben wird von einem VCP-Mitarbeiter im Zuge einer Steuerproblematik darauf hingewiesen, dass bei einer Offenlegung der Stiftungsunterlagen gegenüber den Finanzbehörden »unschöne Dinge ans Tageslicht kommen würden« und dass es »angesichts der PR-Konsequenzen für die Hypo besser wäre, wenn die Transaktionsdokumente nicht offen gelegt werden«.

Abgesehen von diesen beiden Personengruppen gab es zwei weitere Einzelaktionäre, die den Vorzug hatten, der Bank nahezustehen: Bei dem einen handelt es sich um den ehemaligen Aufsichtsratsvorsitzenden (November 1998 bis August 2004) der Hypo Herbert Koch (Volumen 1 Mio.), beim anderen Vorzugsaktionär um die Raiffeisen Bezirksbank Klagenfurt (Volumen 2,5 Mio.), wo der Bruder von Günther Striedinger Vorstand war. Koch hat mit der Hypo schon einige Schnäppchen gemacht. Zuletzt ergatterte der frühere Besitzer des

Fakten zum Brief an Dr. Koch vom 18.Juli 2003

Dr. Kulterer und Mag. Striedinger erledige die meisten Geschäfte in Kroatien, Bosnien und Slawonien durch massive Schmiergeldzahlungen.
Die Kontakte werden durch Dr. Ivo Sanader, damals Vize-Aussenminister, hergestellt. Er bekommt dafür viel Geld.

Die Herren Pasalic, Kutlje und Glavas, die Tycoone in Kroatien, erzählen freimütig darüber und auch, dass Teile dieser Gelder zurück zu Kulterer und Striedinger fließen. Mag. Truskaller, damals VS der kroatischen Hypo Bank, kennt die Summen und auch die in ganz Kroatien kursierenden Gerüchte.

Dr. Koch, AR-Vorsitzender der HAAB, der über die Schmiergeldzahlungen informiert ist, wird mit diesen Gerüchten konfrontiert.
Konkret geht's es um die KRISTAL BANKA, die von der HAAB um 1 Euro gekauft wurde, jedoch Millionen an Schmiergeldzahlungen an Privatpersonen getätigt hat.

Die KRISTAL BANKA muss mehrmals mit hunderten von Millionen Aufwand saniert werden, da der dortige Wirtschaftsprüfer Ernst &Young das Testat verweigert.

Dr. Koch will aus unerklärlichen Gründen die ganze Sache vertuschen.

Er wendet sich an den Wirtschafts- und Bankprüfer der HAAB, Herrn Dr. Karl-Heinz Moser, damit dieser seine Prüfungen so vornimmt, dass keine Vergehen festgestellt werden (siehe Schreiben).

CONFIDA „prüft" stets nach den Wünschen Kulterers und der AR-Vorsitzenden.

Damit man sich der Sache ganz sicher ist, wird der Bilanzprüfer der Jahre 1992 bis 2004 auch später AR-Vorsitzender.

Alles klar, warum das kriminelle Netzwerk so funktionieren konnte?

Wegsichtsrat. Bei der Hypo-Expansion auf den Balkan sollen mit Wissen des Aufsichtsrates Millionen an Schmiergeldzahlungen geflossen sein. Auch der Verdacht der Bilanzfälschung steht von Anfang an im Raum.

Möbelhauses kika/Leiner, der zu den intimen Kennern der Hypo zählt, von einer Hypo-Tochter das letzte private Grundstück am Wörthersee mit direktem Seezugang für wohlfeile sieben Millionen Euro – und er gehörte mit seiner Gattin auch zum illustren Investorenzirkel von Tilo Berlin.

Wenn es nach seiner Zeugenaussage im »Hypo IV«-Prozess geht, ist Koch, der erst bei der zweiten Tranche so richtig eingestiegen ist, aus reiner Verlegenheit ein Vorzugsaktionär geworden. Er habe sowohl in der Firma als auch privat überschüssige Mittel gehabt, sagte er vor Gericht aus, und sei daher an Kulterer, mit dem er befreundet gewesen wäre, wegen einer Veranlagung herangetreten.

DKFM. DR RAINER NEWALD
BEEIDETER WIRTSCHAFTSPRÜFER UND STEUERBERATER
STÄNDIG BEEID. GERICHTSDOLMETSCH FÜR FRANZÖSISCH

A-1170 WIEN, CZARTORYSKIGASSE 105

Dr. Herbert Koch

Per email: herbert.koch@leiner.at

Wien, am 18. Juli 2003
(Koch 180703)

Betrifft: Entwarnung Attacken gegen die Organe der Hypo Alpe Adria-Bank in Kärnten

Sehr geehrter Herr Doktor!

Gestern konnte ich mit dem Partner von Karl-Heinz wahrscheinlich die Causa entspannen. Er wird nämlich kurzfristig die von Dritter Seite aufgeworfenen Verdächtigungen so recherchieren, dass weder ein Vorstandsvergehen und daher kein Aufsichtsratvergehen entstanden sein kann unter der Annahme, dass die Gruppe Kulterer, Striedinger & Co die Aquisitionen der Auslandsbanken und der damit zusammenhängenden Verrechnungsforderungen (werthaltig und nicht Sanierungszuschüsse) gewesen sein können, in der Annahme, dass die Transaktionen professionell, unter Einbindung der internen Revision, und von externen Spezialisten (due dilligences) erfolgt sind.

[redacted]

[redacted]

Mit freundlichen Grüßen

Dkfm. Dr. Rainer Newald

DS: Mag. Robert Zankl

Telefon: 43 / 1 / 47612 - 0
Telefax. 43 / 1 / 47612 – 90
Email: newald@i-one.at

Telefonische Rechtsauskünfte sind unverbindlich

Entwarnung. Nach schweren Vorwürfen gegen Hypo-Organe will der Bilanzprüfer der Bank, die Confida, »so recherchieren«, dass weder ein Vergehen des Vorstandes noch des Aufsichtsrates entstanden sein kann.

Dieser habe ihm dann den Deal mit den Vorzugsaktien vorgeschlagen. Von Richter Liebhauser-Karl auf die verfänglichen Put-Optionen angesprochen, zeigte sich der Möbelhausbesitzer ahnungslos. Mit diesem Begriff könne er so gar nichts anfangen, den habe er erst aus den Medien erfahren. Er habe auch keine Verträge gesehen oder unterschrieben, dafür sei sein Finanzvorstand zuständig gewesen. Auf die Frage des Hypo-Vertreters (die Bank hatte sich als Privatbeteiligte dem Strafprozess angeschlossen), ob er vor seiner Einvernahme durch die Polizei mit dem Verteidiger von Kulterer gesprochen hätte, wäre Koch fast ins Strudeln gekommen. Schließlich gab er dann doch zu, »tangential, nicht im Detail« mit dem Anwalt über das Verfahren gesprochen zu haben. »Ich wollte von ihm wissen, welche Atmosphäre mich erwartet«, versuchte er den Verdacht einer Absprache auszuräumen. Dem Richter war die Antwort zu vage. »Herr Zeuge, Sie stehen unter Wahrheitspflicht. Worüber haben Sie mit dem Anwalt des Angeklagten Kulterer gesprochen?«, hakte er nach. »Darüber, welche Möglichkeiten des Ausgangs es in diesem Verfahren gibt«, schrammte Koch, der sich bei der Aufnahme der Personalien als Unternehmer in Pension bezeichnet hatte, gerade noch an einer Gesetzesverletzung vorbei.

Vom Vorzug zum Nachteil

Affären sind immer schmutzig. Sie kleben wie Kacke an den Schuhen, und wenn man den Schuh schüttelt, beschmutzt man auch das Hosenbein. Im Frühjahr 2006, nachdem die Bilanzprüfer von Confida und Deloitte ihren Segen für das Jahr 2004 zurückgezogen hatten und die Swap-Affäre bereits in aller Munde war, befanden sich die Hypo-Vorstände in einer ähnlichen Situation. Um die Verluste besser wegstecken zu können, wurden zum zweiten Mal Vorzugsaktien in Höhe von 100 Millionen Euro aufgelegt. Diesmal war eine Dividende von sechs Prozent vorgesehen, und wie schon beim ersten Mal erfolgte der Ersterwerb der ganzen Emission durch die HBInt. Für den weiteren Verkauf wurden verschiedene Investmenthäuser engagiert, wobei ein rascher Ablauf erwartet wurde. Doch der erhoffte Run blieb aus, und es dauerte über ein Jahr, bis die gesamte Ausgabe irgendwo untergebracht werden konnte. Ursprünglich war auch für diese Ausgabe eine gruppeninterne Finanzierung als Zuckerl angedacht, doch dann entschied man sich für heimliche Nebenabreden. Die Entscheidung kam gerade noch rechtzeitig: Denn ab August hatte die Hypo eine Sonderprüfung der Nationalbank im Haus, die im Auftrag der Finanzmarktaufsicht auch die Eigenmittelaufbringung und die Finanzierung der Vorzugsaktien untersuchen sollte. Im Zuge dieser Überprüfung wurden die Kreditkonstruktionen der ersten Tranche über die Hypo Liechtenstein, vor allem in Bezug auf Kuchers BC Holding AG, auch prompt kritisiert und die Anrechenbarkeit der Eigenmittel angezweifelt – worauf in der Klagenfurter Hypo-Zentrale erneut Feuer am Dach war.

Als erste Löschaktion wurden bis Ende März 2007 – wo auch schon die Bayern vor der Tür standen – sämtliche Aktien der BC Holding an neue Investoren veräußert. Bis auch die restlichen kritischen Vorzugsaktien neu platziert werden konnten, war es dann bereits September. In dem forensischen Bericht der KPMG heißt es dazu: »Festzuhalten ist, dass im Zuge dieser Umstrukturierung mit dem Großteil der neuen Vorzugsaktionäre ebenfalls Nebenabreden im Sinne von Put-Optionsvereinbarungen und Rücknahmegarantien abgeschlossen wurden. Dies geschah vermutlich aus Anreizgründen, da die Nachfrage nach den HLH-Vorzugsaktien am Markt sehr gering war.«

Damit war die Krise aber noch lange nicht ausgestanden: Im August 2008, als die Bayern bereits elf Monate am Ruder waren, flog auch dieser Schwindel auf, wenn auch vorerst nur intern. Da seien Gerüchte aufgetaucht, wonach es »mit illustren Investoren Nebenabreden gegeben hat, welche die Eigenmittelausstattung der Bank beeinträchtigen könnten«, schilderte der ehemalige Leiter der Hypo-Rechtsabteilung im Mai 2013 vor dem Wiener Handelsgericht. Es sei um Eigenmittel in Höhe von 200 Millionen Euro gegangen, was »bei einer notorisch eigenkapitalschwachen Bank sehr wesentlich« wäre, spielte der Hypo-Mann der BayernLB auch noch in die Hände, die auf Rückabwicklung des Hypo-Deals wegen »arglistiger Täuschung« geklagt hatte. Er sei mit einem Kollegen diesen Gerüchten nachgegangen und habe sich von der Vorstandsassistentin von Josef Kircher, welche die Unterlagen in Verwahrung hatte, die Akten übergeben lassen. Darin habe er damals zwar keine unterfertigten Nebenabreden gefunden – aber das Muster einer Put-Option. Darauf hätten die Gerüchte und das Unbehagen bei jenen Leuten zugenommen, die damit befasst waren, meinte der Zeuge: »Es wurde nach einem Ausweg gesucht. Man hat sich dann letztlich für einen Rückkauf entschlossen, da man damals kein ausreichendes Wissen über die Geschäfte gehabt hat, um das Problem anders zu lösen.« Einen Monat später ist Josef Kircher als Vorstand der Hypo ausgeschieden und hat von Tilo Berlin einen hoch dotierten Beratervertrag bekommen. Böse Zungen behaupten heute noch, es wäre auch Schweigegeld gewesen.

Wie aus internen Aktenvermerken hervorgeht, wollte man die falsche Bilanz »trotz der angespannten Situation aufgrund der Finanzkrise« so schnell wie möglich bereinigen und die Call-Option zum frühestmöglichen Zeitpunkt (Januar 2009) ausüben. Offensichtlich auch mit dem Einverständnis der BayernLB, die bei der Hypo noch im gleichen Jahr eine Kapitalerhöhung in Höhe von 700 Millionen Euro durchführte, wovon 200 Millionen für den Rückkauf der umstrittenen Vorzugsaktien vorgesehen waren – was nun ihre Klage wegen »arglistiger Täuschung« wieder etwas relativiert.

Die Leiden des Dr. B

Ganz leicht dürfte dem damaligen Vorstandschef Tilo Berlin der Rückkauf allerdings nicht von der Hand gegangen sein. Das scheint auch den Forensikern der KPMG aufgefallen zu sein: »Festzuhalten ist hier insbesondere eine Anfrage von Dr. B an den Leiter der Rechtsabteilung«, in der er sich nach strafrechtlichen Konsequenzen erkundigt, »wenn wir jetzt ›sanieren‹ und ›callen‹, ohne jemanden zu informieren«. Die Antwort des Juristen war knapp und und ernüchternd: »Was ist, wenn wir erwischt werden?« Die Angst war spätestens am 19. Juli 2010 berechtigt. Da soll Josef Kircher laut einem eigenen Gedächtnisprotokoll erfahren haben, »dass es Recherchen bezüglich der Vorzugsaktien« gibt und sich die CSI Hypo den Hypo-Notar Reinhard Kern »vorknüpfen« will, der die Nebenabreden im Auftrag der Bank zuerst verfasst – und später auch vernichtet hat.

- Kern habe bereits Besuch vom Grazer CSI-Chefanwalt Guido Held gehabt, alarmiert Kircher vier Tage später Tilo Berlin, der bereits vor knapp eineinhalb Jahren aus dem Hypo-Vorstand ausgeschieden ist. Held habe Druck gemacht, erzählt Kircher, »und zwar insofern, dass er Kern Beihilfe zu Betrug und Untreue vorgeworfen hat«. Dieser habe daraufhin »volle Zusammenarbeit angeboten« und versprochen, die vernichteten Originale der Nebenabreden »zu reorganisieren«. Berlins Reaktion laut Kircher: »Er ist geschockt, kann sich jedoch erinnern, dass er auch ein solches Dokument unterschrieben hat (lt. seiner Info Flick)«. Berlin habe noch in Kirchers Gegenwart GraWe-Chef Othmar Ederer angerufen und einen Termin vereinbart. »Es gibt wieder Post von der BLB, man sollte sich absprechen«, soll die verschlüsselte Botschaft gelautet haben.

- Zwei Tage später, so geht aus derselben Unterlage hervor, scheucht Kircher auch den zweiten Vorstand der GraWe, Siegfried Grigg, auf, der sich gerade auf dem Rückweg von Verona befindet. Das Treffen soll auf der Autobahnraststätte in Techelsberg am Wörthersee stattgefunden haben. »Grigg ist sich der Tragweite bewusst und weiß, dass er auch eine solche problematische Option unterschrieben hat.« Er sei ihm auch klar, »dass damit möglicherweise die Bilanz 2006, die er als Vorstandsvorsitzender unterschrieben hat, falsch sein könnte«, hält Kircher fest. Grigg will mit Ederer das Problem besprechen und sich wieder melden.
- Wieder vier Tage später, inzwischen ist der 30. Juli, bespricht Kircher auch mit Confida-Chef Karl-Heinz Moser, dessen Kanzlei für die Prüfung der Hypo-Bilanzen zuständig war, und mit Wolfgang Kulterer die Angelegenheit. Die Notiz dazu: »Kulterer meint, dass die Eigentümer der Bank immer darauf gedrängt haben, die VZA so schnell wie möglich, auch mit Nebenvereinbarungen zu verkaufen.« Das sehe man schon daran, dass die GraWe-Bank Burgenland eine der ersten Tranchen der Ausgabe 2006 finanziert habe. Ederer habe mitgearbeitet und auch mit Deloitte die Finanzierung besprochen. Auch Haider wäre darüber informiert gewesen. »Nachdem ja sowieso neue Eigentümer und dadurch neues Kapital zu erwarten war, hatte keiner damit Probleme.«
- Am 3. August ist Kircher in Wien und ruft vom Hotel Grigg an. Es ist das vorletzte Gespräch, das im Gedächtnisprotokoll des ehemaligen Hypo-Leasing-Vorstands aufscheint: »Grigg ist nun der Meinung, dass er von allem nichts gewusst hat und wahrscheinlich belogen wurde. Er und Ederer haben damit nichts zu tun. Ich frage ihn, ob er weiß, was er da sagt? Er meint dazu, dass er nichts gewusst hat und ich im Gespräch vom 24. Juli in Techelsberg wohl was falsch verstanden habe. Auf die Frage, ob wir dann zwei Stun-

den bei diesem Meeting aneinander vorbei geredet haben, meint er: Er hätte dazu nichts mehr zu sagen.«

- Das letzte verzeichnete Gespräch mit Tilo Berlin muss für Kircher ebenfalls eine Enttäuschung gewesen sein: »Auch er hat darüber nachgedacht und kann sich an nichts mehr erinnern bzw. meint, er darf damit nichts zu tun haben. Grund: Er hat wahrscheinlich während der Zeit zwischen Signing und Closing eine solche Vereinbarung unterschrieben – und hätte dies wohl auch den Bayern sagen sollen!«

Richter Liebhauser-Karl wollte weder Siegfried Grigg noch Tilo Berlin ihre Erinnerungslücken glauben und verurteilte beide zu unbedingten Haftstrafen. Zuerst Grigg, der mit der Anklageerhebung als GraWe-Vorstand ausgeschieden war, »um sich ganz auf den Prozess konzentrieren zu können«, und bis zuletzt einen Freispruch gefordert hatte. Er bekam Ende Februar 2014 dreieinhalb Jahre. Zur Begründung meinte der Richter, es sei einfach nicht denkbar, dass er in seiner Position so uninformiert gewesen sein könne, wie er behauptet habe. Dies entspreche nicht der Lebenserfahrung, zumal Grigg die Bank übernommen habe, als diese in Schieflage gewesen sei. Dazu komme das Geständnis Kirchers, das Grigg massiv belaste, und ein ebenfalls belastender Telefonmitschnitt. Tilo Berlin, dessen Verfahren wegen einer Erkrankung in den USA ausgesondert worden war, wurde rund einen Monat später zu 26 Monaten Haft und 2,6 Millionen Euro Schadenersatz verurteilt. Beide Verurteilungen sind nicht rechtskräftig, weshalb auch noch immer die Unschuldsvermutung gilt.

Gleichzeitig mit Grigg wurden auch Josef Kircher und Wolfgang Kulterer verurteilt. Der Richter gratulierte Kircher zu dessen Geständnis. Er habe damit »ein Loch in die Mauer des Schweigens gebrochen« und ermöglicht, »dass Licht dahinter fallen konnte«. Deshalb, so Liebhauser-Karl, wolle das Gericht ein Zeichen setzen: »Wir haben, trotz des enormen Schadens, der nicht kleiner gemacht werden kann, zwei der drei Jahre bedingt ausgesetzt.« Auch bei Kulterer wirkte sich ein später doch noch abgelegtes Teilgeständnis mildernd aus: Er bekam zu seinen bisherigen Strafen ein Jahr Zusatzhaft – und im Anschluss wurde auch die Flick-Stiftung (nicht rechtskräftig) zu einer Verbandsgeldbuße im Ausmaß von 600 000 Euro verurteilt.

3 LIECHTENSTEINSPIELE

Kollateralschäden

Seinen Flug nach Zürich und den Leihwagen, mit dem er nach Liechtenstein weiterfuhr, hatte der Ermittler der CSI Hypo so kurzfristig wie möglich gebucht. Der Mann von der internen Aufräumtruppe des Wiener Finanzministeriums setzte auf den Überraschungseffekt. Am 30. Dezember, dem letzten Arbeitstag im Jahr 2010, betrat er um 9.30 Uhr unangemeldet die Räumlichkeiten der Alpe Adria Privatbank AG (AAP) in Schaan, der Liechtenstein-Filiale der damals seit einem Jahr notverstaatlichten Hypo-Gruppe. Er war einer mysteriösen Finanztransaktion auf der Spur, und die diskrete Niederlassung im Fürstentum gilt als Drehscheibe, über die jahrelang Geld gewaschen, faule Kredite und versteckte Provisionszahlungen abgewickelt wurden. Spätestens seit den Affären rund um den kroatischen Ex-General Vladimir Zagorec und den kroatischen Ex-Außenminister Mate Granić, in denen es um den Verdacht des illegalen Waffenhandels und der Bestechung geht, entpuppt sich die AAP immer häufiger auch als Spielwiese korrupter Politiker, »angefangen von der CSU-Mafia in München über eingeschworene Kartellverband-Cliquen in Wien bis ins rechteste Eck der kroatischen Staatsführung«, wie im Kreis der Ermittler behauptet wird.

Konkret forschte der Anwalt bei seinem überraschenden Besuch nach der Herkunft jener drei Millionen Euro, die Wolfgang Kulterer am 7. Februar 2005 von einem Hypo-Konto in Schaan bar abgehoben hatte, was allerdings erst im November 2010 bekannt geworden war. Er habe im Auftrag eines Kunden den Geldboten gespielt, erklärte Kulterer dem Staatsanwalt seine merkwürdige Dienstleistung; die Identität seines Auftraggebers schütze allerdings das Bankgeheimnis, ein Argument, das Strafrechtsexperten nicht gelten lassen wollten. Klarheit brachte die Recherche des Besuchers von der CSI jedoch nicht. Der AAP-Angestellte berief sich auf das liechtensteinische Bankgesetz und zeigte ihm, obwohl er sich als bevollmächtigter Vertreter der Klagenfurter Hypo ausgewiesen hatte, die kalte Schulter. Im Herbst 2007, nahezu gleichzeitig mit dem Verkauf der HGAA an die Bayern, hatte nämlich der damalige Hypo-Chef Tilo Berlin die Mehrheit der AAP – die bis dahin Hypo Alpe-Adria-Bank (Liechtenstein) AG hieß – an eine liechtensteinische Holding verkauft. Damit wurde nicht nur Schnüfflern wie etwa der Österreichischen Nationalbank oder kroatischen Strafbehörden jegliche Einsicht in die Bankbücher verwehrt, sondern auch der Klagenfurter Hypo Alpe-Adria-Bank International selbst, die danach mit 49 Prozent nur mehr Minderheitsgesellschafter war.

Gänzlich vergebens war die Überraschungsreise des Wieners in die kaum 6000 Seelen zählende Wirtschaftsmetropole des Fürstentums, wo rund 700 internationale Unternehmen ihren Stammsitz haben, trotzdem nicht. Der von Kulterer abgehobene Geldbetrag stammte nämlich von einem Konto, das die HBInt bei der Schweizer Großbank UBS in Zürich unterhielt, jedoch nur knapp einen Monat lang, sodass es in Klagenfurt in keiner Jahresbilanz aufschien. Es dürfte lediglich zur Abwicklung einiger verschwiegener Transaktionen gedient haben. Ein Verdacht, den auch der CSI-Mann hegte, der zumindest in Zürich Einblick in die Kontodaten bekam. Besonders aufgefallen sind ihm dabei vier Zahlungsvorgänge, deren Details mit einem komplizierten Code verschlüsselt waren. Drei betrafen Einzahlungen unbekannten Ursprungs, die in Summe exakt jene 3 034 116,65 Euro ergaben, die Kulterer in Liechtenstein abgehoben hatte. Noch größere Rätsel gab ihm die vierte verdächtige Geldbewegung auf dem Schweizer Geheimkonto auf, eine codierte Überweisung von 51 Millionen Dollar auf ein Transferkonto der Bermuda Bank auf den britischen Überseeinseln. Herkunft und Empfänger der stattlichen Summe: völlig ungeklärt. Der CSI-Mann erstattete daher Anzeige gegen unbekannt wegen des Verdachts der Geldwäsche und löste damit unbewusst zwei Kollateralschäden in diesem Bankenskandal aus.

Dass es sich bei dem geheimnisvollen Auftraggeber der liechtensteinischen Barbehebung tatsächlich um den Waffenproduzenten Gaston Glock, einen guten Hypo-Kunden handelt, wie Kulterers Anwalt bei der Staatsanwaltschaft en passant angedeutet haben soll, gehörte einen Monat später in den meisten Redaktionsstuben zum Allgemeinwissen. Bei den Karibik-Millionen der Schweizer UBS verfolgten die Ermittler anfangs jedoch eine völlig falsche Spur. Schuld daran war auch hier die Geldwäscheverdachtsmeldung einer österreichischen Bank – diesmal aber eine namentliche gegen den ehemaligen BayernLB-Manager Gerhard Gribkowsky –, die kurz vor Entdeckung des Zürcher Geheimkontos erstattet worden war. Gribkowsky, der als Risikovorstand der Bayern beim verhängnisvollen Kauf der HGAA ein gewichtiges Wort mitzureden hatte, gründete nämlich just zu dieser Zeit in Salzburg eine Stiftung, auf deren Konto nur wenig später rund 44 Millionen Dollar aus der Karibik eingingen. Dabei handelte es sich aber nicht, wie von den Ermittlern ursprünglich vermutet, um Bestechungsgeld im Zusammenhang mit dem Hypo-Deal, sondern um versteckte Provisionen für den Verkauf der Formel-1-Anteile der BayernLB an Bernie Ecclestone – eine Affäre*, die erst durch diese unglückliche Verwechslung an die Öffentlichkeit kam.

Inzwischen glaubt man auch das herrenlose 50-Millionen-Vermögen vom Zürcher HBInt-Konto einem Besitzer zuordnen zu können: Laut einer angeblichen Selbstanzeige soll es sich dabei ebenfalls, so wie bei der Kulterer-Behebung, um einen heimlichen Notgroschen des Milliardärs Gaston Glock gehandelt haben, der daraufhin – als Kollateralschaden Nummer zwei – eine empfindliche Steuernachzahlung zu leisten gehabt haben soll.

Vom Spezialservice zum Tatort

Das »Clusterthema Liechtenstein«, wie der Fragenkomplex rund um das Hypo-Tochterinstitut in der diskreten Steueroase von Schaan intern heißt, sei »nicht einmal annähernd aufgeklärt«, zog Wolfgang Peschorn bei seinem Abgang als CSI-Hypo-Chef im Mai 2012 Bilanz. Seine Aufklärertruppe hätte keinen erhellenden Einblick in

* Als ehemaliger Risikovorstand der BayernLB wirkte Gerhard Gribowsky maßgeblich an der Formel-1-Übernahme durch die Investmentgesellschaft Alpha Prema mit, die dem Einflussbereich von Bernie Ecclestone zuzurechnen ist. Die Bank war als einer der Hauptgläubiger im Zuge der KirchMedia-Pleite zu knapp 47 Prozent der Formel-1-Anteile gekommen, welche sie am 25. November 2005 für 837 Millionen Dollar an die Alpha Prema verkaufte. Am selben Tag wurde in Österreich eine Gribowsky-Firma ins Handelsregister eingetragen, auf deren Konto kurz darauf 44 Millionen Dollar eingingen. Wie man inzwischen weiß, handelte es sich um Bestechungsgeld für den Verkaufsdeal, das Gribowsky vor dem deutschen Fiskus verstecken wollte. Aufgeflogen ist der Schwindel durch Hypo-Recherchen. Im Juni 2012 wurde der Ex-Banker deshalb von einem deutschen Gericht zu achteinhalb Jahren verurteilt.

die liechtensteinische Hypo-Filiale nehmen können. Daher wisse auch niemand, »welche Grauslichkeiten dort noch verborgen sind«.

Das wussten damals nur einige Vertraute rund um Prinz Michael von und zu Liechtenstein, einen Neffen des regierenden Fürsten Hans-Adam II., der Ende 2007 über eine Holding die Mehrheit an der Hypo Liechtenstein (HBLi) erworben hatte. Durch den Verkauf sollte »das mögliche Risiko-Exposure, auch das politische, kapitalschonend reduziert werden«, berichtete der *Standard* unter Berufung auf einen angeblichen Aktenvermerk von Tilo Berlin, unter dessen Vorstandsägide der Deal stillschweigend abgewickelt worden war.

Heute klingen die seinerzeit flüchtig hingeworfenen Zeilen fast wie ein Geständnis. Jedenfalls für Christian Böhler, den ehemaligen Leiter der bankinternen Forensik-Abteilung. Er hat mit seinem 15-köpfigen Team über 1700 verdächtige Namen und Konten bei der HGAA auf einen Liechtenstein-Bezug hin abgeklopft und will bei rund 300 Treffern auf eine »kriminelle Vortat« gestoßen sein. Dabei hätten sich etwa zwei Dutzend Personen – Strohmänner, Berater, Treuhänder, aber auch Hypo-Manager – systematisch bereichert, »und zwar um mehrere Hundert Millionen«, plaudert der ehemalige Polizist aus der Schule. »Aber für sie alle wird es jetzt eng. Die Bank hat bereits etliche Geldwäscheverdachtsmeldungen eingebracht.«

Die Entwicklung der HBLi zu einem Tatort geheimer Geldtransaktionen war anscheinend wohldurchdacht. Laut einem Hypo-Protokoll war die ehemalige IPM Bank der Grazer Wechselseitigen Versicherung, die 2002 an die Klagenfurter verkauft worden war, von Anfang an dazu ausersehen, ein »neues Produkt« für eine ausgewählte Klientel anzubieten. »Einige unserer Kunden werden das sicherlich zu schätzen wissen, zumal mit Ende des Jahres das Bankgeheimnis in Österreich fällt«, hatte Kulterer damals konkret die »sogenannte Wörthersee-Prominenz« im Auge, der man »steuerschonende Anlagemodelle« anbieten wolle. Besonderes Interesse sollte ein Immobilienfonds erwecken, in dem Projekte in Kroatien gebündelt waren.

Glaubt man Christian Rauscher, dem Ex-Treasury-Chef der HGAA, dann wurden auch etliche Koffer voll Schwarzgeld aus Kroatien und Italien mit dem Hypo-Learjet nach Klagenfurt eingeflogen und von dort weiter nach Liechtenstein transferiert. Als Zwischenstation habe eine Zeit lang Schloss Freyenthurn gedient, malerisch oberhalb der Ostbucht des Wörthersees gelegen, das die Hypo aus einer Konkursmasse geerbt hatte. Ein separierter Raum im ersten Stock des Renaissancegemäuers (heute residiert dort das Nobelbordell »Babylon«) soll laut Rauscher auch als diskrete Bankfiliale gedient haben: »Da hat es einen Beratungsschalter gegeben und einen Tresor, bei dem Gelder aus- und einbezahlt worden sind.« Sogar ein prominenter italienischer Ex-Politiker und verurteilter Steuersünder soll einmal in Begleitung eines österreichischen Waffenproduzenten im Hubschrauber in der Nähe des Schlosses gelandet sein. Der genaue Zweck dieses Ausfluges lässt sich heute nicht mehr eruieren. In Häusern wie dem Schloss Freyenthurn ist Diskretion Ehrensache.

Das galt auch lange Zeit für die Schaaner Hypo-Niederlassung, obwohl sie immer wieder mit Geldwäsche in Zusammenhang gebracht wurde. Doch erst im Herbst 2006 begann die Finanzmarktaufsicht von Liechtenstein genauer hinzuschauen. Besonders »das Risikomanagement hinsichtlich Krediten an kroatische Kreditnehmer« interessierte die Prüfer des Fürsten. Dahinter steckte ein ausgeklügeltes Finanzkarussell, das sich um etliche Anstalten und Stiftungen drehte, hinter denen hauptsächlich der ehemalige Chef-Waffeneinkäufer Kroatiens, Ex-General Vladimir Zagorec, steckte. Ein beträchtlicher Teil dieser Gesellschaften, heißt es in Gerichtsunterlagen, könne »mit Finanzierungsfällen verknüpft werden, bei denen konkreter Untreueverdacht besteht«.

Ausgelöst wurden die Ermittlungen in Liechtenstein – und damit eigentlich auch die gesamte Hypo-Affäre – durch ein Rechtshilfeersuchen der kroatischen Staatsanwaltschaft, die gegen Zagorec wegen Amtsmissbrauchs und Unterschlagung ermittelte. Konkret sollen Zagorec und ein äußerst kleiner Kreis von Eingeweihten um Staatspräsident Franjo Tudjman in den Neunzigerjahren Hunderte Millionen US-Dollar – zum Großteil Spendengelder von Exilkroaten – bewegt haben. Nach dem Krieg befanden sich immer noch enorme Summen auf verschiedenen Konten, bis auf Zagorec war jedoch keiner der Geheimnisträger mehr am Leben. Und genau dieses Geld soll der Ex-General zur Absicherung seiner zahlreichen Immobilienprojekte eingesetzt haben, wie in Zagreb vermutet wird. »Es wurde festgestellt, dass die auf den Bankkonten in Österreich und anderen Ländern hinterlegten Geldmittel aus der Veräußerung von staatseigenen Wohnungen und aus Spenden von Exilkroaten (...) nicht für humanitäre Hilfe verwendet wurden, sondern auf Privatkonten gelandet sind«, monieren die Kroaten. Zudem bestehe »der Verdacht der Geldwäsche«.

Zagorec hatte nun die Wahl zwischen Pest und Cholera: Um eine Beschlagnahme zu verhindern, musste er den liechtensteinischen Behörden nachweisen, dass sein Vermögen nicht aus kroatischen, sondern aus anderen Quellen stammte – nämlich aus Abschöpfungen von überhöhten Hypo-Krediten, Kick-back-Zahlungen und anderen Schwarzgeldern. Was für ihn auch kein Problem war, zumal schon damals feststand, dass die Mehrheit der HBLi verkauft und damit auch eine Einsicht in die Bücher verhindert werden würde. Das Versteckspiel dauerte immerhin fünf Jahre, was viel Zeit zum Aktenschreddern ist. Doch als die Klagenfurter Hypo Ende 2012 durch Rückkauf wieder volles Durchgriffsrecht auf ihre Schaaner Bankfiliale bekam, flog der ganze Schwindel auch in Österreich auf.

Nach bisherigen Ermittlungen hat Zagorec zwischen 2003 und 2007 für 23 Stiftungen, Anstalten und Aktiengesellschaften Konten bei der HBLi eröffnet, über die im Laufe der Zeit mindestens 76 Millionen Euro geflossen sein sollen. 54 Millionen davon, so wird vermutet, soll er sich von der HBInt über Kredite erschlichen haben, die ihm vom Ex-Vorstand Günter Striedinger angeblich bereitwillig nachgeschmissen wurden. Laut einer Anklage vom November 2014 soll der Bank dabei allein durch vier Kreditfälle ein Schaden von mindestens 20 Millionen Euro entstanden sein. »Im Lauf der Geschäftsbeziehung zwischen DI Zagorec und der HBInt entwarfen DI Zagorec und Mag. Striedinger ein System, durch das DI Zagorec von der HBInt Kredite für Immobilienprojekte in Kroatien bekam und das es ihm darüber hinaus ermöglichte, durch (besondere) In-sich-Geschäfte große Teile der gewährten – und in Wirklichkeit weit überhöhten – Kredite für eigene Zwecke, sprich zu seiner Bereicherung abzuschöpfen«, fasst ein atemraubender Schachtelsatz aus der Anklageschrift den Vorwurf zusammen. Mitangeklagt ist der ehemalige Steuerberater der Hypo Hermann Gabriel, der das System angeblich konstruiert hat, während der Viertangeklagte Gerold Hoop als liechtensteinischer Treuhänder für die praktische Umsetzung der In-sich-Geschäfte verantwortlich gewesen sein soll.

Fünfeinhalb Jahre saß der Kroate wegen eines anderen Delikts bereits in einem Zagreber Gefängnis. Um der Gefahr zu entgehen, in Österreich ebenfalls zu einer hohen Strafe verurteilt zu werden, signalisiert er jetzt angeblich Kooperation und hofft auf eine Art Kronzeugenregelung. Im Gegenzug, so heißt es, wäre er auch bereit, einen Teil des Schadens wiedergutzumachen; rund 17 Millionen Euro hat sich die Hypo ohnedies bereits von einem seiner Liechtensteiner Konten geholt.

Sollte der Ex-General tatsächlich die Waffen strecken, könnte es vor allem für Striedinger unangenehm werden. Zu vier Jahren Haft – die er seit Oktober 2013 auch verbüßt – wurde der frühere Bankenvorstand im sogenannten Vorzugsaktien-Verfahren schon verurteilt. Wie viele noch dazukommen (insgesamt drohen ihm bis zu zehn Jahre), hängt nicht zuletzt davon ab, wie einsichtig er sich bei künftigen Gerichtsverhandlungen zeigt. Bisher konnten man bei ihm nur wenig Reue entdecken, obwohl er etwa im Fall Zagorec auch von Markus Müller, dem Ex-Vorstand der Hypo Liechtenstein, schwer belastet wird. »Es sind Transaktionen in bar auf den Konten gemacht worden, die noch nicht erschöpfend plausibilisiert wurden«, hält Müller im April 2007 in einer Aktennotiz fest, wenngleich Striedinger garantiert hätte, »dass die zu erwartenden Bartransaktionen von Herrn Zagorec absolut legaler Herkunft entspringen«. Zagorec selbst behauptet das nicht. »Natürlich habe er überhöhte Kreditanträge gestellt und die ›überschüssigen‹ Gelder dann in bar abgeschöpft und auf seine Gesellschaften parkiert«, heißt es in Müllers Aktennotiz weiter, die sich auf eine persönliche Unterhaltung mit dem Ex-General bezieht, »wo er nochmals die Situation erklärt«.

Das System Liechtenstein

Ermittelnde Liechtensteinbesucher in Sachen Hypo zieht es in der Regel zuerst nach Vaduz in die Pflugstraße 7, wo die Gebrüder Gerold und Wilfried Hoop ihrer Arbeit nachgehen. Ihre Kanzlei ist die Firmenadresse nahezu aller liechtensteinischen Stiftungen, Anstalten und Aktiengesellschaften, die in den Klagenfurter Bankenskandal involviert sind. Das System des Liechtensteiner Finanzkarussells, das, wie inzwischen vermutet wird, den eigentlichen Kern des ganzen Hypo-Skandals ausmacht, war verwirrend und simpel zugleich: Fast sämtliche kroatischen Gesellschaften von Vladimir Zagorec zum

Beispiel befanden sich im Besitz einer liechtensteinischen Anstalt (eine besonders flexible firmenrechtliche Konstruktion), die einer Stiftung gehörte, deren Eigentümer wiederum eine sogenannte Ermessensstiftung war. Dabei handelt es sich um eine finanztechnische Eigenheit des Fürstentums, wonach der Begünstigte einer Ermessensstiftung – im Gegensatz zum österreichischen Stiftungsrecht – nicht schon im Vorhinein genannt werden muss, sondern seine Bestimmung im Ermessen des Stiftungsrates liegt.

Bei den Ermessungsstiftungen des Ex-Generals war dies immer Gerold Hoop, der zugleich auch Verantwortlicher aller untergeordneten Finanzgesellschaften war. Als solcher beantragte er dann beispielsweise im Namen der Anstalt A bei der Hypo Liechtenstein (wo übrigens sein Bruder Wilfried im Verwaltungsrat saß) oder der Mutterbank HBInt einen Kredit, um von der Stiftung B die Finanzgesellschaft C zu erwerben, die im Besitz der kroatischen Gesellschaft D sei. Letztere verfüge über wertvolle Grundstücke, auf denen die Anstalt A ein lukratives Immobilienprojekt zu realisieren gedenke. Als Sicherheit wurden die vermeintlichen Grundstücke sowie die Gesellschaftsanteile der kroatischen Gesellschaft D angeboten, deren Wert jedoch in der Regel nicht überprüft werden konnte.

Ein praktisches Beispiel dazu aus der Anklageschrift: Mitte 2005 wandte sich Hoop in seiner Funktion als Geschäftsführer der Emperador Group, einer liechtensteinischen Anstalt, an die Klagenfurter Hypo Alpe-Adria-Bank und ersuchte um Finanzierung des Kaufes der Heritage Invest, eines Fonds im Besitz einer gewissen Luminor Foundation. Bei all diesen Gesellschaften war Hoop entweder als Geschäftsführer oder als Stiftungsrat zeichnungsberechtigt und damit auch bei allen Geschäftsvorgängen sein eigenes Gegenüber. Im Kreditantrag begründete er das Interesse der Emperador Group am Erwerb der Heritage Invest damit, dass ein kroatisches Tochterunternehmen der Heritage, die Rovinj Gradenje d.o.o., Alleininhaber eines Bauareals sei, auf dem Luxusvillen errichtet und danach verkauft werden sollten.

Dem beantragten Kredit in Höhe von 12 Millionen Euro stand als Sicherheit ein angeblicher Grundstückswert von 14,5 Millionen gegenüber. Heute weiß man, dass Zagorec für die Immobilie nur 2,4 Millionen Euro bezahlt hat, wovon er aber 1,4 Millionen unter dem Titel *Consulting & Development* wieder als Kick-back-Zahlung zurückbekommen hat. Es war ein für das System Liechtenstein typisches In-sich-Geschäft: Die Zagorec gehörende Emperador kaufte die Zagorec gehörende Heritage von der Zagorec gehörenden Luminor.

Der Bank war es damals aber nicht möglich, zu überprüfen, wer letztlich tatsächlich Eigentümer der Rovinjer Projektgesellschaft war, da es sich bei der Großmuttergesellschaft Luminor um eine dieser ominösen Ermessensstiftungen handelt, die auch nicht im offiziellen Handelsregister aufscheinen. Außerdem, so belegen es Bankdokumente, lag auch kein Kaufvertrag zu den Liegenschaften oder eine Baugenehmigung vor, weshalb die Kreditprüfer weder die Eigentumsrechte noch den Wert des Grundstücks beurteilen konnten. Trotzdem wurde der Antrag vom zuständigen Credit Committee, das sich, wie in fast allen Zagorec-Fällen, aus Wolfgang Kulterer und Günter Striedinger zusammensetzte, bewilligt. Die Begründung bestand im Wesentlichen aus einer nur leicht modifizierten Textpassage aus dem Kreditansuchen: »Die Rückführung des gegenständigen Antrags erfolgt durch Neukreditantragstellung. Wegen des entwickelten Tourismus und der natürlichen Schönheit der Rovinj Riviera, sowie eines großen Jachthafens, der ausgezeichneten Straßenverbindung zum Binnenland und Grenzübergängen (Italien, Slowenien) und der Nähe zum Flughafen Pula (25 km) ist dies, aufgrund der sehr guten Lage der Liegenschaften und der zu erwartenden Nachfrage, eine absolut gute Investition. Der Antrag erfolgt in Abstimmung mit dem Konzernvorstand/Markt Mag. Striedinger.« Natürlich wurde das Bauvorhaben nie verwirklicht, und während Kredit plus Zinsen angeblich noch immer ihrer Rückzahlung harren, hat Zagorec laut Anklage bereits drei Wochen nach Auszahlung »aus diesem Kredit rund 10,7 Millionen Euro abgeschöpft«.

Ähnliche Vorgänge gab es auch bei anderen Kreditnehmern. Für die Staatsanwaltschaft Klagenfurt handelt es sich dabei um klare Fälle: »Der Tatverdacht lautet zusammengefasst, dass die Verantwortlichen der HGAA, darunter vor allem Mag. Günter Striedinger, im bewussten und gewollten Zusammenwirken mit kroatischen, serbischen und slowenischen ›Projektentwicklern‹ die Konzerngesellschaft vorsätzlich am Vermögen schädigten. Konkret indem sie vor allem für den Ankauf von Liegenschaften und darauf zu errichtende ›Bauprojekte‹ Finanzierungen gewährten, obwohl sie wussten, dass die Finanzierungsmittel nicht dem Wert der finanzierten

Gegenstände entsprachen oder nicht für den Finanzierungszweck verwendet werden.« Der dadurch entstandene Schaden mache »zumindest dreistellige Millionen-Beträge« aus.

Umwege zur Wahrheit

Die bisher entdeckten Liechtensteinspiele füllen mittlerweile mehrere Aktenschränke bei den Ermittlungsbehörden. Der handelnde Personenkreis war bisher gut versteckt und ist im harten Kern immer gleich: Wolfgang Kulterer, Günter Striedinger, Herman Gabriel, Gerhard Kucher, Vladimir Zagorec und natürlich Gerold Hoop. Aber auch Tilo Berlin, der bereits in einer anderen Hypo-Causa* vor dem Strafrichter stand, könnte aufgrund der bisherigen Ermittlungsergebnisse erneut ins Visier der Bezichtigungen geraten. Konkret geht es dabei um zwei gleichlautende Rechnungen an die Hypo Consultants Liechtenstein GmbH (HCLi), eine weitere der vielen HBInt-Töchter, in Höhe von 100 000 Euro »für die Beratertätigkeit im Zusammenhang mit der Bereinigung des Beteiligungsportfolios«. Dabei fällt auf, dass beide Rechnungen von Unternehmen stammen, die bei Rechnungslegung (jeweils 15.05.2007) zum Firmenimperium des Wahlkärntners gehörten, der nur zwei Wochen später oberster Chef der Hypo wurde – wobei beide Belege laut Eingangsstempel erst Monate später und zu verschiedenen Zeitpunkten bei der Hypo einlangten. Bei dem einen Unternehmen handelt es sich um die Berlin & Co Holding GmbH (B&C), bei der er noch heute Geschäftsführer ist, bei dem anderen um die ABSOLUTE Portfolio Management GmbH (APM), eine ehemalige Tochter der B&C.

Um die Kirche im Dorf zu lassen: Bezahlt wurden die 100 000 Euro von der HCLi nur einmal, und zwar am 25. Januar 2008 an die B&C. Was aber nicht nur in der Forensik-Abteilung der Hypo für Verwirrung sorgt, sind zwei weitere Auffälligkeiten:

* Dabei ging es um die zweite Vorzugsaktien-Affäre aus dem Jahr 2006, wobei das Urteil der ersten Instanz von 26 Monaten unbedingter Haft plus einer Kostenbeteiligung an Privatbeteiligte in Höhe von 2,573 Millionen Euro noch nicht rechtskräftig ist – weshalb nach wie vor die Unschuldsvermutung gilt.

BERLIN CO

EINGANG 20. DEZ. 2007

BERLIN & CO · Arenbergstraße 1 · 5020 Salzburg

PERSÖNLICH/VERTRAULICH

Hypo Consultants Liechtenstein GmbH
Herrn Müller
Landstr. 126a

9494 Schaan

Liechtenstein

Salzburg, 15. Mai 2007
070515-RG2-ELD-KGE

RECHNUNG **SO 02/07**

Sehr geehrter Herr Müller,

für die Beratertätigkeit im Zusammenhang mit der Bereinigung des Beteiligungsportfolios berechnen wir Ihnen pauschal:

Pauschal	EUR	100.000,00
Rechnungsbetrag	**EUR**	**100.000,00**

Bitte überweisen Sie den Betrag in Höhe von EUR 100.000,00 auf unser Konto bei der Raiffeisenbank, Salzburg, IBAN AT673500200026013235, BIC RVSAAT2S.

Mit freundlichen Grüßen

[Unterschrift] bez 25.1.08

Ernst-Ludwig Drayß

Berlin & Co. Holding GmbH
Arenbergstraße 1 · 5020 Salzburg · Telefon: +43 (662) 64 12 78 · Telefax: +43 (662) 64 12 83
Sitz: Salzburg · FN 277876 1 · USt-ID Nr. ATU62615888
Geschäftsführer Dr. Tilo Berlin, Ernst-Ludwig Drayß

ABSOLUTE
Portfolio Management

EINGA... 22. FEB. 2008

Firma
Hypo Consultants Liechtenstein GmbH
Herrn Markus Müller
Landstr. 126a
9494 Schaan
Liechtenstein

Wien, 15. Mai 2007

Rechnung Nr. 014A / 2007

Sehr geehrter Herr Müller,

für die Beratertätigkeit im Zusammenhang mit der Bereinigung des Beteiligungsportfolios berechnen wir Ihnen pauschal:

Pauschalbetrag	EUR	100.000,00
zuzügl. 0 % USt	EUR	
Gesamtbetrag	EUR	100.000,00

bez 25.1.08

Die Leistung ist gem. § 3a(10) USTG nicht steuerbar.

Wir bitten um Überweisung des Gesamtbetrages auf unser Konto bei Bank Austria lautend auf Absolute Portfoliomanagement GmbH, IBAN: AT 371100002250808900, BIC: BKAUATWW.

Mit freundlichen Grüßen

Ernst-Ludwig Drayß
Geschäftsführer

n. Rücksprache mit HWG noch Bestätigung, dass Absolute Zahlung erhalten hat.

Absolute Portfolio Management GmbH
Singerstraße 27, A-1010 Wien, Tel.: +43-1-516 13-0; Fax: +43-1-
Handelsgericht Wien FN 95218 b · UID: ATU 36763105
E-Mail: settlement@absolutepm.at · http://www.absolutepm.at

Verdächtig. Zwei gleichlautende Rechnungen von Tilo Berlin-Firmen an die Hypo Consultants in Liechtenstein für eine Leistung – und die ist laut internen Unterlagen der Bank nicht nachvollziehbar.

- zum einen, dass der Zahlungseingang nicht vom Geldempfänger, also der B&C, bestätigt worden ist, sondern vom zweiten Rechnungsleger, der APM, deren Faktura aber zu diesem Zeitpunkt laut Eingangsstempel noch gar nicht vorgelegen sein kann;
- und zum anderen, dass laut einem Untersuchungsbericht der Bank keine Leistungsnachweise für die Zahlung »identifiziert werden konnten« – weder von der Berlin & Co Holding noch von der ABSOLUTE Portfolio Management GmbH.

Es sind Ungereimtheiten wie diese, zu denen Tilo Berlin aber nicht Stellung nehmen will, die den Verkauf der Liechtensteiner Hypo-Filiale, der unter dem Codenamen *Projekt Solo* Ende 2007 in aller Stille über die Bühne ging, in einem schalen Licht erscheinen lassen. Immerhin sei es Tilo Berlin gewesen, der schon kurz nach dem Kauf der HGAA durch die BayernLB bei dem Deal Regie führte und die Mehrheit der Schaaner Niederlassung »an eine liechtensteinische Holding verscherbelte«, wie das *Format* ätzte und folgerte: »Sollte das in der Absicht passiert sein, möglichen Schnüfflern jegliche Einsicht in die dortigen Bücher zu verwehren, so wurden zwar einige Jahre Zeit gewonnen. Letztlich kam aber nun doch einiges ans Tageslicht.«

Tilo Berlin – dem nicht zuletzt auch das Wort »verscherbeln« ungut aufstieß – hatte für solche Gedankengänge kein Verständnis und verklagte den Autor wegen übler Nachrede: Der Verkauf der Hypo Liechtenstein sei ausschließlich »auf Grund von Unvereinbarkeiten des österreichischen mit dem liechtensteinischen Bankaufsichtsrechts« erfolgt – und zwar »in enger Abstimmung mit der österreichischen Finanzmarktaufsichtsbehörde«. Diese angebliche Abstimmung, die einer Zustimmung gleichkäme, könnte auch im laufenden Untersuchungsausschuss noch für hitzige Debatten sorgen. In einer streng vertraulichen PowerPoint-Präsentation des Hypo-Wirtschaftsprüfers Deloitte für den Bankvorstand ist nämlich die Ausgangslage für den Verkauf klar definiert. Demnach drohte damals aufgrund einer österreichischen Gesetzesnovelle »die uneingeschränkte Datenlieferung an EU-Mutterbanken und EU-Aufsichtsbehörden im Rahmen der konsolidierten Aufsicht« – und darin sahen die Bilanzprüfer der Hypo nicht nur eine »Gefährdung des Geschäftsmodells Liechtenstein«, sondern auch »latente Imagerisiken für die HBInt durch frühere Konzerngeschäfte«.

Für das Gericht, das den angeklagten Journalisten vom Vorwurf der üblen Nachrede freisprach, war damit bewiesen, dass bei dem eilends durchgezogenen Verkauf »die Gewinnoptimierung kein vorrangiges Ziel darstellte«. Vielmehr habe sich aus der von Deloitte präsentierten Ausgangsbasis »deutlich erschlossen, dass aufgrund der Umsetzung der Novellierung des BankG mit November 2007 eine uneingeschränkte Datenlieferung an EU-Aufsichtsbehörden in Kraft trete, welche als Gefährdung des Geschäftsmodells der HBLi aufgefasst werde, da bestehende Kunden das Risiko der Datenlieferung nicht eingehen wollen würden«. Gleiches gelte auch für potenzielle Neukunden, weshalb man in der Bank »die Einsicht der Bankenaufsichtsbehörde in Kundendaten als Problem gesehen habe«. In Zusammenschau könne das »nicht anders verstanden werden, als dass durch das neue Einsichtsrecht Geschäftsgeheimnisse und gelebte Praktiken offenbart werden würden«, welchen im Hinblick auf »die betonten latenten Imagerisiken zumindest ein gewisser Verdacht der Unredlichkeit oder Unrechtmäßigkeit unterstellt werden kann«, heißt es in der schriftlichen Urteilsbegründung. »Bei lebensnaher Betrachtung war daher – der negierenden Darstellung des Privatklägers als Zeuge zu Trotz – mit den erfolgten Konstatierungen vorzugehen, dass diese Imagerisiken der Muttergesellschaft zu reduzieren und der Bankenaufsicht die Einsicht in sensible Daten und Geschäftspraktiken zu verwehren die wesentlichen Ziele des Verkaufes waren.«

In seiner mündlichen Urteilsbegründung, am letzten Tag der Hauptverhandlung, ging Richter Stefan Apostol laut einer APA-Meldung sogar noch einen Schritt weiter: »Wenn man einen derartigen Wirtschaftsskandal aufarbeitet, muss es einem Journalisten möglich sein, Wertungen vorzunehmen – sonst würde man diesen mundtot machen.«

Grenzgang Belgrad—Vaduz

Es sind Legionen von Gesellschaften, die in der Vaduzer Kanzlei der Gebrüder Hoop & Hoop bei der Nachvollziehung einzelner Hypo-Transaktionen permanent für Irritationen sorgen. Bei den meisten handelt es sich um reine Briefkastenfirmen, wie etwa bei der Monarola Invest Anstalt, die den Ermittlern gleich mehrfach ins Auge stach. Das erste Mal im Zuge der Überprüfung des Klagenfurter Kreditengagements beim Belgrader Ušće Tower, einem 25-stöckigen Büroturm, der über eine Holding im Besitz des serbischen Multimillionärs Petar Matić steht. Hier stellte die Monarola bereits vier Tage nach ihrer Gründung einer Projektgesellschaft von Matić zwei Millionen Euro in Rechnung. Offiziell handelte es sich dabei um eine Pönalezahlung für die Auflösung eines ohnedies bereits aufgelösten Kaufvertrages mit der HBInt für den Ušće Tower. Tatsächlich dürfte die Monarola aber nur eine jener heimlichen Schwarzgeldquellen gewesen sein, auf die von Klagenfurt aus immer dann zugegriffen wurde, wenn es galt, ein heikles Problem aus der Welt zu schaffen.

Im Sommer 2007, als die Belgrad-Millionen bei der Monarola einlangten, befand sich die HGAA mitten im Übernahmestress durch die BayernLB und hatte zwei vordringliche Probleme:

Bei dem einen ging es um den stimmigen Abschluss der Jahresbilanz 2006, der durch eine drohende Wertberichtigung im Zusammenhang mit einer gewissen Hilltop Holding gefährdet war. Diese Vaduzer Anstalt, deren einziges Asset ein Grundstück auf der kroatischen Insel Pag ist, gehörte damals der Hypo Consultants Liechtenstein und schien in der Konzernbilanz als angeblicher Baugrund mit einem Buchwert von rund 40 Millionen Euro auf. Tatsächlich aber war die Immobilie – die einst im Miteigentum des ehemaligen Tudjman-Beraters Ivic Pašalić stand – gewöhnliches Weideland und kaum ein Zehntel wert: Ein bilanztechnischer Fauxpas, den nur wenige kannten, der aber publik zu werden drohte, denn seit Auffliegen des Swap-Skandals im März 2006 schauten die diversen Bankprüfer der Hypo genauer auf die Finger.

Um einiges heikler war die zweite Widrigkeit, mit der das Klagenfurter Geldinstitut zu kämpfen hatte, da sie auch die BayernLB betraf. Die Kroatische Nationalbank (HNB) hatte sich nämlich beim Verkauf der kroatischen HGAA-Tochter an die Bayern quergelegt. Damit drohte der ganze Deal zu platzen und nicht nur BayernLB-Chef Werner Schmidt nach der erst kurz zuvor gescheiterten BAWAG-Übernahme eine neuerliche Blamage – sondern auch allen Altaktionären ein enormer Spekulationsverlust.

Um es gleich vorwegzunehmen: Beide Schwierigkeiten wurden mithilfe kroatischer Lobbyisten, die aus dem heimlichen Monarola-Topf bezahlt wurden, rechtzeitig aus der Welt geschafft. Die jeweilige Vorgehensweise ist jedoch umstritten und könnte noch für alle Beteiligten selbst zu einem Problem werden – da in beiden Fällen die ohnedies schwammige Grenze zwischen Lobbyismus und Korruption überschritten worden sein soll.

Soweit es den Hilltop-Fall betrifft, lässt schon ein bankinternes Schreiben von Anfang April 2007 auf Kalamitäten schließen. Darin meldet der damals für das Kroatien-Geschäft zuständige Vorstand Josef Kircher dem neuen Vorstandsvorsitzenden Tilo Berlin, dass »über besondere Kontakte« eine Umwidmung in Bauland erfolgt sei und »vereinbarungsgemäß ein Betrag von 1,4 Millionen Euro für die ›Entwicklung dieses Projektes‹ zu bezahlen ist«. Es fällt auf, dass der angebliche Zahlungsgrund unter Anführungszeichen gesetzt ist, womit sich die Vermutung aufdrängt, dass in Wirklichkeit ein anderer vorlag. Aber auch der geplante Geldtransfer macht die Sache etwas verdächtig. Denn die Zahlung müsse, wie Kircher unmissverständlich feststellt, »auf steueroptimiertem Boden, sprich: über Liechtenstein erfolgen«.

Vermutlich war das die Geburtsstunde der Monarola Invest, die nur Wochen später tatsächlich in Liechtenstein aus der Taufe gehoben wurde. Laut Gerichtsunterlagen soll Kircher »den damaligen Vorsitzenden des Aufsichtsrates der HBInt Dr. Wolfgang Kulterer und dessen Stellvertreter Dr. Othmar Ederer bereits am 30. März 2007 anlässlich eines Rückfluges von einer Sitzung in Belgrad« vom geplanten Firmennachwuchs in Kenntnis gesetzt haben. Darauf weist auch ein mit *Confidential Notice No VI* tituliertes Schriftstück von Kircher hin. Demnach soll Ederer – der als Generaldirektor der Grazer Wechselseitigen Versicherung im Hypo-Aufsichtsrat saß – die Vorgehensweise, intern »Bypass Monarola« genannt, grundsätzlich gebilligt haben, »wenn dadurch die Widmungsproblematik einer Lösung zugeführt werden kann«. Kulterer wäre angeblich sofort Feuer und Flamme gewesen. »Er ergänzt, dass eine solche Anstalt auch für andere notwendige Zahlungen verwendet werden könnte«, heißt es in dem Schreiben, wobei er »augenblicklich eine notwendige Zahlung für Medienberatung in Kroatien in Höhe von 200 000 bis 500 000 Euro« angesprochen habe. »Auch Ederer erklärt, dass er das eine oder andere Mal ›steuerneutrale‹ Gelder benötigen würde, und spricht aktuell einen Bedarf von zirka 100 000 Euro an«, hält Kircher weiters in der vertraulichen Notiz fest. »Es wird vereinbart, dass die HBInt für diese Zwecke und für künftige Bedürfnisse eine Liechtensteiner Anstalt gründet, die mit der Ušće Tower Pönale in der Höhe von zwei Millionen Euro dotiert wird.«

Über den Wahrheitsgehalt dieser *Confidential Notice No VI*, die bei einer Hausdurchsuchung beschlagnahmt worden ist, gehen die Meinungen naturgemäß auseinander. Während Kircher laut seinem Anwalt »zum Inhalt des Aktenvermerkes« steht – was aber nicht heiße, »dass das Geld für die Bestechung von Amtsträgern« verwendet worden sei –, verweisen sowohl Kulterer als auch Ederer seine Darstellungen ins Reich der Fantasie. Beide geben an, mit dem Hypo-Vorstand niemals »über steuerneutrale Gelder« gesprochen, geschweige denn sie gebilligt zu haben. Ederer will sich nur daran erinnern, Kircher »damals im Interesse der Bank aufgefordert zu haben, das Widmungsproblem in Kroatien zu lösen«.

Die Farce bei dem Ganzen: Außer einer dreijährigen Galgenfrist für die Hypo und einer Menge Scherereien für die Beteiligten haben die Trickesereien nichts gebracht, da die Bank ihre Hilltop-Beteiligung schon kurz nach der Notverstaatlichung trotzdem wertberichtigen musste. Und zwar auf knapp 4,4 Millionen Euro, was in etwa jenem Kaufpreis entspricht, den auch Tudjman-Berater Pašalić und seine Clique im Zuge der Privatisierungen in Kroatien für den Inselgrund bezahlt hatten. Der Buchwertverlust für die Hypo beträgt somit rund 36 Millionen Euro. Deshalb sind mittlerweile nicht nur die dubiosen Monarola-Zahlungen ein Fall für gerichtliche Ermittlungen, sondern auch der gesamte Beteiligungserwerb der Hilltop an sich. Denn »die von Dr. Wolfgang Kulterer, Dr. Tilo Berlin und Josef Kircher erteilte Genehmigung der Übernahme von 100 Prozent der Geschäftsanteile der (...) erfolgte zu einem Gesamtkaufpreis in Höhe von € 40 877 856,72, obwohl zu diesem Zeitpunkt bereits aus den Schätzwertgutachten bekannt sein musste, dass der wahre Wert der Beteiligung weit niedriger lag«, heißt es in einer Sachverhaltsdarstellung der HGAA. Es gilt die Unschuldsvermutung.

Grenzgang Vaduz—Zagreb

Obwohl im Monarola-Akt von der Verdachtslage her fast alle im Hypo-Skandal vertretenen Delikte aufscheinen – angefangen von Bilanzfälschung und Steuerhinterziehung über Geldwäsche und Bestechung eines ausländischen Amtsträgers bis hin zu vorsätzlichem Betrug und Bildung einer kriminellen Vereinigung –, gibt es dazu erst eine einzige Teilanklage. Aber selbst die war Ostern 2015 noch nicht rechtskräftig. Sie richtet sich, unter Fortbestand der Unschuldsvermutung, auch nur gegen Ex-Vorstand Josef Kircher sowie zwei Kärntner Geschäftsleute und läuft im Endeffekt nur auf das im Hypo-Verfahren schon mehrmals geahndete Verbrechen der Untreue – und nicht etwa auch, wie vermutet werden könnte, auf das Delikt »Bestechung eines ausländischen Amtsträgers« hinaus.

Das wahre Potenzial dieser Anklageschrift dürfte daher in der Vernehmung von zwei zu ladenden Zeugen liegen. Dabei handelt es sich um den kroatischen Ex-Minister für öffentliche Verwaltung Davorin Mlakar sowie den ehemaligen Vizeinnenminister Josip Vresk. Die beiden Politiker sollen im Auftrag von Kircher über die Kärntner Unternehmer für das Hilltop-Problem angeworben worden sein und auch relativ rasch mit einem Ergebnis (nämlich der Umwidmung von billigem Weideland in Baugrund) aufgewartet haben. Kostenpunkt der Lobbying-Aktion: 630 000 Euro. Die Summe sei »in Absprache mit Josef Kircher so vereinbart« worden, sagte im Frühjahr 2014 einer der Mitangeklagten vor der Polizei aus. »Wenn ich gefragt werde, ob die o. a. kroatischen Staatsbürger für sich oder für einen Dritten agiert haben, gebe ich an, dass sie als Vermittler auftraten.« Die eigentliche Umwidmungstätigkeit soll von anderen Personen vorgenommen worden sein. Unter anderem sei das Problem auch mit dem Bürgermeister der Stadt Pag erörtert worden, der zugesagt hätte, »dass er sich der Sache annehmen werde«.

Wie aus dem Vernehmungsprotokoll weiter hervorgeht, wären für diese Problemlösung sogar 1,7 Millionen Euro bereitgestellt gewesen. Jedenfalls ist dieser Betrag aufgrund einer Scheinrechnung der Kärntner Vermittler an die Monarola auf ein eigens dafür eingerichtetes Kurzzeitkonto transferiert – und in der Folge in drei Tranchen bar abgehoben worden. Laut polizeilichen Unterlagen sind neben der Provision für die kroatischen Lobbyisten 6000 Euro an Bankspesen angefallen, 300 000 Euro sollen an Kircher für andere »diverse Problemlösungen« übergeben worden sein. Der Rest in Höhe von 764 000 Euro sei, so steht es in den Akten, zwischen den beiden Kärntner Mittelsmännern und Kircher aufgeteilt und in Eigentumswohnungen investiert worden. Und allein dieser Tatbestand der Untreue bildet auch die Grundlage für die aktuelle Teilanklage.

Keinem der Beteiligten, auch nicht den kroatischen Politikern, soll je ein offizieller Beratervertrag angeboten worden sein. »Von Josef Kircher wurde uns zu 100 Prozent zugesichert, dass es sich um eine ›sichere‹ Angelegenheit handelt, die nie an die Öffentlichkeit gelangen wird«, sagte einer der Beschuldigten aus. Es seien »keine offiziellen Zahlungen, sondern Schmiergeldzahlungen« gewesen, wobei es geheißen hätte, »dass alles auf höchster Ebene abgesegnet« worden sei.

Grenzgang Lobbyismus—Korruption

Vorstandsvorsitzender der HGAA war zu dieser kritischen Zeit Tilo Berlin, der aber nicht Gegenstand dieser Teilanklage ist. Dennoch könnte er sich im Sog dieser undurchsichtigen Monarola-Zahlungen – etwa vor dem parlamentarischen Untersuchungsausschuss – auch persönlich noch lästigen Fragen stellen müssen. Denn von jenen zwei Millionen, die aus Belgrad als Pönalezahlung auf dem Hypo-Schwarzgeldkonto eingezahlt worden sind, ging ein Teil auch auf ein Schweizer Konto des kroatischen Ex-Außenministers Mate Granić. Konkret waren es 200 000 Euro, die der Zagreber Ex-Politiker der Monarola für seine Tätigkeiten im Zusammenhang mit der Kroatischen Nationalbank in Rechnung gestellt hatte.

Das allein wäre natürlich noch kein Grund zur Aufregung. Schließlich wurde diese Zahlung – wenn auch offensichtlich im Nachhinein – durch einen Konsulentenvertrag gerechtfertigt. Allerdings soll Granić für die gleiche Tätigkeit noch einmal 400 000 Euro bekommen haben, diesmal auf das Konto einer gewissen GMK Establishment bei der Hypo Liechtenstein. Ausbezahlt wurde dieser Betrag aufgrund einer auch von Tilo Berlin genehmigten Rechnung, was auch noch nichts Ungewöhnliches ist. Bizarr aber ist, dass das Geld von der österreichischen Hypo Leasing Holding kam – und die hatte nun wirklich nichts mit den Problemen der HGAA mit der Kroatischen Notenbank zu tun.

Ungeklärt ist auch noch immer der tatsächliche Grund dieser GMK-Zahlung. Wolfgang Kulterer, der Granić angeworben hatte, sagte im September 2010 vor der Soko Hypo aus: »Mit Dr. Granić

PROF. DR. SC. MATE GRANIC
GAJEVA 49, HR-10000 ZAGREB

MONAROLA INVEST Anstalt
att. Dr. Gerold Hoop
Pflugstraße 7
FL-9490 Vaduz

Zagreb, 17.09.2007

Ref: Consultancy Agreement

Dear ladies and gentlemen,

According to 4.1. of the concluded Consultancy Agreement hereby I take the liberty to invoice the lump sum fee in the amount of

EUR 200.000 (Euro two hundred thousand), Incl. VAT

I kindly ask you to pay the amount mentioned above within 14 days to the following account:

Account no.:	0230-477719.M1H
Name:	Ms. Natasa Muric, Rainstraße 57, CH-8706 Meilen
IBAN:	CH20 0023 0230 4777 19M1H
Swift Code:	UBSWCHZH80A

Kind regards.

Yours sincerely.

Dr. Mate Granic

Geheimkonten. Auch das Honorar für eine Leistung des Ex-Außenministers von Kroatien wurde von einem Schwarzgeldkonto in Liechtenstein auf ein Geheimkonto in der Schweiz überwiesen.

wurde ein Honorar in der Größenordnung von 400 000 bis 500 000 Euro vereinbart, wenn die Genehmigung der Nationalbank Kroatien bis Anfang Oktober 2007 vorliegt.« Diese Vereinbarung sei mündlich erfolgt, worüber er auch Tilo Berlin informiert hätte, Aktenvermerke dazu müssten in der Bank vorliegen. Ähnliches hat im Mai zuvor auch Josef Kircher in seiner Beschuldigtenvernehmung zu Protokoll gegeben: »Dr. Kulterer sagte, dass Dr. Granić wesentlich dazu beitragen kann, dass die BayernLB die Bewilligung der Kroatischen Nationalbank für die Übernahme der Hypo Group erhält. Aufgrund dessen wurde mit der HLH ein Beratervertrag abgeschlossen und die Honorarvereinbarung bezahlt.« Im Gegensatz dazu behauptete der kroatische Ex-Politiker zwei Jahre später in seiner Zeugenvernehmung: »Die Auszahlung dieser 400 000 Euro (...) hat nichts mit meiner Beratungstätigkeit im Zusammenhang mit dem Verkauf des Hypo-Konzerns an die Bayerische Landesbank zu tun.« Und an dieser Behauptung hielt er auch fest, nachdem ihm Aussagen von Kulterer und Kircher vorgehalten wurden. »Ich bleibe dabei, dass die Lobbyistentätigkeit im Zusammenhang mit der Kroatischen Nationalbank einzig und allein mit der Bezahlung der 200 000 Euro entlohnt wurde.«

Tatsache ist, dass die Kroatische Nationalbank wundersamerweise im zweiten Anlauf dem Verkauf der kroatischen Hypo-Tochter doch noch zustimmte. Manche rätseln noch heute, was die Kroaten, die zunächst so vehement gegen einen Einstieg der BayernLB waren, in so kurzer Zeit umgestimmt haben könnte. Hier kommen allerdings auch wieder die kroatischen Politiker Davorin Mlakar und Josip Vresk, die beiden Zeugen aus der Monarola-Teilanklage, ins Spiel. Sie sollen nämlich nicht nur bei der Lösung des Hilltop-Problems ihre Hand im Spiel gehabt haben, sondern auch bei der Umstimmung der kroatischen Nationalbank. Dazu müsste sich bei den Monarola-Unterlagen in der Bank auch eine interne Aktennotiz mit der Aussage eines der Angeklagten finden, der im April 2014 behauptete, 300 000 Euro aus dem schwarzen Hypo-Fonds in Liechtenstein hätten den Meinungswandel der Notenbank beflügelt.

Strafrechtliche Untersuchungen sind in diesem Zusammenhang keine bekannt. Sie sind auch kaum zu erwarten. Die Unterlagen zu dieser wie zu unzähligen anderen dubiosen Verstrickungen liegen ausschließlich in der Bank – und sie werden vermutlich auch keinem der Parlamentarier aus dem Untersuchungsausschuss je unter die Augen kommen. Kurz vor der ersten U-Ausschusssitzung erließ bekanntlich die Finanzmarktaufsicht als Nachlassverwalter des Hypo-Torsos Heta die strikte Order, keine neuerlichen internen Nachforschungen anzustellen. »Das System schlägt zurück«, kommentiert *DIE ZEIT*. »Die Opposition mag ein aufwendiges Prüfverfahren ertrotzt haben, die Strippenzieher in der Finanzverwaltung lassen hingegen nichts unversucht, damit die Kontrolleure möglichst orientierungslos im Labyrinth des Systems Hypo herumirren.«

Der Gouverneursbock

Der Anruf erreichte Tilo Berlin Mitte Juni 2007 während eines Meetings zur neuen Marketingstrategie. Da will der frischgebackene Vorstandsvorsitzende der Klagenfurter Hypo-Gruppe erfahren haben, »dass der Gouverneur der Kroatischen Nationalbank, ein Herr Rohatinski, die Genehmigung für den Erwerb der Hypo-Anteile durch die Bayerische Landesbank versagte. Die Entscheidung wäre endgültig. Es gäbe keinen Instanzenzug«, erinnert sich der Investmentbanker in seinen tagebuchähnlichen Aufzeichnungen mit dem Titel *2007: Der Deal*. Seine Reaktion auf die Hiobsbotschaft hat der passionierte Jäger ebenfalls zu Papier gebracht: »So wenig vorstellbar es war, hier kam wieder ein ernsthaftes Problem auf mich zu, das mir meinen Nachtschlaf raubte und in den frühen Morgenstunden einen guten Rehbock, den ›Gouverneursbock‹, das Leben kostete.«

Die Ablehnung aus Zagreb ist verständlich. Immerhin handelt es sich bei der von Tilo Berlin angesprochenen Affäre um den bis dahin größten Bankenskandal in Kroatien – wobei sich ein gewisser Déjà-vu-Effekt nicht leugnen lässt: Mitte 2000 hatte die BayernLB 60 Prozent der damals drittgrößten Bank des Landes um knapp 40 Millionen Euro vom Staat gekauft. Keine drei Jahre später endete das Engagement in einem Desaster. Kriminelle Machenschaften des Bankmanagements rund um den Devisenhandel bescherten der börsennotierten Rijeka Bank einen Verlust von 60 Millionen Euro. Die BayernLB – welche die Gaunereien erst bemerkt haben will, nachdem die Londoner Börse Alarm geschlagen hatte – fackelte nicht lange: Sie verweigerte jede Sanierungsbeteiligung, schrieb ihr Engagement ab und gab dem kroatischen Staat die ruinierte Bank um einen symbolischen Kuna zurück. Bereits am nächsten Tag standen die Bankkunden Schlange und zogen umgerechnet 43 Millionen Euro von ihren Konten ab. Damals stand Željko Rohatinski – der 2012 nach Ablauf seiner zweiten Amtsperiode aus der Nationalbank ausgeschieden ist – erst kurze Zeit an der Spitze der HNB und hatte alle Hände voll zu tun, um eine landesweite Panik zu verhindern.

Obwohl er einen Crash abwenden, die *Rijeka banka* sanieren und schon kurz darauf an die Erste & Steiermärkische Bank weiterverkaufen konnte, saß der Stachel Mitte 2007 noch immer tief. »Die BayernLB hat sich im März 2002 weit entfernt von jenem professionellen Niveau verhalten, das von einer Bank mit ihrer Reputation zu erwarten gewesen wäre«, zeigte sich der Gouverneur auch fünf Jahre später noch verärgert. Zudem wäre die Geschäftstätigkeit der Kärntner Hypo in Kroatien von der HNB schon länger als »problematisch« beurteilt worden. »Wir wollten nicht, dass sie sich in der bis dahin erfolgten Form fortsetzt«, so Rohatinski. Daher wäre dem Rat der Notenbank auch »eine negative Stellungnahme zum Verkauf empfohlen« worden. Da die geheime Abstimmung in der Folge fifty-fifty ausging, stand laut Gesetz dem Gouverneur das letzte Wort zu. Sein Veto betraf auch den Antrag der Berlin & Co Capital S.a.r.l. aus Luxemburg, die sich bei der Hypo-Kroatien als 20-prozentiger Eigentümer eintragen lassen wollte, »da sie gemeinsam mit der BayernLB agiert«, begründete der Notenbanker sein rigoroses Vorgehen. »Mir ist die Tragweite dieser Entscheidung völlig bewusst – aber auch ihre Berechtigung.«

Damit provozierte Rohatinski nicht nur den schießwütigen Tilo Berlin zum Abschuss eines unschuldigen Rehbocks, sondern auch Bayerns Ministerpräsidenten Edmund Stoiber zu einer harschen Protestnote. Bereits Wochen darauf traf sich der aufgebrachte CSU-Chef mit dem kroatischen Premierminister Ivo Sanader in dessen Heimatstadt Split – offiziell handelte es sich um einen Abschiedsbesuch als bayerischer Ministerpräsident – und versuchte politischen Druck auszuüben. So etwa drohte er offen mit Konsequenzen, sollte der Notenbanker seine sture Haltung nicht aufgeben: Diese belaste »die ansonsten guten Beziehungen« zwischen Zagreb und München. Zudem erinnerte Stoiber daran, dass sich Bayern nicht nur für die rasche Anerkennung Kroatiens als selbstständigen Staat, sondern auch für dessen EU-Beitritt starkgemacht hätte.

Das war im August 2007. Drei Jahre später, als Zeuge vor dem bayerischen Untersuchungsausschuss zum Milliardendebakel, redete Stoiber seine Rolle klein. Er selbst sei nie an den Verkaufsverhandlungen beteiligt gewesen, sondern »durch den Vorstand der BayernLB in einem Brief gebeten worden, die Genehmigung auf politischer Ebene zu erreichen«. Daraufhin hätte er mit Sanader telefoniert, der ihm aber mitgeteilt habe, dass die Nationalbank unabhängig sei und er sich in keiner Weise einmischen könne. Die fast gleichzeitige Verleihung des Bayerischen Verdienstordens an Ivo Sanader – und übrigens auch an den damaligen österreichischen Bundeskanzler Wolfgang Schüssel – habe damit nichts zu tun und sei schon geplant gewesen, »deutlich bevor mich die Landesbank am 13. Juli wegen Kroatien um Unterstützung gebeten hatte«.

Dem widersprechen aber nicht nur Rohatinski (»There is no truth in Mr Stoiber's claim«) und Bayerns ehemaliger FDP-Wirtschaftsminister Martin Zeil (»Stoiber hatte doch den Anspruch, dass in Bayern nichts von Bedeutung geschieht, ohne dass er daran beteiligt war«). Auch die Akten der beiden Untersuchungsausschüsse in München und Klagenfurt zu der Affäre lassen an Stoibers angeblichem Passivverhalten Zweifel aufkommen. Selbst aus der Zeugenaussage seines österreichischen Parteifreundes, des damaligen Kärntner ÖVP-Chefs Josef Martinz – der auch Aufsichtsratsvorsitzender jener Holding war, welche die Hypo-Anteile des Landes hielt –, geht hervor, dass gegen das Veto der Nationalbank auf politischer Ebene »breit interveniert worden« ist – unter anderem durch »Herrn Stoiber himself«.

Der Marlboro-Mann

Laut Minderheitenbericht der Sozialdemokratischen Partei Deutschlands (SPD) zum bayerischen Untersuchungsausschuss soll die BayernLB »vom scharfen Ton des damaligen Ministerpräsidenten überrascht gewesen« sein. In einer internen E-Mail der Bank vom 21. August 2007 sei der öffentliche Auftritt Stoibers mit einer Anspielung auf das Sommerloch erklärt worden. Des Weiteren ginge aus dieser Korrespondenz hervor, »dass die BayernLB angemahnt hatte, dass jegliche politische Einmischung zu diesem Zeitpunkt unterbleiben solle«.

Die höfliche Aufforderung, das Maul zu halten, hatte ihren Grund: Denn während der scheidende Politiker in Kroatien munter drauflospolterte und sich als Hüter bayerischer Interessen inszenierte, liefen auf Wirtschaftsebene bereits intensive Geheimgespräche, um den verärgerten HNB-Gouverneur umzustimmen. So etwa seien schon bei einem Spitzentreffen Mitte Juli zwischen der BayernLB und der HNB »bestimmte Bedingungen formuliert worden«, sagte ein Beamter der Staatskanzlei vor dem Münchner U-Ausschuss aus, »und, so erinnere ich das: auch die klare Erwartung, dass bei Abarbeitung und Erfüllung dieser Bedingungen dann die Genehmigung erfolgen kann«. Konkret handelte es sich dabei um:

- die Aufarbeitung der Rijeka-Affäre und eine öffentliche Entschuldigung,
- eine umfassende Due Diligence bei den kroatischen HGAA-Tochterunternehmen sowie
- eine Kapitalmaßnahme von rund 250 Millionen Euro inklusive einer Kapitalerhöhung von rund 41 Millionen Euro.

Allerdings habe Rohatinski stets Wert auf die Sprachregelung gelegt, dass »nur Gespräche und nicht Verhandlungen« geführt würden. Daran teilgenommen hätten für die BayernLB Vorstandschef Werner Schmidt und Benedikt Haas (Konzernentwicklung & Vorstandsstab) sowie Tilo Berlin für die luxemburgische Berlin & Co Capital S.a.r.l. Für Letzteren ging es dabei immerhin um einen dreistelligen Millionenbetrag. »Wir flogen bei 41 Grad Außentemperatur nach Zagreb«, erinnert sich Berlin in seinen privaten Aufzeichnungen an seinen Canossagang. »Herr Schmidt stellte im Sitzungszimmer der Notenbank schon einmal fest, dass Herr Rohatinski wie er Raucher sein dürfte. Nach Austausch entsprechender Begrüßungsfloskeln offerierte Schmidt seine Bereitschaft, alle nur erdenklichen Auflagen zu erfüllen.« Der Kroate wäre aber stur geblieben. Doch dann soll ein Wunder geschehen sein. »Im Rahmen der folgenden Schweigeminute zog Herr Schmidt den am Tisch befindlichen Aschenbecher zwischen sich und Rohatinski und bot diesem eine Marlboro an«, beschreibt Berlin das Mirakel. Der Gouverneur hätte sich mit einem Feuer revanchiert und nach einer weiteren Pause angedeutet, dass es vielleicht die Möglichkeit einer Wiederaufnahme des Verfahrens gebe. Dann geschah bei 41 Grad Außentemperatur ein weiteres Wunder: »Das Eis war gebrochen«, schmilzt Tilo Berlin in seinen Notizen dahin. »Es mussten keine Beteiligungen veräußert werden, alle bereits entstandenen Spekulationen über Verkäufe an Raiffeisen und Die Erste waren vom Tisch. Offen blieb die Frage: *Cui bono?*«

Es dürfte eine rein rhetorische Frage gewesen sein. Denn hätte die HNB an ihrer Entscheidung festgehalten, hätte sich die Hypo vor einem Verkauf an die Bayern von ihrer Kroatien-Tochter – zu der auch die *Slavonska banka Osijek* gehört – trennen müssen. Damit wäre aber das Klagenfurter Geldinstitut für die Münchner Landesbank, die es bei ihrem Expansionstrieb gerade auf den kroatischen Markt abgesehen hatte, wertlos gewesen. Deshalb stellten sich schon bald auch andere die Frage, wer den größten Nutzen am Einlenken der HNB hatte. Und manche rätseln dabei noch heute, was jene drei Ratsmitglieder, die zuerst gegen einen Einstieg der BayernLB waren, in so kurzer Zeit umgestimmt haben könnte – zumal Schmidt dem Grandseigneur der Kroatischen Notenbank ja nur eine Marlboro über den Tisch geschoben hat.

Cui bono? – *Versuch einer Chronologie*

Was immer Tilo Berlin mit seiner Frage ausdrücken wollte: Bei der Suche nach einer Antwort stößt man im Zeitraum Mai 2007 bis April 2009 – der in etwa auch seiner Funktionsperiode als Hypo-Vorstand entspricht – auf einige Fakten, die der Wahrheit ziemlich nahekommen dürften. Vorab eine kurze Rückblende:

- Am 14. *Mai 2007* finden in München die Kaufpreisverhandlungen zwischen der BayernLB und Berlin & Co statt. Den Ton gibt die Berlin-Gruppe an, die zwar erst neun Prozent der HBInt-Aktien besitzt – aber von der Grazer Wechselseitigen Versicherung die Option auf eine Sperrminorität hat. Nach sieben Stunden ist man sich handelseinig: Die Bayern werden für 50 Prozent plus eine Aktie 1,625 Milliarden Euro zahlen. Gleichzeitig wird der Berlin-Gruppe ein Kredit in Höhe von 390 Millionen Euro eingeräumt, um die restlichen 16 Prozent für ihre Sperrminorität von der GraWe erwerben zu können. Warum die Bayern diese Aktien nicht direkt von der Versicherung erwarben, was den Kaufpreis zumindest um den Spekulationsgewinn der Berlin-Gruppe für diesen Anteil vermindert hätte, wird wahrscheinlich für immer eines der vielen Rätsel bei diesem Deal bleiben.
- Bereits einen Tag später, am 15. *Mai 2007*, wird der Ankauf der HGAA vom Gesamtvorstand der BayernLB abgesegnet.
- Am 21. *Mai 2007* gründet der liechtensteinische Treuhänder Gerold Hoop in Vaduz die umstrittene Monarola Invest Anstalt. Wie aus der Korrespondenzmappe hervorgeht, handelt es sich dabei um ein »nicht kommerzielles« Unternehmen. Als Mandatsgeber wird

auf dem Kontaktblatt die »Hypo Alpe-Adria-Bank International AG, Herr Josef Kircher« angeführt.

- Am *22. Mai 2007* fließt in der Klagenfurter Hypo-Zentrale anlässlich der Unterzeichnung (*Signing*) der Kaufverträge der Champagner. Gleichzeitig wird den Altaktionären nach dem Verkauf der Hypo-Consultants-Gruppe eine Sonderdividende von 50 Millionen Euro zugesichert – sofern die Bilanz einen entsprechenden Gewinn ausweist.
- Am *23. Mai 2007* wird mit der Belgrader Matić-Gruppe jener Vertrag abgeschlossen, der sie zu einer »Pönalezahlung« an die Monarola verpflichtet. Bereits am nächsten Tag eröffnet die Monarola bei der Hypo Alpe-Adria-Bank (Liechtenstein) AG ein Konto und stellt der Matić-Gruppe zwei Millionen Euro in Rechnung. Auffallend ist: Das dazugehörende *Consultancy Agreement* ist zwar mit 23. Mai datiert – langt aber erst zwei Wochen später bei der Bank ein. Außer diesen Belgrad-Millionen wird es keine weiteren Eingänge auf diesem Konto geben.
- Am *29. Mai 2007* stellen die BayernLB und die Berlin-Gruppe an die Kroatische Nationalbank den Antrag auf Zustimmung zur Hypo-Übernahme. Auf dem Monarola-Konto geht an diesem Tag bereits das erste Geld (knapp 600 000 Euro) aus Belgrad ein.
- *Ende Mai 2007* wird Wolfgang Kulterer, so sagt er vor der Polizei aus, »im Zuge der Veröffentlichung des Einstiegs der BayernLB bei der Hypo« von Mate Granić darauf aufmerksam gemacht, »dass es bei der kroatischen Nationalbank große Probleme geben wird, die Genehmigung zu erhalten«. Als Grund habe Granić den »Sündenfall Rijeka-Bank« angeführt. Seit diesem Tag sei die Bayerische Landesbank »ein absolutes Feindbild« in Kroatien, klärt Kulterer die Ermittler auf: »Ich habe den neuen Vorstandsvorsitzenden Dr. Berlin unmittelbar über diese Situation (...) informiert und auch bestätigt, dass ich der gleichen Meinung bin. Inwieweit Berlin die Vertreter der BLB informierte, weiß ich nicht, aber ich gehe davon aus, da es eine höchst brisante Situation war.« Kulterer habe empfohlen, den Ex-Politiker als Lobbyisten einzubinden, »da er gute Kontakte zum Gouverneur der kroatischen Nationalbank und auch zu vielen Mitgliedern des Generalrats hatte«. Außerdem wäre seine Frau in der zweiten Führungsebene der Nationalbank Kroatiens tätig. »Zu dem Zeitpunkt wurde das allerdings noch nicht für nötig erachtet«, wundert sich Kulterer.

- Am 1. *Juni 2007* beginnt Tilo Berlins Ära als Vorstandsvorsitzender der HGAA. Spätestens ab diesem Zeitpunkt müsste er über alle Vorgänge rund um das Monarola-Konto informiert worden sein.
- Am 4. *Juni 2007* treffen sich Wolfgang Kulterer, der deutsche Honorarkonsul Robert Ježić und Tilo Berlin zu einer Besprechung. Im Anschluss daran findet laut Kulterers Terminkalender ein Treffen mit einem der Kärntner Hilltop-Mittelsmänner statt, über deren Liechtensteiner Konto später die Schwarzgeldzahlungen für die kroatischen Lobbyisten umgeleitet werden sollen. Am gleichen Tag wird auch Tilo Berlin von Josef Kircher über die gelungene Hilltop-Umwidmung verständigt. Die zeitliche Nähe dieser Fakten lässt vermuten, dass Berlin zumindest über die weitere Vorgehensweise in dieser Sache eingeweiht worden ist.
- Am 5. *Juni 2007* bekommt die Monarola von den Kärntner Mittelsmännern, die im Auftrag von Josef Kircher die kroatischen Politiker Davorin Mlakar und Josip Vresk angeworben hatten, eine Scheinrechnung in Höhe von 1,7 Millionen Euro – wobei auf der Rechnung bezeichnenderweise keine Kontonummer aufscheint: Das entsprechende Konto wird erst am nächsten Tag eröffnet.
- Am 6. *Juni 2007* werden der Monarola die restlichen 1,4 Millionen aus der Belgrad-Pönale gutgeschrieben; auf dem Konto stehen jetzt 2 Millionen Euro zur Verfügung, wovon 1,7 Millionen für die Bezahlung der kroatischen Hilltop-Lobbyisten reserviert sind. Es dürfte kein Zufall sein, dass sich an diesem Tag auch Josef Kircher und einer seiner Kärntner Gewährsmänner in Liechtenstein befinden und von einem soeben erst eröffneten Schwarzgeldkonto der Kärntner Hilltop-Vermittler 710 000 Euro abheben, obwohl es noch keine Deckung aufweist. So steht es jedenfalls in den Polizeiakten.
- Am 25. *Juni 2007*, rund zwei Wochen später, werden von dem gleichen Schwarzgeldkonto – das noch immer keine Deckung aufweist – nochmals 700 000 Euro in bar abgehoben, welche angeblich an Kircher weitergegeben werden, diesmal aber erst in Österreich. Ungedeckte Kontoüberziehungen in dieser Größenordnung scheinen bei der Hypo Liechtenstein nichts Ungewöhnliches zu sein: Am gleichen Tag eröffnet nämlich auch die luxemburgische ABC Holding S.a.r.l. bei der HBLi ein Konto und überweist sofort 1,5 Millionen Euro an die ebenfalls in Luxemburg ansässige Berlin & Co Capital S.a.r.l. Ein entsprechender Überziehungsrahmen

wird erst neun Wochen später eingeräumt. Als Firmeninhaber scheint in den Bankunterlagen Robert Ježić auf. Laut einer anonymen Anzeige bei der Klagenfurter Staatsanwaltschaft soll es sich bei der ABC Holding jedoch um eine Scheinfirma von Tilo Berlin handeln. Wahrscheinlicher aber ist, dass Berlin – der wie nahezu immer in der Causa Hypo auch diesmal jeder Stellungnahme aus dem Wege geht – den späteren Honorarkonsul bloß in seine elitäre Investorenrunde aufgenommen hat, um ihn beim erwarteten Spekulationsgewinn aus dem Hypo-Verkauf mitnaschen zu lassen. Immerhin war ihm »der beste Freund und Verbündete des kroatischen Regierungschefs Ivo Sanader« wärmstens empfohlen worden. »Herr Robert Ježić ist sicherlich ein Asset und kann als Lobbyist äußerst hilfreich unterstützen«, schwärmt Kulterer in einem Aktenvermerk. Für die Gewinnbeteiligungsthese spricht auch das Faktum, dass die luxemburgische Berlin & Co nach dem Verkauf ihrer HGAA-Genussscheine der ABC Holding insgesamt knapp 2270000 Euro überwiesen hat. Allerdings auf ein Konto bei der Dexia-Bank in Luxemburg, während das ABC-Konto bei der HBLi erst im März 2009 – kurz vor Ausscheiden Berlins als Hypo-Vorstand – ausgeglichen wurde. Und zwar durch die interne Umbuchung einer angeblichen Honorarforderung in Höhe von 1,5 Millionen Euro. Für welche Leistung ist wieder einmal unklar. Zusammengefasst lässt sich jedenfalls sagen, dass Ježić – über den nachweislich in einem anderen Fall auch Schmiergelder für Sanader geflossen sind – selbst ohne dezidierten Auftrag, in Sachen kroatischer Notenbank tätig zu werden, allein schon aufgrund des eigenen Spekulationsgewinns von rund 700000 Euro an einem reibungslosen Verkauf der HGAA an die BayernLB größtes Interesse gehabt haben müsste.

- »Übernahme Brief«, vermerkte Wolfgang Kulterer für den *2. Juli 2007* um 12 Uhr einen Termin in seinem Kalender, ohne Inhalt oder Namen des Übergebers zu nennen. Sein nächster Termin um 14.30 Uhr könnte aber vielleicht ein Hinweis auf den Empfänger sein: Flug Klagenfurt—Zagreb, Abholung durch R. Ježić.
- Am *11. Juli 2007* ist es fix: Die Kroatische Nationalbank verweigert ihre Zustimmung zum Hypo-Deal. Am selben Tag trifft Hypo-Vorstand Josef Kircher im Casino Velden eine Managerkollegin aus Kroatien und übergibt ihr in einem Kuvert 200000 Euro. Die konspirative Art und Weise der Geldübergabe lässt vermuten, dass

es sich dabei auch um eine »steuerneutrale« Zahlungsverpflichtung gehandelt haben dürfte; das Geld jedenfalls stammte laut Gerichtsunterlagen vom Monarola-Schwarzgeldkonto.

- Zwei Tage später, am *13. Juli 2007*, besteht ein weiterer Bedarf an Schwarzgeld. Diesmal wird – nun bereits zum dritten Mal – auf das Liechtensteiner Konto der Kärntner Hilltop-Vermittler zugegriffen, auf dem nun endlich auch die ausgestellte Scheinrechnung an die Monarola (1,7 Millionen Euro) gutgeschrieben worden ist. Der vorhandene Restbetrag von knapp 280 000 Euro wird zur Gänze behoben und das Schwarzgeldkonto auf null gestellt. Es hat offensichtlich ausgedient.
- Vier weitere Tage danach, am *17. Juli 2007*, kommt es in Zagreb zu einem Treffen zwischen BayernLB-Chef Werner Schmidt, Tilo Berlin, einem bayerischen Staatsbeamten und dem Gouverneur der HNB Željko Rohatinski. Offen ist, ob es sich dabei um dasselbe Treffen handelt, das Tilo Berlin in seinen Aufzeichnungen beschreibt, zumal er darin den bayerischen Beamten mit keinem Wort erwähnt – und auch die Außentemperatur weit unter 41 Grad lag.
- Am *23. Juli 2007* trifft Wolfgang Kulterer – vermutlich ebenfalls in Zagreb – mit Mate Granić und einen Tag später auch mit Robert Ježić zusammen. Dass bei diesen Terminen auch das akute Problem mit der Kroatischen Nationalbank diskutiert worden ist, darf angenommen werden. Danach geht offensichtlich jeder des Trios einen Monat lang seine eigenen Wege.
- Denn erst am *24. August 2007* kommt es zu neuerlichen Einzelgesprächen zwischen dem Aufsichtsratschef der HGAA und den Hypo-Lobbyisten Mate Granić und Robert Ježić.
- Vier Tage später, am *28. August 2007*, schöpfen die BayernLB und die Berlin-Gruppe neuen Mut und stellen bei der HNB zum zweiten Mal einen Antrag auf Bewilligung zur Hypo-Übernahme.
- Kurz darauf, am *31. August 2007*, kommt es in Klagenfurt erneut zu einem Meeting zwischen Kulterer und Granić. An dieser Besprechung, die für 17 Uhr angesetzt ist, nimmt auch ein Vorstand der Hypo Leasing Holding teil. Das Treffen dürfte, wie spätere Ereignisse vermuten lassen, ebenfalls in Verbindung zu den Problemen mit der Zagreber Notenbank gestanden haben.
- Zumindest wird kaum eine Woche später, am *5. September 2007*, eine gewisse GMK Establishment ins Liechtensteiner Handels-

HYPO ALPE-ADRIA-BANK INTERNATIONAL AG
VDir. Josef Kircher

AKTENVERMERK

Der ehemalige kroatische Außenminister Dr. Granic wurde unterstützend für unser Haus im Zusammenhang mit der Zustimmung der kroatischen Nationalbank zur Übernahme des Mehrheitseigentums der Bayerischen Landesbank an der HYPO ALPE-ADRIA-BANK INTERNATIONAL AG tätig.

Beiliegender Beratervertrag zwischen der Monarola Invest Anstalt und Dr. Mate Granic wurde im Hinblick auf seine Interventionen und Hilfestellung im obgenannten Zusammenhang abgeschlossen.
Das vereinbarte Honorar idHv EUR 200.000 wird mit heutigem Datum von der Monarola Invest Anstalt an die genannte Kontoverbindung überwiesen.

Klagenfurt, 18.09.2007

Ergeht an:

VDir. Dr. Tilo Berlin
Dr. Wolfgang Kulterer

Honoraranweisung. Dieses interne Hypo-Schreiben beweist, dass auch Tilo Berlin als Chef der Kärntner Skandalbank über die Existenz von Schwarzgeldkonten in Liechtenstein unterrichtet war.

register eingetragen, die bereits weitere drei Wochen später der Hypo Leasing 400 000 Euro in Rechnung stellt. Grundlage dafür ist – wie schon in ähnlichen Fällen – ein erst kurz zuvor verfasstes *Consultancy Agreement*. »Zum Zeitpunkt des Abschlusses dieses Vertrags wurde mir mitgeteilt, dass der wirtschaftlich Berechtigte der GMK Dr. Mate Granić ist«, wird Josef Kircher später vor der Polizei aussagen. Der »genannte Vorwurf, bei der von der GMK gelegten Rechnung handle es sich um eine Scheinrechnung«, sei nicht richtig. Vertrag und Honorarvereinbarung seien von Kulterer ausverhandelt worden. »Ich habe jedenfalls mit der GMK nichts zu tun«, weist Kircher jeglichen Bestechungsverdacht zurück. Er hätte lediglich als HLH-Vorstand den Vertrag unterschrieben.

- Endlich: Am *12. September 2007* stimmt die Kroatische Nationalbank im zweiten Anlauf dem Verkauf der Hypo zu.
- Fünf Tage später stellt Mate Granić – laut Bankunterlagen – unter

kurzem Hinweis auf einen beigelegten Beratervertrag der »Monarola Invest Anstalt att. Dr. Gerold Hoop« eine Rechnung in Höhe von 200 000 Euro und ersucht um Überweisung auf ein Schweizer UBS-Konto. »Zusammengefasst wurde am 17.09.2007 eine Rechnung für einen Leistungszeitraum von 01. Januar 2007 bis 31. August 2007 gestellt, wobei der Vertrag dazu erst am 18. September 2007 von Dr. Mate Granić unterfertigt wurde«, heißt es dazu in den Ermittlungsunterlagen der CSI Hypo. Am Tag der Rechnungslegung erhält auch der Chef der Hypo Liechtenstein eine fallbezogene E-Mail: »Lieber Andreas«, bittet darin eine Klagenfurter Kollegin, »heute – hoffentlich zum letzten Mal – sende ich dir nochmal die ›final‹-Version der Rechnung und den Beratervertrag mit Herrn Granić. Bitte sag mir Bescheid, ob das in dieser Form ausreichend und in Ordnung ist«. Wie aus der weiteren Korrespondenz hervorgeht, dürfte dann doch noch etwas an der Form der beiden Dokumente gefeilt worden sein, da die unterschriebenen Originale erst eine Woche später in der Bank vorgelegen haben sollen. Eine Kleinigkeit wurde dabei trotzdem übersehen: Der in Rechnung gestellte Leistungszeitraum beginnt bereits am 1. Januar 2007 – die Monarola wurde aber erst am 21. Mai gegründet.

- Nichtsdestotrotz bezieht sich auch Hypo-Vorstand Josef Kircher bereits am *18. September 2007* auf diese zwei Schriftstücke und teilt »VDir Dr. Tilo Berlin« und Aufsichtsratschef Kulterer in einem Aktenvermerk mit, dass »das vereinbarte Honorar idH EUR 200 000 mit heutigem Datum von der Monarola Invest Anstalt an die angegebene Kontoverbindung überwiesen wird«. Das Memo, das auch die Unterstützung von Granić »im Zusammenhang mit der Zustimmung der kroatischen Nationalbank« hervorhebt, wird noch am selben Tag von Tilo Berlin mit einem »ok« versehen.
- Dann passiert mit der Schwarzgeldquelle der Hypo zwei Jahre lang nichts mehr, bis sie am *30. April 2009* – dem letzten Arbeitstag von Tilo Berlin als Hypo-Vorstand – endgültig versiegt: Da erteilt der glücklose Banker dem Liechtensteiner Treuhänder Gerold Hoop in einem persönlichen Schreiben die knappe Order, die Monarola Invest Anstalt »unverzüglich zu liquidieren«.

Group Management Board

HYPO GROUP
ALPE ADRIA

Herrn
Dr. Gerold Hoop
Hoop & Hoop Rechtsanwälte
Pflugstraße 7

FL-9490 Vaduz

Dr. Tilo Berlin
Vorstandsvorsitzender

phone +43 (0)50202-2900
fax +43 (0)50202-3899

tilo.berlin@hypo-alpe-adria.com

Klagenfurt, 30. April 2009
TBE/Mal

<u>**Monarola Invest Anstalt**</u>

Sehr geehrter Herr Dr. Hoop,

bezugnehmend auf das gestrige Telefonat bitten wir Sie, die oben genannte Anstalt unverzüglich zu liquidieren und den Liquidationserlös der Alpe Adria Privatbank AG unter dem Titel „Liquidationsmasse der Alpe Adria Privatbank AG" zu überweisen. Bezüglich der Kontoverbindung dürfen wir Sie ersuchen, sich mit Herrn Andreas Zogg in Verbindung zu setzen.

Mit freundlichen Grüßen

Dr. Tilo Berlin | Mag. Dieter Malle

HYPO ALPE-ADRIA-BANK INTERNATIONAL AG

Alpen-Adria-Platz 1
9020 Klagenfurt
Austria
Tel. +43 (0)50202-0
Fax +43 (0)50202-3000

BLZ 52200
DVR 0000892
UID: ATU 25775505
Fn 108415i/Klagenfurt
SWIFT/BIC HAABAT22

international@hypo-alpe-adria.com
www.hypo-alpe-adria.com

Schwarzgeldquelle. Noch an seinem letzten Arbeitstag in der Klagenfurter Hypo-Zentrale brachte Tilo Berlin eine der ergiebigsten Schwarzgeldquellen der Hypo endgültig zum Versiegen.

4 WEM DIE STUNDE SCHLÄGT

Blitz und Sturm auf Hypo-Kosten

Der dokumentierte Einstieg der Bank am Wörthersee in das Geschäft auf dem Territorium des zerfallenen Jugoslawiens begann zu einem Zeitpunkt, als auf dem Balkan noch die Waffen sprachen. Mit dem »Kreditvertrag Nr. 82« vom 10. Januar 1995 – die kroatischen Krajina-Offensiven* standen noch bevor – gewährten die Klagenfurter der Republika Hrvatska (RH) ein Darlehen in Höhe von damals 140 Millionen Schilling (rund 10 Millionen Euro) mit einer Laufzeit von fünf Jahren. Dieser »Kommerzkreditvertrag« wurde »ausdrücklich nicht im Rahmen der Hoheitsverwaltung abgeschlossen«, wobei es zu den Sicherheiten lapidar hieß, dass »der Hypo Bank genehme Pfänder erlegt werden«. Unterzeichnet hat diesen Vertrag auf kroatischer Seite nur der damalige Außenminister Mate Granić, was auf das Fehlen eines gültigen Regierungsbeschlusses hinweisen könnte.

»Der erste Kontakt zur Hypo kam, glaube ich, im Jahr 1994 über den damaligen österreichischen Außenminister Dr. Alois Mock zustande«, erinnert sich Granić im Mai 2012 bei seiner Zeugenvernehmung. Der junge Staat hätte Geld gebraucht, um »neue Botschaftsgebäude« zu errichten. »Ich lege Wert auf die Feststellung, dass mein damaliger Stellvertreter Dr. Ivo Sanader diejenige Person war, die diese Kreditgeschichte hauptverantwortlich abgehandelt hat«, blockt er eventuelle Vorwürfe von Haus aus ab. Er selbst hätte lediglich »drei persönliche Kontakte mit den verantwortlichen Bankmanagern der Hypo, namentlich Dr. Kulterer«, gehabt. Bei diesen Treffen wäre aber »der Botschaftskredit kein Thema« gewesen, es habe sich »um allgemein politische Gespräche gehandelt«. Beim dritten Treffen »anlässlich eines Skiurlaubes in Bad Kleinkirchheim 1996«, gibt der kroatische Ex-Politiker zu Protokoll, wäre auch ein »geplanter Expansionskurs der Hypo nach Bosnien thematisiert« worden.

* Operation Blitz (*Bljesak*): 1. Mai 1995; Operation Sturm (*Oluja*): 4. bis 8. August 1995

KREDITVERTRAG NR. 82

abgeschlossen zwischen

REPUBLIKA HRVATSKA
VLADA REPUBLIKE HRVATSKE
Trg. SV. Marka 2, HR-41000 Zagreb

(nachstehend "Kreditnehmer")

und

KÄRNTNER LANDES- UND HYPOTHEKENBANK AKTIENGESELLSCHAFT
Domgasse 5, A-9020 Klagenfurt
(nachstehend auch "Kreditgeber")

P R Ä A M B E L

Aufgrund eines Anbotes vom 31.08.1994 hat der Kreditnehmer den Kreditgeber um Zusammenstellung eines Bankenkonsortiums zur Bereitstellung eines Kredites in Höhe von ATS 140.000.000,-- mit einer vorläufigen Laufzeit von 5 Jahren ersucht. Die Kreditmittel werden für den Ankauf und die Ausstattung von Botschaftsgebäuden verwendet; daher ist Geschäftsgrundlage, daß die eingeräumten Kreditmittel kommerziellen Zwecken des Kreditnehmers im Rahmen seiner Privatwirtschaftsverwaltung dienen, sodaß dieser Kreditvertrag auf Seiten des Kreditnehmers als Kommerzkreditvertrag und ausdrücklich nicht im Rahmen der Hoheitsverwaltung abgeschlossen wird.

Die Aufnahme des Kredites durch den Kreditnehmer wurde am 05. Januar 1995 durch die Regierung der Republik Kroatien genehmigt. Der Kredit wird aus Mitteln des Staatshaushaltes der Republik Kroatien rückgeführt.

Skandalkredit. Bereits der erste Hypo-Kredit für die Republik Kroatien ist skandalumwittert: Für die Vermittlung soll der spätere Premierminister Ivo Sanader heimlich eine Provision erhalten haben.

Wie inzwischen bekannt wurde, hat Sanader für seine Vermittlerdienste eine Provision von umgerechnet 480 000 Euro eingesackt. Auszahlen sollte sich der Nebenverdienst allerdings nicht. Der langjährige Chef der konservativen HDZ*, der später auch als Premierminister Schmiergelder angenommen hat, ist 2012 von einem Zagreber Gericht wegen Korruption und Kriegsgewinnlertum zu zehn Jahren Haft und einer empfindlichen Geldstrafe verurteilt worden. Im Juni 2014 wurde das Urteil vom Obersten Gerichtshof in Kroatien auf 8,5 Jahre reduziert und ist seither rechtskräftig.

Obwohl das erste Kreditengagement der Kärntner Hypo für den jungen Tudjman-Staat jahrelang in einer Liste der kroatischen Devisenkontrolle aufschien, da es im Verdacht stand, schwarzen Transaktionen gedient zu haben, wurde die tatsächliche Mittelverwendung nie restlos aufgeklärt. Ein Umstand, der sich wie ein roter Faden durch einen großen Teil des kroatischen Hypo-Portfolios zieht. Die Basis dazu wurde bereits in den frühen Neunzigerjahren, während der Sezessionskriege im ehemaligen Jugoslawien, gelegt, das sich unter einem vierjährigen UN-Embargo befand.

Es war die Zeit der illegalen Waffenhändler und Embargobrecher, die ihre aberwitzigen Gewinne über Auslandskonten in halb Europa verschoben. Balkankenner behaupten dabei, das schmutzige Geschäft mit der verbotenen Ware hätte erst richtig zu florieren begonnen, nachdem Deutschland und Österreich durch ihre vorlaute Anerkennung Kroatiens zu Weihnachten 1991 den bis dahin nationalen Konflikt zu einem internationalen hochstilisiert hätten. Für die Kroaten war es ein Weihnachtsgeschenk. Radiosender spielten tagelang den Popsong »Danke Deutschland«, und Gemeinden benannten Straßen und Plätze nach den seinerzeitigen Außenministern Hans-Dietrich Genscher und Alois Mock um.

Doch es blieb nicht nur bei der verbalen Anerkennung: Egal ob Handfeuerwaffen vom baden-württembergischen Waffenhersteller Heckler & Koch oder ob Munition der österreichischen Marke Hirtenberger: »Die Durchfahrt der Lastwagenkolonnen aus Deutschland und Österreich dauerte oft bis zu einer Stunde, während die jeweiligen Geheimdienste interessiert in die andere Richtung schauten«, erzählt Marin Tomulić, ein ehemaliger Waffenlieferant und enger Tudjman-Vertrauter im Extrazimmer eines Pariser Hotels in

* HDZ: Hrvatska demokratska zajednica (Kroatische Demokratische Gemeinschaft)

der Rue des Plantes im 14. Arrondissement. Sein Vater hatte noch mit dem kroatischen Staatsgründer zusammen bei den Partisanen gekämpft. Er selbst war während des »Unabhängigkeitskrieges«, wie er die letzten Balkankriege nennt, eine Art Königsbote zwischen Zagreb und dem Élysée-Palast gewesen. Dort ging unter Jacques Chirac das historische Wohlwollen für Serbien – nicht zuletzt aufgrund seiner Geheimdiplomatie – auch mit einer diskreten Unterstützung der jungen Republik Kroatien einher. Die großen Geschäfte seien immer von Regierung zu Regierung gemacht worden, lässt Vladimir Zagorec während seines Auslieferungsverfahrens in Wien unverhohlen durchblicken: »Wir können gerne alles rekonstruieren. Waffen, Zahlungsflüsse, Seriennummern und so weiter. Die Frage ist nur, ob Kroatien und die involvierten Länder das auch wollen.«

Tatsache ist, dass die Zagreber Kriegsregierung über etliche Auslandskonten verfügte. Aufgrund der geografischen Nähe lockte vor allem Klagenfurt als bevorzugter Bankenplatz. So etwa wurden im Mai 1991, nachdem sich 93,2 Prozent der Wahlberechtigten in einem *Referendum über die Unabhängigkeit Kroatiens* für die Souveränität ausgesprochen hatten, allein bei der Bank für Kärnten und Steiermark (BKS) 13 Fremdwährungskonten eröffnet, auf die in der Folge Spendengelder aus der ganzen Welt eingingen. Zeichnungsberechtigt waren der spätere Kriegspremier Hrvoje Šarinić (damals noch Tudjmans Büroleiter) und Verteidigungsminister Gojko Šušak. Sämtliche Konten wurden im Juli 1998, drei Jahre nach der letzten Militäroperation »Sturm« in der Krajina, geschlossen. Der Geldfluss in den sieben Jahren ihres Bestehens betrug umgerechnet etwa 45 Millionen Euro. Für die Bank war das vollkommen in Ordnung. »Wir haben noch bei der kroatischen Regierung nachgefragt, ob das Geld nicht allenfalls für Waffeneinkäufe verwendet wird. Uns wurde das Gegenteil bestätigt«, zeigt sich der zuständige Kundenbetreuer etwas naiv.

Was immer das Gegenteil war – es ist seit Jahren Untersuchungsgegenstand der kroatischen Staatsanwaltschaft, da etliche Millionen von diesen Konten auch in private Kanäle geflossen sein sollen. »Allein über diese BKS-Konten in Villach sind wir auf 88 weitere Konten weltweit gestoßen«, stellte der stellvertretende Generalstaatsanwalt Lazo Pajić Anfang 2007 fest. Kurz darauf erließ Pajić – der bis zu seinem Tod im August 2011 als Chef der Antikorruptionsbehörde USKOK auch für die Causa Hypo zuständig war – einen Haftbefehl gegen Vladimir Zagorec, der sich damals bereits in Österreich niedergelassen hatte. Das Auslieferungsverfahren hat sich über ein Jahr hingezogen. »Österreich ist auch sonst nicht sehr kooperativ gewesen«, beklagte der kroatische Staatsanwalt die schleppende Zusammenarbeit. Das habe sich aber später, »als die Mühlen der Justiz auch in Klagenfurt zu mahlen angefangen haben, geändert. Von da an waren wir ein Teil des internationalen Untersuchungsteams.«

Im Gegensatz dazu hatte Pajić immer die volle Unterstützung von Staatspräsident Ivo Josipović. Der Sozialdemokrat, der bis Februar 2015 im Amt war, hat die Spielchen um Sanader, Zagorec & Co. nie mitgemacht und auch in der Causa Hypo Alpe Adria eine schnelle und rücksichtslose Aufklärung verlangt: »Es ist mir wirklich vollkommen gleichgültig, wer in die ganze Sache involviert ist. Das kann unser ehemaliger Premierminister oder der ehemalige bayerische Ministerpräsident oder sonst wer sein. Für alle müssen die gleichen Kriterien gelten.«

»Kein Mensch ist eine Insel«, griff auch Pajić gerne ein Zitat des englischen Dichters John Donne (1572–1631) auf. Hemingway hat darauf seinen wohl berühmtesten Roman aufgebaut: »Und darum verlange nie zu wissen, wem die Stunde schlägt – sie schlägt dir.«

Ein Kroate in Paris

Nein, er möchte lieber nicht vor dem Fenster sitzen, wehrt Marin Tomulić ab, als er zu einem Treffen ins Hotel Ibis in der Rue des Plantes kommt. »Eine alte Gewohnheit«, lächelt der Kroate und nimmt auf einem Stuhl mit dem Rücken zur Wand Platz. Tomulić, der in einem Pariser Vorort ein kleines Unternehmen betreibt, das sich auf die Renovierung von Wohnungen spezialisiert hat, war in einem anderen Leben Waffenlieferant für Kroatien und ist seither immer auf der Hut. Trotzdem will er seine Geschichte erzählen und niemanden in Schutz nehmen. »Ich bin nur an der Wahrheit interessiert«, versichert er. Und sein Anwalt, ein in Frankreich geborener Kroate, nickt zustimmend vor sich hin. Das Gespräch, das bei einem Mittagessen seinen Anfang nimmt und später in einer diskreten Kellerlobby vor den geschlossenen Konferenzräumen fortgeführt wird, dauert fast sieben Stunden. Die spannendsten Details erzählt Tomulić in den zahlreichen Rauchpausen, die im Freien stattfinden, wo sein Anwalt als überzeugter Nichtraucher nicht dabei ist. Zum Glück ist Tomulić nikotinsüchtig, was sich aber erst spät und eher zufällig herausstellte, weil er aus Höflichkeit nicht den Tisch verlassen wollte. Er lebt bereits seit seinem 16. Lebensjahr in Frankreich und ist nur mehr im Herzen ein typischer Kroate. Ansonsten hat er längst die Artigkeit seines Gastlandes angenommen und spricht selbst mit seinen kroatischen Freunden, wie es sich in Frankreich gehört, nur französisch. Genauso, wie er mit Anzug und Krawatte zum Déjeuner erschienen ist. Nur die Art, wie er seine Zigaretten ausdrückt, verrät zum Teil noch seine Herkunft: Er zerreibt die Glut zwischen Daumen und Zeigefinger, bevor er den Stummel in den überfüllten Aschenbecher legt.

Seine Erzählung beginnt mit dem 26. Juni 1990, der Unabhängigkeitserklärung Kroatiens, und endet mit der Ermordung einer prominenten Anwaltstochter im Oktober 2008. Die Geschichte ist ein Thriller, in dem Waffenhändler, Spione, Geisterfrachter und die Glücksspielmafia vorkommen. Aber auch der Zagreber Mafiaboss Hrvoje Petrač, Tudjmans Zahlmeisterin Biljana Sučić alias Tereza Barbarić sowie Vladimir Zagorec und die Klagenfurter Hypo Alpe-Adria-Bank. Man merkt schnell: Der Mann ist eine lebende Enzyklopädie, was die Entstehung Kroatiens und die Hintergründe betrifft. »Bis 1996 habe ich jeden Moment über alles Bescheid gewusst, was im Verteidigungsministerium vor sich ging«, behauptet der Partisanensohn, dessen Vater Seite an Seite mit Tudjman gekämpft hat. Und obwohl seine Familie 1964 nach Frankreich emigrierte – wo Tomulić, der sich schon als Junge für die Malerei begeistert hat, die École des Beaux-Arts in Paris absolvierte –, blieb sein Vater in regelmäßigem in Kontakt mit seinem alten Kampfgefährten. Nach der Unabhängigkeitserklärung schickte er seinen Sohn nach Zagreb, wo sich Tomulić mit Geheimdienstchef Manolić traf. Der war auf der Suche nach frischen Agenten, da die junge Regierung den meisten alten, die zum Teil noch unter Tito ausgebildet worden waren, nicht traute. Außerdem hatte Tudjman schon immer eine Schwäche für Leute aus der Diaspora, erst recht, wenn sie aus Westeuropa kamen. Der Kroate aus Paris nimmt den Posten eines *Missus dominicus* an und soll als Königsbote zwischen Zagreb und dem Élysée-Palast fungieren, wo man trotz der historischen Freundschaft mit Serbien längst auch schon Sympathien für Kroatien hegt. Nur Wochen später bekommt Tomulić unerwarteten Besuch von Leuten des französischen Inlandsgeheimdienstes. Die Agenten sind in Begleitung zweier Männer, die Tomulić als Jean-Claude Uthurry-Borde und Pierre Ferrario vorgestellt werden. Die beiden arbeiten für die belgische *Matimco Ltd.*, eine Gesellschaft, die dem internationalen Waffenhändler Jacques-Germain Monsieur gehört, der seine Waren vornehmlich in den Kongo und den Iran liefert. Monsieur Monsieur würde gerne auch mit Kroatien ins Geschäft kommen, erfährt Tomulić, der einen Kontakt herzustellen verspricht, zumal die Vertreter des belgischen Waffenhändlers versichern, dass sie über einen gewissen André Izdebski auch russisches Material liefern könnten. Eine Anforderung, die gerade in den Anfangsjahren des Kroatienkrieges von Bedeutung war, da die Kampftruppen in Ex-Jugoslawien hauptsächlich an russischen Systemen ausgebildet waren.

Tomulić staunt heute noch, wie leicht es gewesen ist, die Waffen trotz des Embargos nach Kroatien zu bringen. Und es seien einige Frachter gewesen, die von Frankreich aus ungehindert ihren Bestimmungshafen im slowenischen Koper erreicht hätten. »Die Löschungsgebühr betrug 250 000 Dollar pro Schiff. Die waren für den Verteidigungsminister«, gibt Tomulić eine Nebenerwerbsquelle des späteren Premierministers Janez Janša preis. Und dann erzählt er eine amüsante Anekdote: Als er das erste Mal nach Koper sollte, um eine Waffenladung auszulösen, sei der Flugverkehr über Jugoslawien bereits gesperrt gewesen. Daher habe er seinen Privatwagen nehmen müssen, worauf ihm vom Verteidigungsministerium der Fahrer eines Generals zugeteilt worden sei. Dieser habe bereits in einem kleinen Nebenraum gewartet, da er an den heiklen Vorgesprächen natürlich nicht teilhaben durfte. Auf dem Weg zur Garage habe ihn der Chauffeur, der offensichtlich ein Autonarr gewesen sei, nach der Fahrzeugmarke gefragt. Ein Mercedes S 280, sei die Antwort gewesen. Daraufhin soll Vladimir Zagorec ihn mit großen Augen angeschaut und gemeint haben: »Ich habe mir gerade einen Fiat Tipo auf Kredit gekauft und werde mir wohl nie einen Mercedes leisten können.«

Sand und Säbel

Das größte Problem bei einem illegalen Waffenexport sind die sogenannten End-User-Zertifikate, weiß Tomulić. Demnach muss jeder

Verkäufer im Besitz einer Regierungsbestätigung sein, dass die von ihm gelieferten Waffen in ein Land gehen, das auch welche kaufen darf. Dabei schauen kriegführende Staaten auch ohne offizielles Embargo automatisch durch die Finger. Er selbst habe diese Hürde immer mithilfe des Tschad genommen, der gegen eine entsprechende Gebühr als Empfänger aufgetreten sei. »Das Verteidigungsministerium in N'Djamena schickte die Gefälligkeitszertifikate direkt an die *Matimco* in Belgien, die dann die Ausfuhrpapiere für die französische Regierung vorbereitet hat.« Der Rest sei reine Routine gewesen: »Entsprechend der Hafendokumente ist ein Frachter unter panamaischer Flagge mit den Waffen von Rotterdam nach Lomé in Togo in See gestochen. Er hieß *Sable*, was ›Sand‹ bedeutet«, beschreibt Tomulić einen konkreten Fall. In Wirklichkeit habe das Schiff aber den Hafen in Haifa, Israel, angelaufen, wo die Waffen heimlich auf ein anderes mit einem ähnlichen Namen, nämlich *Sabre*, umgeladen worden seien. Das bedeute »Säbel« und hätte laut Tomulić bei einer Kontrolle genügt, »um Zweifel zu erzeugen«. Danach habe das Geisterschiff ohne Waffen seine Reise ordnungsgemäß in Richtung Golf von Guinea nach Westafrika fortgesetzt, während das beladene Ersatzschiff die Adria hinaufgefahren sei. Dort habe man nur noch warten müssen, bis die französische Marine vor der slowenisch-kroatischen Küste patrouillierte, um ungehindert Koper anlaufen zu können.

Tomulić: »Es ist fast pervers: Frankreich, Großbritannien, Deutschland, Österreich – alle waren sie für das Embargo, aber keiner hat es respektiert. Ich behaupte daher, dass es nicht notwendig war, auf dem Schwarzmarkt Waffen einzukaufen, weil alles auf legalem Weg beschafft werden konnte.« Seiner Meinung nach gehen weltweit sogar 80 Prozent der gehandelten Militärausrüstung in Länder, die mit einem Embargo belegt sind, »womit der Profit auch von jenen Staaten bestimmt wird, die formal die Waffenlieferungen verbieten«. Für Kroatien hätte es bisweilen sogar Mengenrabatte und versteckte Militärhilfe gegeben. »Von manchen Ländern haben wir Waffen um die Hälfte des Marktpreises bekommen«, behauptet Tomulić, der den »offiziellen Lieferungen«, wie er es nennt, auch eine gewisse Kontrollfunktion zuschreibt. »Dadurch konnte überwacht werden, wie viel und welche Waffen wir haben.« Abgesehen davon hätten die Geheimdienste der Transferländer stets Kopien der Bestellscheine bekommen. Dementsprechend reibungslos seien auch die Grenzübertritte verlaufen, wenn die Ware beispielsweise aus dem ehemaligen Ostblock stammte. »Als die LKW-Kolonnen kamen, gingen die Rampen einfach hoch und die Zollbeamten Kaffee trinken.«

Wie schon andere zuvor beziffert auch er den Wert sämtlicher Rüstungsgüter, die unter Umgehung der Sanktionen nach Kroatien geliefert wurden, mit zwei Milliarden Dollar. Allein die von ihm vermittelten Geschäfte hätten rund 400 Millionen ausgemacht. Dafür gebe es lauter »saubere Rechnungen«, die alle über die internationale Genossenschaft der Geldinstitute SWIFT bezahlt worden seien. »Die Überweisungen für *Matimco* zum Beispiel sind von der staatlichen Splitska banka über ein Transitkonto bei der Chase Manhattan in New York zu einer luxemburgischen Bank gegangen«, verrät Tomulić. »Kroatien hatte es in keinem Moment nötig, irgendwelche geheimen Konten zu haben. Es bestand auch kein Bedarf an Bargeld, da auch aus Kroatien alle Überweisungen auf legalstem Weg durchgeführt werden konnten.« Er hätte Bargeldzahlungen immer abgelehnt, allein schon, um kriminelle Netzwerke auszuschalten – und deshalb sei er auch Vladimir Zagorec immer ein Dorn im Auge gewesen.

Der General und der Pate

Tomulić hält nicht viel von General Čermaks ehemaligem Chauffeur. Čermak war Chef jener Abteilung, die Tudjman 1991 zur Aufrüstung Kroatiens eingerichtet hatte, im Gegensatz zu seinem Fahrer aber völlig unbedarft, was Waffen betraf. So sei Zagorec allmählich an Čermaks Stelle gerückt, meint Tomulić. Als Waffenhändler habe er mit dem Emporkömmling erst zu tun gehabt, als dieser bereits »ein etwas größerer Player war«. Zagorec habe ihn danach allmählich aus dem Geschäft gedrängt und begonnen, »verdächtige Transaktionen auf eigene Rechnung zu machen«. Und zwar über mehrere Unternehmen im Ausland, die das Beschaffungsamt des Verteidigungsministeriums – also ihn selbst – zu weit überhöhten Preisen beliefert hätten. »So kam er an viel Geld«, behauptet Tomulić. An die Namen der Unternehmen könne er sich nicht erinnern. Er wisse aber von Rechnungen an Firmen auf den Jungferninseln und in Österreich. Später fällt ihm doch noch ein Name ein: The Trading

Exchange Ltd. auf der Isle of Man. Die Gesellschaft wurde laut einer Internetmeldung im Juni 2005 an einen schwedischen Glücksspielkonzern verkauft.

Einer der engsten Mitarbeiter Zagorecs sei Hrvoje Petrač gewesen. »Ich habe ihn nur einmal persönlich getroffen«, erzählt Tomulić und blickt dabei in die Ferne, als wolle er sich die Begegnung auch visuell in Erinnerung rufen. »Er ist eine Schöpfung von Zagorec: Alles, was er heute ist, verdankt er ihm«, fährt er nach einer Weile fort. Zuvor sei Petrač Buchhalter in einem kleinen Unternehmen, in einem Hochland nördlich von Zagreb, gewesen. Für Tomulić war Petrač eine Art Geldeintreiber. »Das Verteidigungsministerium ist einer der größten Auftraggeber im Lande, und viele Firmen sind auf die pünktliche Bezahlung angewiesen«, deutet er ein gängiges Unternehmerschicksal zu einem lokalen Spezifikum um. Doch Zagorec hätte ein ungeschriebenes Gesetz eingeführt: »Wer sofort bezahlt werden wollte, musste zehn Prozent des Auftragswertes an ihn abtreten.« Als Interventionsprovision sozusagen, und Petrač sei für das Inkasso zuständig gewesen. Das Geld soll auf Konten in Österreich und Liechtenstein gegangen sein. »Irgendwann ist es zum Streit zwischen den beiden gekommen«, meint Tomolić. Wer ihn ausgelöst hat und ob er über die Aufteilung des Geldes entstanden ist, weiß er nicht. »Jedenfalls hat sich Petrač eines Tages entschlossen, Zagorecs Sohn zu entführen.« Tomulić kann auch nicht sagen, ob der Ex-General, wie in Zagreber Unterweltkreisen behauptet wird, auch am illegalen Glücksspiel beteiligt war. Bei Petrač indes hält er das für erwiesen: »Er hat auch die Ermordung von Vjeko Sliško bestellt.« Der Spielautomaten-König, der auch im Drogenhandel mitmischte, war Ende März 2001 bei einer Schießerei am helllichten Tag ums Leben gekommen. Ein Sprecher des Innenministeriums hatte den Vorfall »als typische Abrechnung im Mafiastil« bezeichnet. Der Pate, der in den Jahren zuvor bereits vier Mordanschläge überlebt hatte, kontrollierte nicht nur den Großteil des illegalen Glücksspiels: Er war auch Konzessionsträger mehrerer offizieller Spielcasinos. Die Bewilligungen wurden damals vom Innenministerium vergeben, sofern man eine Kaution von fünf Millionen Dollar in Form einer Bankgarantie vorweisen konnte. Angeblich hat man mit der Genehmigung auch eine Namensliste bekommen, an welche Politiker oder Parteien eine monatliche Abgabe zu leisten sei. Wer die Liste ignorierte, lief Gefahr, die Konzession zu verlieren.

Ein Beispiel dafür ist die Favorit d.o.o., eines der größten einschlägigen Unternehmen des Landes. Hier hat, nur einen Tag nachdem sich der Betreiber geweigert hatte, weiterhin seiner stillen Verpflichtung nachzukommen, die Bank ihre Garantiezusage widerrufen, womit das Unternehmen auch die Konzession verlor. Bei der Bank hat es sich angeblich um die Hypo-Kroatien gehandelt, deren damaliger Leiter Karl Heinz Truskaller auch privat Kontakt zur Zagreber Unterwelt gehabt haben soll.

Dass es bei diesem Geschäft mitunter keine Gnade gibt, kann auch Tomulić bestätigen. Er will es sogar von Josip Manolić aus erster Hand wissen: Sliško soll nämlich am Tag vor seiner Ermordung Tudjmans langjährigen Geheimdienstchef um Hilfe gebeten haben, weil er erfahren hatte, dass er ermordet werden sollte. »Aber Manolić hat ihm gesagt, dass er nichts für ihn tun kann, weil es zu spät ist«, fasst Tomulić ein Gespräch mit seinem Freund und ehemaligen Förderer zusammen. Dieser habe ihm auch angedeutet, dass Politiker in den Mord verwickelt seien. Verfolgt man Medienberichte aus dieser Zeit, findet sich sogar eine indirekte Spur ins Verteidigungsministerium: Der Mörder, der bei dem Attentat selbst getötet worden ist, war Zagreb-Repräsentant des belgischen Waffenlieferanten *Matimco* und ein enger Geschäftspartner von Vladimir Zagorec. »Selbst dann noch, als Kroatien schon lange keine Waffen mehr brauchte«, behauptet Tomulić. Zagorec habe immer uneingeschränkt agieren können. Der Mann sei auf einmal so mächtig gewesen, dass ihn sogar Manolić gefragt hätte: »Tomulić, sag mir: Womit hat Zagorec Tudjman in der Hand?« Was immer er seinem väterlichen Freund geantwortet haben mag – heute schweigt er dazu.

Tudjmans Königsbote

Tomulić muss Tudjman sehr nahegestanden haben. Trotzdem unterscheidet er sich von jenen Nationalisten, mit denen sich der Staatsgründer sonst umgeben hat. Er hat nichts Fanatisches an sich, obwohl er offensichtlich ein leidenschaftlicher Kroate ist. Er verteidigt die Sezession Kroatiens genauso, wie er »die Verbrechen, die verübt wurden«, angeblich verurteilt. Nur auf Tudjman selbst lässt er nichts kommen, auch wenn er »wegen seiner konservativen Art« nicht immer einer Meinung mit ihm gewesen sein will. Er habe es auch stets gehasst, mit ihm auf den Fußballplatz gehen zu müssen, wenn sein Lieblingsverein, der FC Dinamo, spielte, der zu Tudjmans Lebzeiten FC Croatia hieß. »Da saß ich in der ersten Reihe in der Präsidentenloge, mitten im Krieg, unter lauter Politikern. Ich fühlte mich wie im Kommunismus«, erinnert sich Tomulić. Ähnlich habe er empfunden, als Tudjman starb. »Da wurde angeordnet, dass sein Tod erst nach 15 Tagen bekannt gegeben wird«, lüftet er ein bisheriges Geheimnis. »Man muss sich das vorstellen: Seine Familie musste mitspielen und weiterhin jeden Tag ins Krankenhaus gehen, als wäre nichts geschehen.«

Tomulić steckt auch in Bezug auf die Hypo voller Überraschungen. So etwa behauptet er, dass bereits 1992/93 die ersten Geldkoffer von Zagreb nach Klagenfurt gebracht worden seien. Er habe das damals zufällig bei einem Gespräch »mit dem Direktor der Bank« erfahren. Es sei eine lockere Unterhaltung gewesen, bei der ihm der Mann auch erzählt habe, dass er gerade in Slowenien ins Glücksspiel investiere. Auf die Frage, ob es sich dabei um ein Engagement der Bank oder des Bankdirektors gehandelt habe, antwortet Tomulić etwas verwirrend: »Die Bank hat nicht investiert, sondern der Direktor, aber er war die Bank.« Was immer damit gemeint sein mag: Die Bankchefs hießen damals Wolfgang Kulterer und Jörg Schuster. Ersterer ist im November 1992 in den Vorstand berufen worden. Kurz zuvor hatte die Kärntner Landes- und Hypothekenbank AG die Grazer Wechselseitige Versicherung als Partner ins Boot geholt, das damals in finanzieller Schieflage war und zu kentern drohte: Die Bilanzsumme belief sich auf 1,87 Milliarden Euro. Vierzehn Jahre später, als Kulterer als Vorstand der Bank ausscheiden musste, sollten es 40 Milliarden mehr sein.

Mit wem Tomulić diese ominöse Unterhaltung führte, wird sich wahrscheinlich nie klären lassen. Den Namen des Gesprächspartners wisse er nicht mehr. Er glaube auch nicht, dass er ihn wiedererkennen würde; es sei schon so lange her. Außerdem sei das Ganze nur Small Talk gewesen, da der Grund des Treffens ein anderer war: Tudjmans Königsbote sollte im Auftrag des Innenministeriums Beweise gegen Zagorec sammeln, der schon damals im Verdacht stand, größere Summen unterschlagen zu haben. Diese Untersuchungen hätten Tomulić auch nach Klagenfurt geführt. »Da ich kein Finanzfachmann bin, habe ich Biljana Sučić mitgenommen. Sie war Bankdirektorin in der staatlichen Privredna-Bank und die einzige Expertin für Auslandstransaktionen in Kroatien.«

Ob man der Geschichte glauben will, ist Geschmackssache. Nur, welchen Grund sollte Tomulić heute dafür haben, jemanden zu belasten, dessen Namen er längst vergessen hat? Darüber hinaus vermittelt er glaubhaft den Eindruck, dass ihm der Hypo-Skandal an sich ziemlich egal ist. Ihm scheint es eher darum zu gehen, jene an den Pranger zu stellen, die sein geliebtes Kroatien hintergangen haben. Er verachtet Zagorec, das ist offensichtlich, und vermutlich hasst er ihn sogar: Immerhin soll er zwei Mordanschläge auf ihn organisiert haben. Trotzdem nimmt er ihn bei der sogenannten Juwelen-Affäre in Schutz und glaubt nicht, dass er sie gestohlen hat. Er hält die Anschuldigungen vielmehr für einen Racheakt von Hrvoje Petrač und Biljana Sučić, die auch als Hauptbelastungszeugen vor Gericht auftraten. »Vielleicht hat er seine Schulden bei ihnen nicht beglichen«, sucht Tomulić selbst nach einer Begründung. Wobei für ihn Sučić überhaupt »der Schlüssel zu allen Fragen« sei: »Sie hat wahrscheinlich Zagorec auch von dem Treffen mit der Hypo erzählt und ihn auf die Idee gebracht, mit der Bank Kontakt aufzunehmen.«

Was den Vorwurf der Unterschlagung betrifft, hegt Tomulić hingegen keine Zweifel. Diesbezüglich lägen in Kroatien schon lange konkrete Beweise vor. Dass sie bisher noch nicht auf den Tisch gelegt wurden, erklärt er mit dem Umstand, dass auch Zagorec »gewisse Leute in der Hand hat«, vor allem mit Dokumenten aus seiner Zeit als Waffenhändler, die u. a. auch den späteren Staatspräsidenten Stipe Mesić (2000–2010) beträfen. Dabei soll es auch um Kopien von Unterlagen zu einem Waffengeschäft mit Saddam Hussein gehen, an dem auch die Serben beteiligt gewesen seien. Konkret habe es sich um Scud-Raketen gehandelt, die 1992 aus einem Waffenlager im Kosovo nach Kroatien die Magistrale hinauf bis Rijeka und dann per Schiff über Syrien in den Irak gelangt seien. 2002/2003 sei die Sache fast aufgeflogen, erzählt Tomulić. Da hätten die Amerikaner vom kroatischen Staatspräsidenten die Unterlagen zu dem Transport verlangt, um ihre geplante Irak-Invasion rechtfertigen zu können, die sie bekanntlich mit dem Besitz von Massenvernichtungswaffen begründet hatten. Gleichzeitig habe man aber Mesić »von anderer Seite« gedroht, seine Beteiligung an dem Deal auffliegen zu lassen, sollte er die Papiere herausgeben, behauptet Tomulić. Daraufhin habe der von zwei Seiten Bedrohte die Unterlagen eigenhändig vernichtet – und will von diesen Waffenlieferungen nichts mehr wissen.

Es ist irgendwie typisch für den »Kroaten« Tomulić: Der Waffendeal mit dem Irak selbst scheint ihn nicht sonderlich zu bewegen. Was ihn jedoch sichtbar aufregt, ist die Tatsache, dass ihn die Kroaten zusammen mit den Serben – »unseren historischen Feinden«, wie er es sieht – durchgezogen haben. Und selbstverständlich habe Tudjman von der Sache keine Ahnung gehabt, das wisse er »zuverlässig«, während sein Freund Manolić, der Geheimdienstchef, »nur etwas davon hörte, aber nicht wusste, worum es genau geht«. Allerdings so, wie er es sagt, fast flehentlich, klingt es mehr nach einer Hoffnung als nach einer Behauptung.

Fest überzeugt ist Tomulić indes, dass der Mord an der Anwaltstochter Ivana Hodak – deren Vater auch der Verteidiger Zagorecs war – einen politischen Hintergrund habe und vom kroatischen Geheimdienst mit zu verantworten sei, »der schon seit 60 Jahren mit der Balkanmafia eng zusammenarbeitet«. Die gleichzeitige Abwesenheit des Premierministers Ivo Sanader, des Staatspräsidenten Stipe Mesić, des Innenministers und des Polizeichefs zum Zeitpunkt des Mordes am 6. Oktober 2008 sowie die anschließende Ernennung des Geheimdienstchefs Tomislav Karamarkos zum neuen Innenminister seien für ihn kein Zufall. Verdächtig sei für ihn darüber hinaus, dass am Tag des Geschehens weder er noch sein Anwalt Kontakt mit Zagreb habe aufnehmen können: »Die Telefonleitungen haben einfach nicht funktioniert.«

Der mögliche Hintergrund dazu: Ivana Hodak hatte für Tomulićs Anwalt eine Privatklage gegen Mesić verfasst, der dem Pariser Advokaten während einer TV-Sendung öffentlich empfohlen hatte, eine psychiatrische Klinik aufzusuchen und sich behandeln zu lassen. Das allein wäre natürlich kein Anlass für ein Mordkomplott. Die Ursache des Ausspruchs von Mesić schon eher: Die beim UN-Tribunal in Den Haag eingebrachte Klage gegen den früheren Staatspräsidenten wegen illegaler Waffenlieferung an den Irak stammte von dem Pariser Anwalt.

»Sollte dieser Mord jemals aufgeklärt werden«, warnt Tomulić, »dann wird es für einige Politiker in Kroatien eng.« Aber auch für Petrač, Zagorec und die Hausbank der Balkanmafia. Zagreb dürfe nicht Beirut werden, empörte sich Ivo Sanader zwei Wochen nach dem Hodak-Mord, als auch auf den Petrač-Freund und *Nacional*-Herausgeber Ivo Pukanić ein tödliches Attentat verübt worden war: »Wir werden mit der organisierten Kriminalität, der Mafia und dem

Terrorismus vollständig aufräumen.« Der Kroate in Paris hat die Botschaft vernommen: »Ich glaube nicht, dass ich es erleben werde.«

Bank der Balkanmafia

Aufgrund ihrer Nähe zum illegalen Waffenhandel befand sich die Affäre rund um die HGAA von Anfang an auch im Visier mehrerer Geheimdienste: angefangen vom deutschen Bundesnachrichtendienst (BND) über den französischen Inlandsnachrichtendienst DCRI bis hin zur amerikanischen CIA. Am intensivsten befasste sich der kroatische Inlandsgeheimdienst SOA mit den Geschäften der Bank. In einem 76 Seiten starken Dossier vom November 2007 wird auch das System, das die unterschiedlichen Transaktionen und Akteure miteinander verbindet, detailliert beschrieben. Generell ging es dabei um eine Neuverteilung der Reichtümer aus den Nachfolgestaaten Jugoslawiens. Dazu brauchten die Kriegsgewinnler der Sezessionskämpfe ein ebenso unauffälliges wie bedenkenloses Geldinstitut, über das sie ungeniert die Millionentransfers ihrer Privatisierungsgewinne abwickeln konnten – und die Kärntner Hypo entsprach genau diesem Profil.

Der SOA-Report, dessen Existenz in Kroatien bis heute geleugnet wird, behauptet, Franjo Tudjman, der autokratische Staatschef Kroatiens, habe Mitte der Neunzigerjahre gemeinsam mit seinem Vertrauten Ivić Pašalić, dem Generalsekretär der nationalistischen Regierungspartei HDZ, den Plan geschmiedet, »200 Familien die Verfügungsgewalt über das kroatische Staatseigentum« zu übertragen. Pašalić sei deshalb in Verhandlungen mit der Hypo Alpe-Adria-Bank (HAAB) getreten, die damals noch den bescheidenen Namen Kärntner Landes- und Hypothekenbank trug. Die politische Spitze habe sich für die HAAB entschieden, heißt es in dem geheimen Schriftstück, »weil sie mit Hilfe dieser Bank mehr als eine Milliarde Dollar unterschlagenes Staatsvermögen in Umlauf bringen konnte, das über Pseudoinvestitionen, die von der HAAB erdacht worden waren, kontinuierlich über Italien, Liechtenstein oder die Schweiz wieder zurück nach Kroatien oder in andere Republiken des ehemaligen Jugoslawien floss«. Wobei unklar bleibt, ob die kroatischen Ermittler damit auch auf Vermutungen anspielen, nach denen Nationalistenkreise rund um Tudjman bereits vor dem Zerfall Jugoslawiens hohe

Devisenbeträge von Staatsfirmen abgezweigt und in Klagenfurt gebunkert haben sollen. Diesbezüglich soll es im Spätsommer 1989, also fast zwei Jahre vor Ausbruch der Sezessionskriege, in einem Café in der Klagenfurter Bahnhofsstraße mehrere Treffen auch mit Vertretern der Hypo gegeben haben.

»Durch den Erwerb attraktiver Standorte in Istrien, anschließend in Dalmatien und später auch in Kontinentalkroatien sicherte man mit Rückendeckung der politischen Elite einerseits die Geldwäsche und andererseits auch das Einkommen der neuen ›Staatsstruktur‹ langfristig ab«, heißt es weiter in dem Report. Die Köpfe hinter dem ausgeklügelten Finanzkarussell seien auf kroatischer Seite der Tudjman-Berater Ivić Pašalić und auf österreichischer Seite die früheren Hypo-Vorstände Wolfgang Kulterer und Günter Striedinger – aber auch Jörg Haider gewesen. Sie hätten die HAAB von Anfang an »als Dienstleistungsbetrieb der politischen, medialen und wirtschaftlichen Tycoon-Oligarchie konzipiert«, vermuten die Agenten, »wobei mit dieser Bank beinahe jeder kooperieren konnte, der in Verbindung zum organisierten Verbrechen oder zur Pašalić-Gruppe stand«.

Die meisten Namen, die der kroatische Inlandsgeheimdienst dann auflistet, rufen bei ehemaligen Hypo-Managern amüsierte bis furchterregende Erinnerungen hervor:

Ivić Pašalić, der von der Hypo auch einen Kredit in Höhe von 30 Millionen Euro erhielt, um in Zagreb ein Einkaufszentrum zu errichten, das freilich nie den Baubeginn erlebte. Der »Doktor«, wie ihn der Volksmund nennt, und ehemalige Direktor des Zagreber Gefängnisspitals trat als einer der Ersten der HDZ bei und stieg schon bald zum innenpolitischen Berater Tudjmans auf. Durch seine Machtposition brachte er alle staatlichen Institutionen auf rechten Parteikurs, wozu er auch öffentlich stand und notfalls das Gesetz beugte: »Das Gerichtswesen hat die nationalen Angelegenheiten zu unterstützen.« Nach Tudjmans Tod und der Niederlage der HDZ kam es zwischen Pašalić und dem neuen Parteivorsitzenden Ivo Sanader innerparteilich zu einem offenen Schlagabtausch, bei dem sich Sanader – der angeblich nur durch Wahlbetrug an die HDZ-Spitze kam – letztlich durchsetzte. Politisch trat Tudjmans Spindoktor daraufhin nur noch zweimal kurz in Erscheinung: Zuerst mit einer eigenen Partei und 2005 als Präsidentschaftskandidat. Dann wurde es verdächtig still um den promovierten Mediziner. Seit Anfang 2014 ist er allerdings wieder im Gespräch – wenn auch nur in Klagenfurt, wo er wegen eines dubiosen Hypo-Kredits aus Liechtenstein in der Beschuldigtenliste an 129. Stelle aufscheint.

Miroslav Kutle, einer der Mitbegründer der HDZ, der dank großzügiger Summen aus Klagenfurt vom kleinen Cafétier zum Tycoon aufstieg und in seiner Glanzzeit über ein Imperium von 150 Firmen, einen Verlag und eine Kaufhauskette verfügte. Allerdings soll der aus Bosnien stammende Diplomjurist, der als Achtjähriger nach Zagreb kam, in etlichen Fällen nur Treuhänder für ranghohe HDZ-Funktionäre gewesen sein. Der heute 57-Jährige gilt als eine der kroatischen Schlüsselfiguren in der HGAA-Affäre und ist in seiner Heimat wegen dubioser Privatisierungsgeschäfte bereits mehrmals zu einer Haftstrafe verurteilt worden. Zurzeit befindet er sich vor einer dieser Strafen auf der Flucht und wird von Interpol gesucht.

Ninoslav »Nino« Pavić, Gründer der Europapress Holding (EPH) und Herausgeber der zweitgrößten Tageszeitung *Jutarnji List* und u. a. des *Globus*, eines Wochenmagazins, das in Kroatien etwa den Stellenwert wie *profil* in Österreich oder *Focus* in Deutschland hat. Seit Dezember 1998 ist die Essener WAZ Mediengruppe (inzwischen Funke Mediengruppe) mit 50 Prozent an der EPH beteiligt. Hinter den Anteilen von Pavić wird eine geheimnisvolle »Grupa« vermutet, der auch hohe HDZ-Funktionäre und ehemalige Regierungsmitglieder angehören sollen. Im März 2003 explodierte unter Pavićs Auto eine Bombe. Der Verleger, der nicht im Wagen war, blieb unverletzt. Der Fall wurde nie aufgeklärt. Seit Anfang 2014 befindet sich die EPH, die allein bei der Hypo über 30 Millionen Euro Schulden hat, in einem sogenannten Vorkonkursverfahren.

Goran Štrok, Amateurrallyefahrer und in England lebender Sohn eines engen Tudjman-Freundes aus Sezessionskriegstagen. Ihm hat die HAAB angeblich mit 130 Millionen Euro ermöglicht, fünf Luxushotels in Dubrovnik und Rijeka aus dem Privatisierungsfonds zu erwerben. Als er die Kreditraten nicht bedienen konnte, soll ihm die Bank zu einem weit überhöhten Preis die Anteile abgekauft haben. Seine Hypo-Geschäfte werden von der Staatsanwaltschaft Klagenfurt noch immer geprüft. Er scheint an 114. Stelle auf der Beschuldigtenliste auf.

Tomislav »Tomo« Horvatinčić, Zagreber Unternehmer, Großsponsor der HDZ und Gründer der HOTO-Gruppe, die sich auf Bürogebäude und Einkaufszentren spezialisiert hat. Mit wechselndem

Erfolg, wie es heißt. Ende 2005 kaufte die Hypo überraschend über ihre Immobilien AG den 22-stöckigen Hoto Business Tower und das Castellum Centar. Bei Ersterem handelt es sich um einen Büroturm, in dem die kroatische Telekom Hauptmieter ist; beim Castellum um ein Gebäude aus dem 19. Jahrhundert, in dem ein Bürokomplex und mit dem *Gallo* Zagrebs bestes Restaurant untergebracht ist. Es war der größte Immobiliendeal, der jemals in Kroatien abgewickelt wurde. Nur ein Jahr zuvor war die Errichtung bzw. die Renovierung der Immobilien von der Hypo finanziert worden, die den Kauf als Triumph vermarktete. Aber auch hier soll der Einstieg der Bank nur deshalb erfolgt sein, weil die HOTO-Gruppe die Kredite nicht bedienen konnte. Laut einer anderen Gerüchteversion aus Zagreb soll diese Vorgehensweise bereits vor Baubeginn abgesprochen worden sein. Kurz nach Übernahme der HGAA durch die BayernLB wurde auch der Business Tower deutsch und um 71,6 Millionen Euro an den Düsseldorfer Signa Property Fund verkauft. Wie hoch der Wertberichtigungsbedarf der Hypo bei diesem gigantischen Projekt war, wird bis heute verschwiegen.

Milan Naperotić, ehemaliger Gitarrist einer Hotelband und lange unentdeckt gebliebene Schlüsselfigur im Hypo-Skandal – vor allem in Istrien. Der Kroate arbeitete seit 1996 als Konsulent eng mit der HGAA zusammen und war später sogar als Geschäftsleiter für Istrien im Gespräch. Aus der Geschäftsbeziehung entstand eine langjährige persönliche Freundschaft zu Wolfgang Kulterer und Günter Striedinger, die auch zur Zusammenarbeit bei einigen privaten Immobilienprojekten führte. »Milan Naperotić war für mich eindeutig Drahtzieher, Schlüsselfigur und Mastermind hinter den Projekten Barbariga/Dragonera«, heißt es in einer Zeugenvernehmung. Inzwischen glaubt die Staatsanwaltschaft beweisen zu können, dass der Kroate zusammen mit Kulterer und Striedinger sogar Eigentümer eines dieser Projekte war, welche die Klagenfurter Bank mit fast 70 Millionen Euro finanziert hat.

Und natürlich taucht auch der Hypo-Großkunde *Vladimir Zagorec*, ein gelernter Geometer und einst Inhaber eines kleinen Jagdwaffengeschäfts in Velika Gorica, einer mittelgroßen Stadt südlich von Zagreb, in der illustren SOA-Liste auf. Der General hatte unter Umgehung des Waffenembargos den Nachschub für die kroatische Armee organisiert und sich nach seinem Ausscheiden aus dem Staatsdienst in Wien als Geschäftsmann niedergelassen. Dabei legte sich die

Nummer 3 der Beschuldigtenliste mit Hypo-Krediten vornehmlich in Istrien und Dalmatien ein riesiges Immobilienreich zu.

Laut SOA-Bericht gehören die Aufgezählten zu den größten Nutznießern bei der Umverteilung des kroatischen Staatsvermögens: »Hauptsächlich bekamen sie von der HAAB Kredite gewährt und halfen im Gegenzug der Bank bei der Realisierung von Projekten, die der Geldwäsche dienten.« Um die Idee zu verwirklichen, hätte Pašalić über Vermittlung des Austrokanadiers und ehemaligen Formel-1-Rennstallbesitzers Walter Wolf »erste Verhandlungen mit Jörg Haider und der HAAB« aufgenommen. Wörtlich heißt es dazu: »Um das Tudjman-Pašalić-Projekt abzusichern, vereinbarte man eine Kooperation zwischen dem Komitat Istrien und dem Bundesland Kärnten sowie den Eintritt der Bank in Istrien.«

Schon bald danach hätte die Hypo begonnen, »massenhaft billige Immobilien und landschaftliche Liegenschaften aufzukaufen«, wobei sie anfänglich in Konflikt mit einem örtlichen Tabakkonzern geriet, der dieselben Ambitionen verfolgte. Allerdings war das Rovinjer Unternehmen mit seinem Vorhaben bei der lokalen Regierungspartei Istarski demokratski sabor (IDS) und ihrem Parteiführer Ivan Jakovčić, einem engen Naperotić-Freund, stets auf Widerstand gestoßen – womit der Weg für das Kärntner Geldinstitut zu einem der größten Investoren und Immobilienentwickler in Istrien geebnet war.

Die politischen Handlanger

Am Beispiel Istrien wird deutlich, dass nicht nur die HDZ und ihre Adlaten in den jeweiligen Gespannschaften, wie die Bundesländer in Kroatien heißen, in die Hypo-Affäre verstrickt sind, sondern auch Politiker anderer Parteien. Im SOA-Bericht werden die Namen der politischen Handlanger quer durch die Fraktionen schonungslos angeführt:

Ivo Sanader, ehemaliger Intendant am Theater in Split und Tudjmans Nachfolger als Parteivorsitzender der HDZ. Der langjährige Premierminister (2003–2009) stammt aus einer strenggläubigen Arbeiterfamilie und studierte in Rom und Innsbruck Philologie, bevor er 1992 als Parlamentsabgeordneter in die Politik ging. Der Uhrenliebhaber, der in seinen Glanzzeiten auf eine stolze Sammlung von

150 zum Teil sehr teuren Exemplaren verweisen konnte, spricht neben Kroatisch fließend vier Sprachen und war von 1993 bis Anfang 2000 stellvertretender Außenminister seines Landes. Unter dem konservativen Tudjman war Sanader – dessen Privatvermögen, zu dem auch eine ansehnliche Kunstsammlung gehörte, inzwischen konfisziert wurde – innerhalb der Partei wegen seiner angeblichen Bisexualität immer klein gehalten worden. Nach Tudjmans Tod entmachtete Sanader als neuer starker Mann der HDZ als Erstes die ultrarechten Kreise, was ihm den Namen »Drachentöter« einbrachte, und lenkte die Partei in Richtung Mitte und auf einen klaren proeuropäischen Kurs. Als er am 1. Juli 2009 unerwartet seinen Rücktritt als Premierminister und Parteivorsitzender bekannt gab, wurde dieser Schritt sofort in Zusammenhang mit dem Hypo-Skandal gebracht. Laut einem Bericht der kroatischen Antikorruptionsbehörde USKOK vom August 2010 soll während seiner Regierungszeit die Korruption dem Land einen Schaden von mehr als zwei Milliarden Euro zugefügt haben. Der Ex-Premier wurde am 10. Dezember 2010 aufgrund eines internationalen Haftbefehls in Österreich festgenommen und in der Folge nach Kroatien ausgeliefert. Nur einen Tag vor seiner Verhaftung war seine parlamentarische Immunität überraschend aufgehoben worden.

Ivan Jakovčić, einst Župan von Istrien (2001–2013) und Ex-Parteivorsitzender der IDS (1991–2013). Er war in seinem Lande das, was Stoiber in Bayern und Haider in Kärnten waren. Der heutige Großgrundbesitzer stammt aus Poreć, studierte in Zagreb Außenhandel und stieg, nachdem er mehrere Jahre in der Privatwirtschaft als Exportmanager tätig gewesen war, 1991 als Vorsitzender der Istrischen Demokratischen Versammlung (IDS) in die Politik ein. Als die kroatische Opposition 2000 die Parlamentswahlen gewann, bildete Jakovčić mit den Sozialisten ein Jahr lang eine Koalitionsregierung, in der er Minister für Europäische Integration wurde. Nach dem Regierungsaustritt der IDS kehrte er nach Istrien zurück und gewann bei den Kommunalwahlen 2001 mit seiner Partei die absolute Mehrheit. Der Hobby-Sommelier, Koch und Golfer, der 2013 überraschenderweise nicht mehr bei den Kommunalwahlen antrat, war der am längsten amtierende Parteivorsitzende im modernen Kroatien und ist heute europäischer Parlamentsabgeordneter des jüngsten EU-Mitgliedstaates.

Stevo Žufić, Vorgänger von Jakovčić in der IDS und heute einer der erfolgreichsten Immobilienmakler in Poreć, dem ersten Firmensitz der Klagenfurter Hypo in Kroatien. Er war auch einer der ersten

Lokalpolitiker, die mit der HAAB in Berührung kamen, wobei Žufić mit Jörg Haider die umstrittenen Grundstückstransaktionen mit der Gemeinde Vodnjan (Barbariga/Dragonera-Affäre) eingefädelt haben soll. Dabei ging es um rund 1,2 Millionen Quadratmeter Naturschutzgebiet, das nach dem Verkauf an Hypo-Akteure für ein gigantisches Tourismusprojekt, das bis heute nicht zustande kam – und an dem auch Wolfgang Kulterer und Günter Striedinger zu je einem Drittel beteiligt gewesen sein sollen – umgewidmet wurde. Die von Žufić aufgebaute IDS gab ihr Debüt bei den Parlamentswahlen 1992, wo sie in allen drei istrischen Wahlbezirken eine Mehrheit errang. Der Wahlerfolg machte Istrien in der Folge auch zu einem besonderen Interessengebiet für Tudjman und seine HDZ, die in allen anderen Teilen Kroatiens dominierte.

Božidar Kalmeta, mehrmaliger Bürgermeister von Zadar und ehemaliger Minister für Meer, Verkehr und Infrastruktur, ein Ministerium, das früher auch für den Tourismus zuständig war. Der studierte Agronom war jahrelang Manager bei Maraska, einem der bekanntesten Getränkehersteller Kroatiens und Großkunden der HAAB. Der leidenschaftliche Jogger wurde 2003 unter Sanaders erster Regierung zum Minister ernannt. In der Folge war sein Ministerium in mehrere Skandale verwickelt. 2007 wurde sein Fahrer wegen Erpressung angeklagt, weil er einem Geschäftsmann 100 000 Euro für die Bevorzugung bei einer öffentlichen Ausschreibung von Kalmetas Ministerium abgeknöpft haben soll. Zwei Jahre später flog bei der Kroatischen Eisenbahngesellschaft ein Unterschlagungsskandal auf. Und im November 2009 trat sein langjähriger Staatssekretär unerwartet zurück, nachdem auch bei der staatlichen Autobahngesellschaft, dem größten Subventionsempfänger aus Kalmetas Ressort, eine Korruptionsaffäre bekannt geworden war. Zuletzt hatte die Autoceste im April 2010 von einem Bankenkonsortium, das unter der Führung der Hypo-Bank Kroatien stand, 100 Millionen Euro Kredit bekommen.

Milan Bandić, ehemaliges Mitglied der Sozialistischen Demokratischen Partei (SDP) und fünfmaliger Bürgermeister von Zagreb. Der 1955 in der Nähe des Städtchens Grude in der bosnischen Westherzegowina geborene Sohn eines Tabakbauern ist nicht ohne einen gewissen Charme. »Einem Stehaufmännchen gleich überstand der Politiker Korruptionsskandale und Niederlagen, um gleich darauf wieder gestärkt und populärer als zuvor aufzustehen«, schrieb *Die Presse* anlässlich der kroatischen Präsidentschaftswahlen 2009/2010, bei denen er als unabhängiger Kandidat auftrat, woraufhin er aus der SDP ausgeschlossen wurde. Bandić, der nach dem Zusammenbruch Jugoslawiens bis zu ihrer Auflösung in der Kommunistischen Partei blieb, kam als 19-Jähriger nach Zagreb und wurde 2000 zum ersten Mal Bürgermeister. Er hat den Ruf, einer der aktivsten Politiker in der Geschichte der Stadt zu sein, und gilt als besonderer Förderer der Hypo-Bank und der von ihr finanzierten HOTO-Projekte. Eines dieser Bauvorhaben provozierte im Spätsommer 2010 einen Massenaufstand in Zagreb, im Zuge dessen es zu 142 Verhaftungen kam. Zuvor hatten die Aktivisten tagelang in der Altstadt den Neubau eines Komplexes blockiert, der zwar über ein Einkaufszentrum und eine Tiefgarage verfügt, aber angeblich über keine Baugenehmigung. Während der Tumulte musste selbst der kroatische Staatspräsident und ehemalige Parteikollege von Bandić, Ivo Josipović, eingreifen und die Polizei auffordern, keine Gewalt anzuwenden. Den Bürgermeister selbst hat der Aufstand in der Altstadt kaum gestört. Er wohnt mit seiner geschiedenen Frau und Tochter außerdem in Neu-Zagreb in einer 240 Quadratmeter großen Duplex-Wohnung, die aus zwei zusammengelegten Appartements besteht, die einst zum Immobilienbestand der HGAA gehörten. Im November 2014 stand dann ganz Zagreb unter Schock: Da wurde das Stadtoberhaupt, über das es auch im Zusammenhang mit Hypo-Projekten schon immer Korruptionsgerüchte gab, »wegen einer großen Anzahl korrupter Handlungen und Amtsmissbrauch«, wie es in einer offiziellen Mitteilung der Korruptionsstaatsanwaltschaft USKOK heißt, überraschend verhaftet.

Auch alle anderen vorgenannten Politiker sollen laut kroatischem Geheimdienst sehr enge Verbindungen zur Klagenfurter Hypo gehabt haben. »Die SOA sammelte Informationen dieser Art, gab sie der politischen Führung weiter und wies darauf hin, dass hinter der HAAB der rechte Flügel der HDZ und deren engere Interessen stehen«, berichteten die Agenten des Innenministeriums pflichtbewusst und ohne Ansehen der Person. Immerhin war Sanader zum Zeitpunkt der Berichterstattung unumstrittener Premierminister von Kroatien. Dass die einzelnen Erkenntnisse der Geheimdienstler – außer jene über Vladimir Zagorec – trotzdem erst im Spätsommer 2010 über österreichische Medien für Schlagzeilen sorgten, obwohl der Bericht schon vorher auch auf einem kroatischen Webblog zu lesen war, spricht nicht nur für die Selbstsicherheit der handelnden Akteure, sondern auch für die lange Ignoranz der kroatischen Ermittlungsbehörden.

So etwa soll auch *Tomislav Karamarko*, der ehemalige Innenminister (2008–2011) und Ex-Direktor der kroatischen Geheimdienste (2004–2008), nur wenig Interesse gezeigt haben, den Hypo-Skandal in Kroatien hochzuspielen. Der in Zadar geborene diplomierte Historiker, der seit Mai 2012 Parteichef der Kroatischen Demokratischen Union HDZ ist, war nämlich mit seiner privaten Sicherheitsfirma Soboli jahrelang im Bereich *Business Intelligence* tätig und hat ab 2006 auch die Hypo Alpe-Adria-Bank als Kunden betreut. Die SOA-Leute vermuten dahinter ein reines Scheingeschäft: »Auffallend ist, dass Soboli seine Berichte anhand eines HAAB-Memorandums schreibt, was sich als besonders delikat in Bezug auf die Themen erweist, die im Text behandelt werden. Es wirkt, als hätte die HAAB selbst die Berichte geschrieben und überprüft, und nicht die beauftragte Firma.«

Heimliche Agenten

Über die pure Existenz des geheimen SOA-Berichts berichtete im Mai 2010 auch Andreas Förster in der *Berliner Zeitung*. Einzelne Details daraus gab es damals aber noch nicht. Der Journalist, der auf Geheimdienste spezialisiert ist, hat auch versucht, die Entstehungsgeschichte des von Zagreb verleugneten Dokuments zu recherchieren. Demnach hat der damalige BND-Resident in Kroatien, Ralf Bosse, seit 2006 verstärkt nach »strategischen Informationen« über die HGAA in Kroatien gesucht. Bosse interessierte sich dabei nicht nur für Informationen aus der Hypo Alpe Adria Gruppe selbst, sondern auch für die jeweilige Einstellung der kroatischen Politik, des Geheimdienstes und der Staatsanwaltschaft zu der Bank. Dazu habe der BND-Mann zu mehreren Informanten, darunter auch ein ehemaliger hochrangiger kroatischer Geheimdienstler, engen Kontakt gehalten.

Bei diesem Agenten könnte es sich um den 2005 im Laufe einer Abhöraffäre zurückgetretenen Chef der kroatischen Spionageabwehr POA, Franjo Turek, handeln. Die Hintergründe seines Rücktritts sind fast schon filmreif: Turek, der auch nach seiner Entlassung sein weitverzweigtes internationales Netzwerk pflegte, hatte sich geweigert, Sanaders Wunsch zu erfüllen und den britischen MI6 bei einer illegalen Abhöraktion in Kroatien zu unterstützen. Konkret ging es dabei darum, den damals auf der Flucht befindlichen Ex-General und Oberkommandierenden der Krajina-Offensive, Ante Gotovina, aufzuspüren und nach Den Haag auszuliefern. Die britischen Kollegen wollten dazu nicht nur sämtliche Telefongespräche aller Gotovina-Sympathisanten abhören (was praktisch halb Kroatien betroffen hätte, da der Ex-General noch heute vielerorts als Volksheld gilt), sondern sich während dieser Aktion auch in den Büroetagen der POA einnisten. Für den Direktor der Abwehr, der in der Flucht des beliebten Ex-Generals keine nationale Bedrohung Großbritanniens ausmachen konnte, ein unannehmbares Ansinnen. Im Endeffekt hat es ihn seinen Job gekostet, da Sanader bei seinen EU-Beitrittsgesprächen nicht zuletzt auch auf die Fürsprache Londons angewiesen war.

Tureks Nachfolger hatte diesbezüglich weniger Skrupel. Er versorgte die vom MI6 importierten Abhörvehikel, deren abgefuckte Erscheinung geschickt das mehrere Millionen teure Equipment verbarg, sogar mit kroatischen Nummernschildern. Obwohl Gotovina den James-Bond-Imitaten damals durch die Lappen ging, hat sich die Aktion für Kroatien anscheinend gelohnt: Zumindest hat England seine ablehnende Haltung zum EU-Beitritt revidiert. Für Ivo Sanader dürfte die Turek-Demission jedoch ein Bumerang geworden sein. Jedenfalls fällt auf, dass seither sukzessive Informationen über seine Verstrickungen im Hypo-Skandal durchsickerten, womit sein plötzlicher Rücktritt Anfang Juli 2009 in einem klareren Licht erscheint.

So ungewöhnlich die enge Zusammenarbeit der POA mit dem britischen MI6 war, so historisch sind die Verbindungen zwischen den kroatischen und den deutschen Nachrichtendiensten. Zu dem Thema gibt es bereits mehrere kompetente Bücher: Zum Beispiel *Deutschland und »seine« Kroaten* von Ulrich Schiller, in dem man erfährt, dass Stjepan Djureković*, der ehemalige Exportdirektor der INA, des

* Die Person Stjepan Djureković gilt als umstritten. In der Internet-Enzyklopädie Wikipedia etwa wird der ehemalige Industriemanager als exilkroatischer Dissident und Schriftsteller aufgeführt, der einst enge Kontakte in die politische und wirtschaftliche Spitze Jugoslawiens gepflegt und dabei Insiderwissen über hohe Funktionsträger erlangt haben soll. Vor seinem gewaltsamen Ende zählte der Kroate laut

größten Mineralölkonzerns Ex-Jugoslawiens, 1982 vom Belgrader BND-Residenten nach Deutschland geschmuggelt wurde, als ihm in seiner Heimat nach einer angeblichen Millionenunterschlagung der Boden zu heiß geworden war. Oder das Buch *Das Wiesel, das spricht (Lasica koja govori)* von Božidar Spasić, in dem der letzte Abwehrchef der jugoslawischen Geheimpolizei UDBA in seinen Erinnerungen kramt. Dort heißt es ergänzend zum Djureković-Fall, »dass Belgrad die ganze Dimension erst bewusst geworden ist, als die jugoslawische Präsidentschaft von der Veruntreuung plus Geldwäsche plus Spionage für den BND erfahren hat«.

Dementsprechend flott schickte die UDBA auch ein Killerkommando nach Deutschland, das den Verräter nur wenige Monate später in einer Garage im bayerischen Wolfratshausen hinrichtete. Sie hatte nationalistischen Exilkroaten als Druckerei für ihre antijugoslawischen Pamphlete gedient. Die Täter, unter denen auch der spätere serbische Freischärler Arkan gewesen sein soll, entkamen über die Grenze, noch ehe die Polizei alarmiert war. »Unsere Jungs waren da schon in Jugoslawien, tranken Whisky und badeten bei Sveti Stefan in der montenegrinischen Adria«, erinnert sich Spasić in seinen Memoiren. Zu dieser Zeit hätte der BND den kroatischen Geheimdienst schon längst in der Tasche gehabt. »Und da besaßen die deutschen Geheimdienstler weder einen Maulwurf noch einen Draht, der ihnen die Pläne zur Ermordung des kroatischen Überläufers im Juli 1983 gemeldet hätte?«, wundert sich Schiller. »Aber vielleicht ist ja alles anders gewesen.«

Wie es wirklich gewesen ist, könnte nun, 31 Jahre nach dem Attentat, tatsächlich ans Tageslicht kommen. Im Januar 2014 wurde der frühere Geheimdienstoffizier Josip Perković an Deutschland ausgeliefert. Der heute 68-jährige Ex-Agent im Generalsrang soll seinerzeit den Mord angeordnet haben und wurde seit 2009 vom deutschen BKA mittels Europäischen Haftbefehls gesucht. Für sachdienliche Hinweise auf seinen Aufenthalt hatte Interpol sogar 5000 Euro Belohnung ausgesetzt. Dabei lebte der Mann – dessen Sohn Saša übrigens bereits beim zweiten kroatischen Staatspräsidenten

Nachrichtenmagazin *Spiegel* zu den schärfsten Kritikern des damals sozialistischen Jugoslawiens und publizierte mehrere regimekritische Bücher, darunter die Titel *Kommunismus – der große Betrug* und *Ich, Josip Broz Tito*. Als unbestritten gilt, dass er in Jugoslawien für den BND arbeitete.

Sicherheitschef ist – jahrelang unbehelligt in einem Zagreber Nobelviertel, da alle Regierungen seit Tudjman ihre schützende Hand über ihn hielten.

Auch die jetzige Staatsführung hatte noch drei Tage vor Kroatiens EU-Beitritt am 1. Juli 2013 ein unter dem Namen »Lex Perković« bekanntes Sondergesetz verabschiedet, für das sich im Sabor, dem kroatischen Parlament, von rechts bis links eine breite Mehrheit fand. Demnach sollte die Anwendung eines Europäischen Haftbefehls in Kroatien auf Straftaten begrenzt bleiben, die nach dem August 2002 begangen wurden, womit praktischerweise auch die Zeit der Balkankriege (1991–1995) ausgegrenzt war. Betroffen hat die Ausnahmeregelung außer Perković noch etwa 20 andere politisch heikle Fälle, weshalb Bundeskanzlerin Angela Merkel aus Protest die offizielle EU-Beitrittsfeier schwänzte. Das beeindruckte Zagreb noch wenig: Die kroatische Regierung unter dem Sozialdemokraten Zoran Milanović lenkte erst ein, als EU-Justizkommissarin Viviane Reding dem neuen Mitgliedsland mit Sanktionen drohte. Das umstrittene Gesetz wurde daraufhin mit Wirkung vom 1. Januar 2014 novelliert und der von Deutschland veranlasste Haftbefehl vollstreckt.

In der Zwischenzeit hatte sich aber auch Perković zu Wort gemeldet. »Zu Morden habe ich keinerlei Verbindung«, verwahrte er sich in einem TV-Interview der *Deutschen Welle* gegen diese Unterstellung. Es gäbe absolut keine Berührungspunkte zu irgendeinem Tod. Er hätte lediglich »klassische nachrichtendienstliche Arbeiten verrichtet«. Außerdem habe nicht er, sondern sein Vorgesetzter die Bluttat in Auftrag gegeben. Und im Übrigen ginge es den deutschen Behörden bei ihrem Auslieferungsantrag gar nicht um den Mord: Sie seien vielmehr an den Vorgängen während des jugoslawischen Bürgerkriegs interessiert – und hier besonders an den illegalen Waffentransporten nach Kroatien während des UN-Embargos.

Dass es die international verbotenen Lieferungen tatsächlich gegeben hat, wird von dem Ex-Agenten gar nicht bestritten. Im Gegenteil: Er selbst habe »136 illegale Waffen- und Munitionstransporte organisiert, ohne eine einzige Kugel verloren zu haben«.

Der BND und seine Kroaten

Kenner der Materie behaupten, dass der kroatische Geheimdienst seit Ende der Achtzigerjahre quasi die Balkanfiliale des BND gewesen sei, und man habe lange darauf hingearbeitet: In der Nachkriegsära war Jugoslawiens Staatssicherheitsdienst noch strikt zentralistisch und serbisch orientiert. Ab 1966 kam es allerdings zu einer Föderalisierung innerhalb der UDBA, die (wie der militärische Abschirmdienst KOS) in der Nachkriegszeit aus der gefürchteten OZNA entstanden ist. Bald darauf war der kroatische Einfluss schon ähnlich groß wie der serbische. Die führenden Köpfe der Kroaten – wie etwa der spätere Geheimdienstchef und Kurzzeitpremier Josip Manolić – arbeiteten dabei insgeheim auf ein unabhängiges Kroatien hin. Das lag durchaus auch im Interesse Deutschlands, insbesondere nachdem Klaus Kinkel 1979 Chef des Bundesnachrichtendienstes wurde. »Das waren ganz enge Kontakte, aber sie mussten noch verdeckt abgewickelt werden«, erinnert sich ein ehemaliger Geheimdienstchef aus der Tito-Ära. Die heiße Phase hätte dann Ende der Achtzigerjahre begonnen, als aus dem internen Apparat, den die kroatischen Separatisten sukzessive aufgebaut hatten, der offizielle Geheimdienst des heutigen Kroatiens wurde. Spätestens ab Mai 1990 soll dieser wie ein Anhängsel des BND funktioniert haben. »Die deutsche Seite verlangte eine totale Unterordnung des kroatischen Dienstes, und sie hat sie auch bekommen«, weiß der ausgediente Tito-Agent.

Egal wie dominant die Forderungen des BND waren: »Die Kroaten wollten in die Unabhängigkeit und hätten dafür selbst mit dem Teufel Geschäfte gemacht.« Bei einem persönlichen Treffen zwischen Bundesaußenminister Hans-Dietrich Genscher und Manolić im Februar 1990 – kurz vor den ersten demokratischen Parlamentswahlen in Kroatien, das damals noch zu Jugoslawien gehörte – soll der deutsche Außenminister seinem Gegenüber nach heutigem Geld 400 Millionen Euro für den Freiheitskampf versprochen haben. »Manolić wollte das Geld gleich mitnehmen«, behauptet ein Beobachter der spendablen Geste, aber Deutschland habe ihn bis auf die Zeit nach den Wahlen vertröstet. Im März 1990 sind die Millionen dann auch tatsächlich von BND-Agenten in Zagreb übergeben worden – und zwar in Cash. Wobei sich der Mann noch heute wundert, »wie Genscher den Ausgabeposten an der Öffentlichkeit vorbei in seinem Budget untergebracht hat«.

Zugegeben, das ist viel Geld zum Tragen, aber die Deutschen haben dafür auch etwas bekommen. Konkret hatte Manolić bereits im Februar ein weitreichendes Geheimabkommen mit Genscher getroffen, das drei wesentliche Punkte betraf:

- Erstens die Zusammenarbeit des von Manolić kontrollierten Dienstes mit dem BND beim Vorgehen gegen Jugoslawien und Serbien im Speziellen.
- Zweitens wurde vereinbart, dass Manolić einen Teil seiner Informanten direkt dem BND unterstellte, was vor allem das Agentennetz in Belgrad betraf.
- Und drittens stellte der BND dafür im Gegenzug alle Aufklärungsergebnisse zur Verfügung, die er und befreundete NATO-Dienste in und über Jugoslawien sammeln würden; speziell was die Situation der Jugoslawischen Volksarmee JNA und ihre Truppenbewegungen betraf.

Im Grunde genommen kam der Deal einer kampflosen Übergabe Jugoslawiens an Deutschland gleich. »Im Februar 1990 hieß der BND-Chef nicht Klaus Kinkel, sondern Hans-Georg Wick, ehedem Botschafter in Moskau und BND-Chef von 1985 bis 1990«, erinnert sich Ulrich Schiller in seinem Buch über *Deutschland und »seine« Kroaten*. Doch der ehemalige Geheimdienstboss, sinniert Schiller, sei im Herzen immer Diplomat gewesen. »Ich habe Wick anlässlich einer Veranstaltung in Berlin um ein Gespräch über Kroatien gebeten. Die Antwort war ein bedauerndes Nein.«

Dafür war ein ehemaliger UDBA-Direktor dem deutschen Journalisten, Buchautor und Politaktivisten Jürgen Elsässer gegenüber umso gesprächiger. »Es gibt noch bessere Beispiele für die Macht des BND über seine kroatischen Partner«, erzählte er Elsässer, der laut *Frankfurter Allgemeine Zeitung* »zu den klugen Köpfen im Linksmilieu zählt, weswegen er dort auch keinen Einfluss hat.« So etwa habe der BND 1993/94 eine Säuberung des kroatischen Dienstes verlangt: »Alle Leute, die aus der Partisanenzeit stammten, mussten gehen – bis auf Tudjman, für den man keinen Ersatz gehabt hat«. Einer der Ersten, der dieser Säuberung zum Opfer fiel, ist Manolić selbst gewesen. Seinen Posten hat Tudjmans Sohn Miroslav bekommen, worauf der Geschasste mit Stipe Mesić, dem späteren kroatischen Präsidenten, und einigen anderen Frustrierten die HDZ verließ und eine eigene Partei gründete. Im Gegensatz dazu sei der Einfluss der US-Amerikaner geradezu harmlos gewesen. Auch als amerikanische Militärberater 1995 die kroatische Offensive zur Eroberung der Krajina dirigierten, sei dies auf Wunsch der Deutschen geschehen. »Kohl und Genscher wollten sich nicht die Finger schmutzig machen. Ein deutscher Militäreinsatz wäre auch verfassungsmäßig nicht gedeckt gewesen«, erfährt Elsässer. Dafür hätten die Deutschen heimlich Waffen geliefert, vor allem Restbestände aus den ehemals sozialistischen Ländern Polen, Tschechoslowakei und DDR – also Gerätschaften, mit denen die Kroaten bestens vertraut waren.

Glaubt man diesen Ausführungen, dann wurde Jugoslawien nicht nur von den Kroaten verraten, sondern der Sezessionskrieg von westlichen Mächten bewusst und aktiv gesteuert. Als humanitäres Feigenblatt musste der »serbische Nationalismus« herhalten, den es zu allem Übel auch wirklich gab. Der letzte Präsident von Titos Jugoslawien war der Kroate Stipe Mesić. Bei seiner Antrittsrede 1991 war für ihn das offensichtlich alles schon klar: »Ich werde der letzte Präsident Jugoslawiens sein. Nach dem Ende meiner Regierungszeit wird es dieses Land in dieser Form nicht mehr geben.«

Einige Jahre später, vor dem UN-Tribunal in Den Haag, sollte er mit dem Finger auf Slobodan Milošević, den letzten Präsidenten von Restjugoslawien – das nur mehr aus Serbien und Montenegro bestand – zeigen und sagen: »Sie haben Jugoslawien zerstört.«

Unerwünschte Aufzeichnungen

Was haben diese ganzen Geheimdienstschnurren mit dem aktuellen Hypo-Fall zu tun?, werden manche fragen. Die Antwort ist: Einiges! Denn die Zeit vor und nach den Sezessionskriegen war die Brutstätte der heutigen Affäre. Angefangen von illegalen Waffenhändlern über gewissenlose Embargobrecher bis hin zu korrupten und machthungrigen Politikern: Sie alle verdienten am Zerfall Jugoslawiens Unsummen, die sie über ausländische Banken – und speziell mithilfe der HGAA – beiseiteschafften. Nur wenn man die Geschichte und die Rolle der verschiedenen Protagonisten und Regierungen kennt, die dabei heimlich im Hintergrund die Fäden zogen, kann man auch die politische Dimension dieses europäischen Bankenskandals erkennen. Es ist auch nicht irrelevant, zu wissen, ob und an wen der

BND die Erkenntnisse aus dem – wenn auch umstrittenen, so doch aufschlussreichen – SOA-Bericht über die Hypo Alpe Adria weitergegeben hat.

Aus Pullach, dem Sitz der deutschen Schlapphüte, ist dazu nichts zu erfahren. »Der Dienst unterrichtet ausschließlich das Bundeskanzleramt sowie die zuständigen parlamentarischen Gremien über konkrete Aufklärungsziele«, wimmelt ein BND-Sprecher lästige Fragen ab. Interessant ist hier auch die Frage: Was war denn überhaupt das Ziel dieses Berichts? Sollten damit die Bayern vor dem Kauf der Klagenfurter Skandalbank gewarnt werden? Oder wurden damit in der Verhandlungsphase vielleicht sogar irgendwelche Leute erpresst? Man weiß es nicht und wird es vermutlich auch nie genau wissen – es sei denn, ein Insider, wie etwa der im Januar 2014 nach Deutschland ausgelieferte Josip Perković, verspürt irgendwann den Drang, sein Gewissen zu erleichtern, und sei es nur, um einer Mordanklage zu entgehen. Bis dahin muss alles reine Spekulation bleiben, wenngleich es Hinweise auf einige handfeste Motive gibt.

- Dafür, dass der geheimnisvolle Bericht in unmittelbarem Zusammenhang mit dem Verkauf der HGAA an die BayernLB steht, spricht allein schon der Berichtszeitraum vom 2. Mai 2007 bis 8. November 2007. Das war bekanntlich die Zeit der offiziellen Verhandlungen mit der Kroatischen Nationalbank, aber auch die Zeit, wo den Bayern bei ihrer Due-Diligence-Prüfung längst die vielen unaussprechlichen kroatischen Namen in den Großkredit-Akten aufgefallen sein mussten. Was lag daher näher, als sich bei einem befreundeten Nachrichtendienst nach dem Leumund dieser Kreditkunden und ihrer Vermittler zu erkundigen: Immerhin betrug das Kreditobligo der Klagenfurter in Kroatien damals rund acht Milliarden Euro.
- Dass es sich bei den vorliegenden 76 Seiten tatsächlich um eine Auftragsarbeit gehandelt haben dürfte, ist ebenfalls kaum von der Hand zu weisen. Dafür spricht auch die Einleitung des Berichts, worin es wörtlich heißt: »Gemäß einer Vereinbarung mit dem Auftraggeber werden erst nach der Abfassung dieses analytischen Abrisses bestimmte Informationen aufgereiht, primär jene, welche bis dahin die Dignität der HAAB sowie das Geschäftsgebaren mancher leitenden Personen und deren Lobbyisten schützen.« Ebenso seien auf Wunsch der Auftraggeber »Schutzmaßnahmen

gegenüber bestimmten Personen aus der HAAB vereinbart und getroffen« worden.

- Und dass zumindest die Kroaten in dem Ganzen auch ein Politikum sahen, wird bereits im ersten Absatz klar. »Es ist kein Geheimnis, dass im Unterschied zu manch anderen europäischen Staaten das österreichische Bankwesen enge Verbindungen zu führenden politischen Parteien pflegt und unter deren politischen Einfluss steht«, zeigen sich Tudjmans Agenten informiert. Daher wäre man nach der Gründung der autonomen Republik »um die Wiederherstellung freundschaftlicher und geschäftlicher Beziehungen zu Österreich interessiert« gewesen und hätte »dem Großteil der österreichischen Banken in Aussicht gestellt, über die Politik in die Republik Kroatien Einzug zu halten«. Gesprächspartner von Tudjman und seinen Beratern seien diesbezüglich fast alle ÖVP-Granden der damaligen Zeit gewesen. Namentlich: Alois Mock, Erhard Busek und Wolfgang Schüssel – aber natürlich auch Jörg Haider.

Man darf also annehmen, dass der SOA-Bericht, der Anfang 2010 in der Wiener Redaktion der *ZEIT* gelandet ist und dadurch publik wurde, zuvor auch seinen Weg in die zuständigen bayerischen Staatsministerien gefunden hat; egal ob direkt von Pullach aus oder über das Bundeskanzleramt in Berlin. Wenn nun aber die Staatskanzlei tatsächlich über die haarsträubenden Vorgänge bei der Hypo informiert war und den Vorstand der BayernLB trotzdem, so wie behauptet wird, zu einem Kauf gedrängt haben sollte – dann könnten die Verantwortlichen ein Problem bekommen: angefangen vom gewöhnlichen Verwaltungsrat der BayernLB über Finanz-Staatsminister Kurt Faltlhauser (1998–2007) bis zu Ministerpräsident Edmund Stoiber (1993–2007). Es heißt, die Bayern fühlen sich von den Kärntnern schändlich hintergangen. Sie haben deshalb die Hypo und die Republik Österreich gleich mehrfach auf Schadenersatz verklagt. Inzwischen sieht alles nach einem Generalvergleich aus, und das ist wahrscheinlich gut so: Denn dieses Ansinnen hätte sich der weiß-blaue Löwe ohnedies in die Mähne schmieren können, wenn im Zuge der Prozesse womöglich herausgekommen wäre, dass es der eigene Geheimdienst war, der seine Landesbank an den Ufern des Wörthersees auflaufen ließ.

Im Visier der Dienste

Es war nur eine Frage der Zeit, bis der deutsche Bundesnachrichtendienst auch öffentlich mit der HGAA-Affäre in Zusammenhang gebracht wurde. Ende Oktober 2010 war es so weit: Der verstorbene Landeshauptmann Jörg Haider sei bei einer seiner umstrittenen Irak-Reisen vom BND finanziert worden, berichtete das österreichische Nachrichtenmagazin *profil*. Die Agenten aus Pullach seien dabei vor allem an Haiders ausgezeichneten Kontakten zum damaligen Machthaber Saddam Hussein interessiert gewesen. Aber es dürfte auch darum gegangen sein, Haiders Nahost-Eskapaden zu observieren. Die Aktion soll den deutschen Geheimdienst mehrere Hunderttausend Euro gekostet haben. Finanziert habe die Reise in einem Privatjet die Salzburger Zweigniederlassung einer maltesischen Firma. Der Laden war offiziell eine Detektei, in Wirklichkeit ein Tarnunternehmen des deutschen Geheimdienstes. »Der Bundesnachrichtendienst kann dazu aus grundsätzlichen Erwägungen keine Stellungnahme abgeben«, gibt sich die BND-Pressestelle geheimnisvoll. Dabei deutet vieles darauf hin, dass der Einsatz in Absprache mit dem US-amerikanischen Geheimdienst CIA erfolgt ist. Das wäre auch plausibel. Beide Dienste unterhalten traditionell enge Kontakte. Vor allem, wenn es um den Kampf gegen einen gemeinsamen Feind geht – und was früher der Bolschewismus war, ist heute der internationale Terrorismus.

In den inoffiziellen Abteilungen der jeweiligen Dienste findet dieser Kampf schon lange über alle nationalen Grenzen und auch über politische Gegensätze und Differenzen hinweg statt. »Einer der bekanntesten europäischen Rechtspopulisten an der Seite Saddam Husseins, und das am Vorabend des Krieges: Das musste auch das Weiße Haus auf den Plan rufen«, folgert *profil* nicht zu Unrecht. Dafür spricht auch der Umstand, dass sich im Sommer 2010 der Vizedirektor der CIA Michael J. Morell höchstpersönlich in Wien über den Ermittlungsstand in der Causa Hypo Alpe-Adria erkundigt hat. Der amerikanische Spitzenagent, der im Juni 2013 nach 33 Jahren aus der CIA austrat, soll bei dieser Gelegenheit sogar einige Unterlagen beigesteuert haben. Auch der kroatische Staatssicherheitsdienst bringt Haider mit der CIA in Verbindung, wenn auch nur über einen Mittelsmann. Namentlich handelt es sich dabei um den Austrokanadier und Ex-Formel-1-Rennstallbesitzer Walter Wolf, der während der Sezessionskriege auch im Waffengeschäft tätig war. »Wolf lieferte der CIA Angaben zu russischen Kapitalzuflüssen in die HAAB sowie zu Transaktionen aus arabischen Ländern, die über kroatische Verbindungen, aber auch über Jörg Haider persönlich, abgewickelt wurden«, behaupten die SOA-Agenten. Der umtriebige Geschäftsmann, unter dessen Namen in Ex-Jugoslawien sogar eine eigene Zigarettenmarke vertrieben wird, habe die CIA von Anfang an auch »über Verwicklungen der HAAB in den Waffenhandel« informiert. Insbesondere, als dieser Ausmaße erreichte, welche die kroatischen Bedürfnisse überstiegen, und er sich der internationalen Kontrolle entzog. Demnach haben die einstigen Helden der Nation nicht nur Kroatien aufgerüstet, sondern auch mit anderen Ländern einen regen Handel geführt – und was den Amis besonders sauer aufgestoßen sein soll: auch mit dem Irak.

Einer der Hauptbeteiligten bei diesen Geschäften und ebenfalls im Visier der Geheimdienste war bekanntlich Vladimir Zagorec. Der frühere Chefwaffeneinkäufer und General a. D. gehört zu jenen Militärs, die erst während des Krieges Karriere machten. Seine militärische Laufbahn begann 1993 als Chauffeur eines Generals, der zu diesem Zeitpunkt Vizeverteidigungsminister und oberster Logistiker der kroatischen Armee war. Schon nach einigen Monaten beerbte Zagorec seinen Chef auf dessen Posten und übernahm die Aufrüstung des jungen Staates. Als Vertrauensmann Tudjmans konnte er dabei unkontrolliert über Millionen verfügen; als zweitwichtigster Mann im Verteidigungsressort genoss er auch die Protektion des langjährigen Kriegsministers Gojko Šušak. Nach dessen Tod wurde Zagorec die heimliche Nummer eins im Verteidigungsministerium, obwohl er nie Minister war. Als der tatsächliche Ressortchef ihn entlassen wollte, musste dieser selbst gehen. Erst nach Tudjmans Tod und der Niederlage der HDZ bei den Wahlen 2000 musste Zagorec sein Ministerium verlassen, blieb aber noch ein paar Monate Direktor der RH Alan d.o.o., jener staatlichen Agentur, über die sämtliche Waffeneinkäufe gelaufen sind.

Die Zeit reichte, um dort alle verdächtigen Spuren zu verwischen und Beweismaterial gegen andere zu sichern, munkelt man in Zagreb. Die Dokumente seien für den Ex-General eine Art Lebensversicherung und angeblich bei einem Anwalt deponiert. Wie auf dem Schwarzmarkt üblich, dürften aber einige Geschäfte auch ohne Zeugen und ohne schriftliche Aufzeichnungen abgewickelt worden sein. Daher kann auch kein Außenstehender sagen, über wie viel Geld die kroatische Waffenagentur unter Zagorec wirklich verfügt hat. Der Großteil war auf etliche Auslandskonten verteilt und wird auf einige Hundert Millionen Euro geschätzt. Einige dieser Konten waren von Zagorec persönlich eröffnet worden, der nach dem Tod von Tudjman und Šušak auch der Einzige war, der darauf Zugriff hatte. Nach seiner Entlassung aus dem Staatsdienst, so vermuten kroatische Ermittlungsbehörden, soll Zagorec das Staatsvermögen heimlich auf Privatkonten umgeschichtet haben.

So wie General Ante Gotovina*, der Anfang 2005 nur auf Druck der EU und mithilfe des britischen MI6 nach Den Haag ausgeliefert werden konnte, genießt auch Vladimir Zagorec in weiten Teilen Kroatiens noch immer den Ruf eines Volkshelden, der in schwierigen Zeiten geholfen hat, das Land zu verteidigen. Kein anderer Armeeangehöriger, auch nicht Franjo Tudjman, wurde mit mehr Orden ausgezeichnet. Das erklärt auch, weshalb der passionierte Zigarrenraucher bis zum Machtwechsel und der Abwahl der HDZ unantastbar blieb, obwohl es schon früh Gerüchte über veruntreute Staatsgelder gab. Tudjmans Waffengeneral stand auch nie auf der Watchlist des Haager Tribunals. Im Gegensatz zu Gotovina etwa war Zagorec auch nie in Kampfhandlungen oder gar Menschrechtsverletzungen involviert. Der stramme Militär war nicht einmal ein Schreibtischtäter. Von seinem Büro im Verteidigungsministerium aus wurden auch keine Truppen verschoben – dafür aber enorme Geldsummen.

* Ante Gotovina war kroatischer General und Befehlshaber des seinerzeitigen kroatischen Verteidigungsrates HVO. Als der ehemalige Fremdenlegionär mit französischer Staatsbürgerschaft 1990 in Argentinien von kroatischen Auswanderern vom aufkeimenden Konflikt in seinem Heimatland erfahren hatte, kehrte er nach Kroatien zurück. Als Generalleutnant befehligte er zwischen 1992 und 1996 den Militärdistrikt Split und war auch an der Planung der Operation *Oluja* (Sturm) in der Krajina beteiligt. 2006 wurde Gotovina an den Internationalen Strafgerichtshof für das ehemalige Jugoslawien (ICTY) in Den Haag ausgeliefert, wo er wegen Verbrechen gegen die Menschlichkeit angeklagt war, die seine Truppen an Krajina-Serben verübt haben sollen. Im April 2011 wurde er in erster Instanz zu einer Haftstrafe von 24 Jahren verurteilt – eineinhalb Jahre später wurde er von allen Anklagepunkten freigesprochen und kehrte als Held in seine Heimat zurück.

Beginn einer endlosen Affäre

Das erste offizielle Auslandskonto für Kroatien wurde 1990 in Zürich eröffnet. Doch als der Krieg ausbrach, bestand die Schweizer Regierung darauf, das Konto aufzulösen. Österreich war diesbezüglich großmütiger: Hier gab es zuerst Konten bei der Bank für Kärnten und Steiermark sowie der ehemaligen Österreichischen Länderbank in Villach, später folgte auch eines bei der Kärntner Sparkasse in Klagenfurt. Aber auch bei der Banca di Credito di Triest, der Banca Commerciale Italiana in Palermo und der Londoner Midland Bank war das kriegführende Kroatien als Kunde willkommen. Irgendwann zierten sich dann auch die Schweizer nicht mehr und gaben der neuen Staatsregierung bei der Union Bank of Switzerland in Genf das Konto mit der Nummer 511629 KH. Zeichnungsberechtigt war immer nur eine Handvoll hochrangiger Politiker und HDZ-Funktionäre. Zagorec soll anfangs nicht dazugehört haben. »Jedenfalls nicht bis 1998«, erzählt die frühere Kabinettschefin von Tudjmans Finanzministerium, eine blond gefärbte Brillenträgerin, die heute unerkannt in einem Steueramt sitzt. Er hätte ohnedies seine eigenen Konten und Schließfächer gehabt: zuerst bei der BAWAG in Graz und später bei der Hypo Alpe-Adria in Klagenfurt und in Liechtenstein.

Anfang 2001, nachdem die seit 1990 regierende HDZ-Partei des 1999 verstorbenen Tudjman von allen Ämtern abgewählt war, leitete die sozialliberale Koalition unter Premierminister Ivica Račan nach einem Kassensturz beim Beschaffungsamt eine interne Untersuchung im Verteidigungsministerium und gegen Zagorec ein. Parallel dazu wurde die »Behörde zur Bekämpfung von Korruption und organisierter Kriminalität«, USKOK, gegründet. Die Leitung untersteht einem Staatsanwalt, der vom Generalstaatsanwalt – seit März 2014 ist das der frühere USKOK-Direktor Dinko Cvitan – nach Rücksprache mit dem Justizminister ernannt wird. Es ist ein Knochenjob und nichts für Schleimer: Denn Kroatiens oberster Ankläger untersteht im Gegensatz zu seinen Kollegen in Österreich oder Deutschland nicht dem Justizministerium, sondern wird vom Parlament ernannt. Dementsprechend kompliziert gestalten sich auch eventuelle Ermittlungen gegen Mitglieder einer Regierungspartei. In der Anfangszeit standen daher auch nur eher belanglose Delikte im Fokus der nationalen Korruptionsbekämpfung, zumal 2003 wieder die HDZ an die Macht kam. Seit dem Rücktritt von Premierminister Ivo Sanader im Juli 2009 wurde jedoch unter seiner Nachfolgerin Jadranka Kosor, einer ehemaligen Journalistin, erstmals scharf geschossen. Dabei nahmen die USKOK-Ermittler auch ehemalige Minister sowie die Chefs zahlreicher Staatskonzerne ins Visier – und je mehr die alte Führungsriege der HDZ schwächelte, umso stärker kam die Antikorruptionsbehörde auf Touren. Inzwischen wurden bereits über 30 Personen aus dem Führungszirkel um Sanader wegen Korruptionsverdacht verhaftet.

- Eine ihrer ersten Operationen trägt den Codenamen *Maestro* und ist noch immer am Laufen. Dabei geht es um Korruptionsvorwürfe im kroatischen Bankenbereich, die insbesondere die ehemalige Leitung des Privatisierungsfonds HFP betreffen. Die Ermittlungen umfassen auch die Geschäfte mit der HGAA und sorgten im Juni 2007 mit der Verhaftung von drei der vier HFP-Vizepräsidenten für einen gewaltigen Paukenschlag.
- Im Zuge dieser Operation stieß die Antikorruptionsbehörde Ende 2008 auch auf die *Afera Brodosplit*, bei der es um die Veruntreuung von drei Millionen Euro bei der Privatisierung zweier Werften in Split geht. Hier wird auch eine angebliche Verstrickung von Sanader untersucht, der nur ein halbes Jahr nach dem Auffliegen dieses Skandals unerwartet zurücktrat.
- Im März 2010 setzte die USKOK in der *Afera Spice* zu einem weiteren Paukenschlag an und verhaftete Sanaders letzten Vizepremier und Wirtschaftsminister Damir Polančec. Er soll sich als Wirtschaftsminister und Präsident des Aufsichtsrats des Privatisierungsfonds HFP mit mehreren Direktoren eines Nahrungsmittelkonzerns zusammengeschlossen haben, um mittels Scheinkrediten die Sperrminorität am staatsnahen Unternehmen zu erlangen. Alles in allem sollen die Beschuldigten die Aktiengesellschaft zwischen 2005 und 2009 um 400 Millionen Kuna (rund 55 Millionen Euro) geschädigt haben. Der Ex-Politiker, der bereits 2009 zurückgetreten war, um die Regierung Kosor nicht zu belasten, wie er den Medien ausrichten ließ, bestreitet die Vorwürfe. Laut USKOK muss er aber über die Machenschaften zumindest informiert gewesen sein: Schließlich war er vor seiner Bestellung zum Minister Direktor dieses Konzerns gewesen und hat auch später noch großen Einfluss auf das Unternehmen ausgeübt.
- Mit der Verhaftung des kroatischen Industriellen und deutschen Honorarkonsuls in Rijeka Robert Ježić und seines Gönners Ivo

Sanader erreichte die Arbeit der Antikorruptionsbehörde im Dezember 2010 einen vorläufigen Höhepunkt.

Der Honorardiplomat und langjährige Haupteigentümer des Petrochemiekonzerns DIOKI soll bei etlichen Korruptionsfällen, die Sanader betreffen, eine Schlüsselrolle gespielt haben, vornehmlich als Geldüberbringer und Geldwäscher. Jedenfalls dürfte er auch zum deutschen Außenamt recht gute Kontakte haben: Denn obwohl Ježić weder familiäre noch geschäftliche Verbindungen zu Deutschland hatte und sein Name bereits mehrmals im Zusammenhang mit der Hypo-Affäre und mafiösen Machenschaften gefallen war, wurde er noch 2009 Honorarkonsul von Deutschland.

5 GENERALFALL ZAGOREC

Bankenbande

Die bisher größte USKOK-Aktion lief bereits Anfang 2001 unter strengster Geheimhaltung an. Konkret ging es bei der *Operacija Dragulji* (Operation Juwelen) um die Unterschlagung von mehreren Hundert Millionen Euro Staatsgeldern und um einen verschwundenen Juwelenschatz. Im Zentrum des Verdachts stand Tudjmans Waffengeneral Vladimir Zagorec, der im letzten Balkankrieg eine wichtige Funktion innehatte; tatsächlich verdankte es Kroatien seinem Geschick, dass es in seinen ersten Krisenjahren das UN-Waffenembargo umgehen und seine Streitmacht aufrüsten konnte. Im Zuge ihrer Ermittlungen waren die Korruptionsjäger auf etliche Auslandskonten gestoßen, über die der junge Staat während der Sezession den Zahlungsverkehr für Waren und Waffen abgewickelt hat. Nicht gefunden haben sie indes die dazugehörenden Unterlagen und Kontoauszüge. »Wenn man rechtschaffen gehandelt hätte, dann würde in den Archiven des Verteidigungsministeriums, des Innenministeriums, beim Beschaffungsamt RH Alan und im Büro des Präsidenten die komplette Dokumentation darüber zu finden sein, wer was gekauft hat und wie viel für etwas über wessen Konto bezahlt wurde«, argumentiert ein leitender Ermittler und gibt indirekt sogar zu, dass der humanitäre Anstrich dieser Auslandskonten nur ein Feigenblatt war: »Es muss klar sein, dass nicht das ganze Geld gestohlen wurde, weil es eine Tatsache ist, dass wir moderne Waffen hatten, mit denen wir uns befreit haben.«

Das konsequente Vorgehen der USKOK kam nur zum Teil überraschend: Die auf allen Ebenen wuchernde Korruption war eines der Haupthindernisse im laufenden EU-Beitrittsprozess. Auf dem jährlichen Korruptionsindex von Transparency International stand Kroatien damals auf einer Skala von 0 (sehr korrupt) bis 10 (frei von Korruption) bei 4,1 Punkten. Analysten bezifferten den korruptionsbedingten Schaden mit rund 800 Millionen Euro pro Jahr. Um in die Europäische Union aufgenommen zu werden, musste das Land den Sumpf schnellstens trockenlegen. Das wusste auch Staatspräsident Stjepan »Stipe« Mesić, der erst seit einem Jahr im Amt war. Ansonsten tat sich der erklärte Zagorec- und Sanader-Gegner, dessen Wahlkampf angeblich von Hrvoje Petrač, einem berüchtigten Hypo-Kunden und Unterweltler, finanziert worden war, bei seiner politischen Selbstfindung eher schwer: Mesić war einer der ersten Mitstreiter der HDZ, trat aber im Mai 1994 nach einem Krach mit Tudjman aus der Partei aus und gründete mit dem Ex-Geheimdienstchef Josip Manolić eine eigene Partei. Gleichzeitig musste er den Vorsitz im Parlamentspräsidium, den er seit 1991 innehatte, räumen, worauf er ins politische Abseits glitt. Als er dann 1997 erneut die Seiten, nämlich zur Kroatischen Volkspartei (HNS), wechselte und vor dem Internationalen Strafgerichtshof in Den Haag als Zeuge gegen einen kroatischen General aussagte, war er bei den Nationalisten seines Landes endgültig unten durch. Der Akt gilt als politische Abrechnung mit Franjo Tudjman, den er nach dessen Tod (1999) im Februar 2000 als gewählter Staatspräsident beerbte. Der noch im Königreich Jugoslawien geborene, heute 80-jährige Wendehals sollte dieses Amt zehn Jahre lang innehaben. Als die Geheimoperation der USKOK begann, war Mesić wieder auf dem Weg nach oben – und Vladimir Zagorec gerade dabei, sich in Österreich ein neues Leben aufzubauen.

Der hochdekorierte General a. D. bewohnte im steirischen Örtchen St. Marein im Mürztal eine Villa am Gärtnerweg. Laut Grundbuch gehört die Immobilie einem Ziviltechniker aus Kapfenberg, in dessen Unternehmen er nach eigenen Angaben vorübergehend in »leitender Funktion« tätig war. Was genau seine Funktion war, weiß keiner. Kroatische Ermittler vermuten, dass sie überhaupt nur Tarnung gewesen ist, um unauffällig seiner Konsulententätigkeit beim griechischen Geschäftsmann und internationalen Waffenhändler Konstantinos Dafermos nachgehen zu können. Daneben hat sich Zagorec ein umfangreiches Immobilienimperium aufgebaut, das er mit Krediten der HGAA finanzierte. Das gesamte Kreditvolumen liegt laut einer Aussage von Ex-Hypovorstand Wolfgang Kulterer bei rund 140 Millionen Euro. Die kroatische Staatsanwaltschaft vermutet eine Kreditlinie von 260 Millionen. Die Wahrheit liegt wahrscheinlich wie immer in der Nähe der Mitte.

»Wir verfügen über Informationen, dass Vladimir Zagorec mit Hypo-Krediten über verschiedene Handelsgesellschaften in Kroatien von 2001 bis heute Baugrundstücke an unterschiedlichen Standorten erworben hat, um dort Geschäftshäuser mit Büros, Läden und Ferienwohnungen zu errichten«, meldet die kroatische Staatsanwaltschaft DORH im März 2007 in einem Rechtshilfeersuchen nach Wien. Abgesichert seien diese Finanzierungen durch verstecktes Vermögen, das er sich »als Beamter des Verteidigungsministeriums« unrechtmäßig angeeignet hätte. Es lägen Aussagen vor, wonach »Herr Striedinger als Vorstandsmitglied zusammen mit Hermann Gabriel, der als Steuerberater für die Bank tätig war«, über die heimlichen Einlagen in Österreich und Liechtenstein Bescheid wüssten. Die Vorgehensweise bei der Veranlagung des Zagorec-Vermögens biete »hinreichenden Verdacht, dass es sich um einen klassischen Fall von Geldwäsche handelt«. Beigelegt war dem Schreiben eine Liste mit Kontonummern von österreichischen Banken mit dem Ersuchen um gerichtliche Öffnung. »Wegen der Bedeutung dieser Strafsache und der Tatsache, dass der Beschuldigte versuchen könnte, mit den o. a. und anderen Personen aus der Hypo Alpe-Adria-Bank Unterlagen zu vernichten oder sie mit den Geschäftsunterlagen in Kroatien ›in Einklang zu bringen‹, ersuchen wir Sie, die Sache so schnell wie möglich in Angriff zu nehmen«, drängte die kroatische Antikorruptionsbehörde auf eine schnelle Erledigung.

Doch in Kärnten, das während der Sezessionskriege im zerfallenen Jugoslawien ein Tummelplatz der kroatischen Kriegsgewinnler war, die dort ihre Beute bunkerten, wurden die gerichtlichen Untersuchungen gegen die vermuteten Handlanger relativ bald eingestellt: Die Verdachtsgründe hätten zu keinem strafrechtlich relevanten Ergebnis geführt: Schwarzgeldjäger und »Fête Blanche« am Wörthersee – eine absurde Vorstellung.

Das sechsseitige Rechtshilfeersuchen der Kroaten kam in Österreich höchst ungelegen: Zum einen platzte es mitten in die heißeste Phase der Verkaufsverhandlungen mit der BayernLB; und zum anderen liefen gerade ein parlamentarischer Untersuchungsausschuss und eine von der Finanzmarktaufsicht angeordnete Nationalbank-Prüfung der HGAA. Abgesehen davon wurden durch die Ermittlungen, obwohl sie nur halbherzig betrieben worden waren, auch all jene Banken aufgeschreckt, bei denen die Republik Kroatien während der Kriegsjahre ein Konto hatte. Direkt betroffen hat es die Kärntner Sparkasse in Klagenfurt und die Bank für Steiermark und Kärnten (BKS) in Villach. Indirekt sind auch die Wiener Creditanstalt (CA) und die Steiermark-Zentralen der Bank Austria (BA) sowie der

Bank für Arbeit und Wirtschaft (BAWAG) in Graz in die Affäre hineingezogen worden, was – frei nach Karl Kraus – dem Wort »Bankenbande« einen Beigeschmack von Wahrheit gibt.

Zagorec will auf keines dieser Konten Zugriff gehabt haben. »Ich hatte bei keinem Konto der Republik Kroatien eine Unterschriftsberechtigung, weder bei österreichischen noch bei englischen noch bei deutschen oder bei irgendwelchen anderen Banken auf dieser Welt«, schwört er. »Niemals!« Genau genommen wird das von der kroatischen Staatsanwaltschaft auch nicht behauptet: Sie geht vielmehr davon aus, dass der Ex-General zeichnungsberechtigte Helfershelfer hatte und über Scheinrechnungen die Konten plünderte. Jedenfalls gäbe es etliche Überweisungen auf anonyme Privat- oder dubiose Firmenkonten. So etwa wurden vom Villacher BKS-Konto des Unterstützungsfonds für Kroatien in der Zeit von September 1991 bis Mai 1992 rund 2,9 Millionen US-Dollar auf zwei Konten bei der Kärntner Sparkasse überwiesen, die beide auf den Mädchennamen Dragica lauteten. Verwendungszweck: Beschaffung von Hausrat und Nahrungsmitteln. Unterlagen dazu, wie etwa Bestell- oder Lieferscheine, konnten nicht gefunden werden. Die staatliche Beschaffungsagentur RH Alan, wo Zagorec Geschäftsführer war, zahlte wiederum innerhalb von zwei Jahren – angeblich für Ersatzteile – zugunsten einer gewissen Aritmo Inc. aus Ramsey, Isle of Man, 13,8 Millionen US-Dollar auf ein Konto bei der Grazer Bank Austria ein. Weitere fünf Millionen Dollar bekam eine gleichnamige Firma, nur diesmal war sie aus Delaware, USA, und hatte ein Konto bei der CA am Wiener Stephansplatz.

Aber auch die BAWAG-Filiale in der Grazer Annenstraße soll mit Zagorec lukrative Geschäfte gemacht haben. Konkret über den griechischen Geschäftsmann und Waffenhändler Konstantinos Dafermos, mit dem die Bank »seit dem Jahre 1985 in angenehmer und umfangreicher Geschäftsbeziehung steht«, wie aus einem Kreditakt hervorgeht. Der Grieche, gegen den bereits die italienischen Behörden wegen illegalen Waffenhandels vorgingen, hatte bei der BAWAG mindestens sieben Konten. Interessant für die kroatischen Behörden war vor allem das Konto einer gewissen Costrafinanz SA, da Zagorec am Nachmittag des 24. Februar 2004 von Zagreb aus versucht hatte, über dieses Konto das Lösegeld für seinen entführten Sohn – immerhin 750 000 Euro – flüssigzumachen. Ein Unterfangen, das letztlich nur daran scheiterte, dass es sich bei diesem Tag um einen Faschingsdienstag handelte, an dem die österreichischen Banken, um sich vor als Räuber maskierten Witzbolden zu schützen, bereits mittags schließen. In die Bresche gesprungen ist letztlich die Hypo-Zagreb, bei der Zagorec das Geld sofort bar abheben konnte. Ausbezahlt wurde es über ein Firmenkonto der PZ Ulaganja d.o.o., einer Projektgesellschaft, die er mit dem Salzburger Kranhersteller Palfinger betrieb und über die in der kroatischen Hafenstadt Pula ein Bürokomplex samt Wohngebäuden errichtet werden sollte.

Neben den bekannten BAWAG-Konten soll aber noch ein weiteres, anonymes Gelddepot bei der Grazer Bankfiliale bestanden haben. So etwa hat der Entführer von Zagorecs Sohn, Hrvoje Petrač, laut DORH nach seiner Verhaftung im November 2006 ausgesagt, »dass ihm Vladimir Zagorec im Jahr 2000 mitgeteilt habe, dass in der BAWAG in Graz ein Konto der Republik geführt werde, auf dem 35 Millionen US-Dollar hinterlegt seien«. Der Ex-General soll auch stolz erzählt haben, »dass er der einzige noch lebende Verfügungsberechtigte wäre«, da Franjo Tudjman und zwei weitere Zeichnungsberechtigte bereits verstorben seien. Zagorec soll seinem damaligen Freund und Geschäftspartner angeboten haben, »dieses Geld vom Konto abzuheben und in den Erwerb von Immobilien zu investieren, was Petrač jedoch ablehnte«.

Vom ersten parlamentarischen Untersuchungsausschuss in Wien dazu befragt, zeigte sich Zagorec irritiert. »Ich weiß selber nicht, wie ich das erklären soll: Wie kann man ein Rechtshilfeersuchen an ein anderes Land stellen, ohne die Anschuldigungen zu überprüfen? Noch dazu, wenn sie von einem Kidnapper kommen?« Die Behauptungen seien völliger Nonsens, es täte ihm leid, »dass es dadurch in Österreich zu Unannehmlichkeiten gekommen ist, sowohl bei Banken als auch bei Personen, die mit mir geschäftlich verbunden waren«. Als Privatperson habe er lediglich drei Konten in Österreich, »die alle im Jahr 2000 eröffnet wurden, als ich begonnen habe, hier geschäftlich tätig zu sein«. Sein Gehaltskonto sei bei der Bank Austria gewesen, zur Hypo sei er wie jeder andere Kunde aus seiner Heimat gekommen. »Da sie in Kroatien sehr bekannt und stark präsent ist, war das ganz normal. Hier gab es keinerlei geheime Spielchen, sollte jemand so etwas assoziieren.«

Während Zagorec als Zeuge unter Wahrheitspflicht eine Aussage machen musste, ging seine Klagenfurter Hausbank aus freien Stücken an die Öffentlichkeit. »Die Hypo Group Alpe Adria hält mit Nachdruck fest, dass die Geschäftsverbindung zwischen Herrn Zagorec und der HGAA nachgewiesenerweise erst im Januar 2004 aufgenommen wurde. Das gilt für die gesamte Hypo Group konzernweit, auch für die Tochtergesellschaften in Kroatien«, heißt es in einer Pressemeldung der Bank vom 2. April 2007. »Die Finanzierungen, die Herrn Zagorec oder eine seiner Firmen betreffen, belaufen sich auf ca. 4 Millionen Euro. Weitere fünf Projektfinanzierungen in Höhe von 70 Millionen Euro beziehen sich auf mehrere exzellente Immobilienprojekte in Kroatien.« Diese seien »ausschließlich und ausreichend« hypothekarisch abgesichert. »Die in den Medien kolportierten« dreistelligen Millionenbeträge seien »völlig aus der Luft gegriffen«.

»Die im Internet verfügbare Pressemitteilung« sei »richtig und vollständig«, versicherte zwei Wochen später auch Siegfried Grigg, der interimistische Nachfolger von Wolfgang Kulterer, in einer Vorstandssitzung und gab gleich generell Entwarnung: Die Prüfer der Österreichischen Nationalbank, die seit 18. September des Vorjahres die Bank durchforscht hätten, seien »bereits außer Haus und haben keine wesentlichen Beanstandungen gemacht«. Die mit 29. März 2007 erfolgte Wiederaufnahme der Prüfung wegen Geldwäscheverdacht in Bezug auf Zagorec habe nur deshalb stattgefunden, »weil die OeNB den Prüfbericht erst nach Beendigung des Bankenausschusses im Sommer fertigstellen möchte, um dessen Anforderung durch Ausschussmitglieder und die anschließende Weitergabe an Medien zu verhindern«, wird Grigg, der in seinem Hauptberuf Vizegeneral der Grazer Wechselseitigen Versicherung war, im Abschlussbericht einer Legal-Due-Diligence-Prüfung zitiert.

Ob die angesprochene Zusatzprüfung wirklich nur Augenwischerei war, wie es der Nebenerwerbsbanker dem Hypo-Vorstand glauben machen wollte, lässt sich für Außenstehende schwer beurteilen. Fakt ist, dass die OeNB-Prüfer für diese Aufgabe nur knapp drei Wochen Zeit hatten und angesichts des undurchdringlichen Firmendickichts schon bald im Kreis liefen. Die Prüfer hatten es dabei vor allem mit zwei Knacknüssen zu tun:

Erstens mussten sie bei ihren Feststellungen das Bankwesengesetz (BWG) bezüglich der Definition »Gruppe verbundener Kunden« (GvK) beachten. Durch dieses Gesetz werden die Banken praktisch bei der Vergabe ihrer Großkredite überwacht und gezwungen, unübersehbare Klumpenrisiken zu vermeiden. Allerdings kann die

GvK-Regelung – wie auch bei Zagorec vermutet – dadurch umgangen werden, dass ein Kreditkunde die Mehrheits- oder Bestimmungsrechte eines Unternehmens einfach einem Dritten, etwa einem Treuhänder, überträgt.

Das zweite Problem, bei dem die OeNB-Prüfer an ihre Grenzen stießen, war die Zuordnung vermutlicher Zagorec-Kredite aufgrund liechtensteinischer Gesetze. So etwa sind die Kredite für sämtliche kroatischen Projekte, die Zagorec zugeordnet werden, an verschiedene Vaduzer Anstalten ausbezahlt worden, die ihrerseits wiederum irgendwelchen sogenannten Ermessungsstiftungen gehören. Deshalb konnten die Kontrolleure auch keinen dieser Kreditfälle einer bestimmten GvK zuordnen, obwohl zum Beispiel alle Anträge von derselben Person unterschrieben waren. »Ein direkter Zusammenhang mit Herrn Zagorec kann nicht hergestellt werden«, resignierten sie in ihrem Abschlussbericht, »ein eventueller lässt sich nur aus Indizien wie gleiche Anwälte, Steuerberater, Treuhänder und Geschäftsführer konstruieren.«

Inzwischen ist auch der Staatsanwaltschaft Klagenfurt, die ihre ersten Ermittlungen in dieser Sache 2009 noch eingestellt hat, aufgefallen, dass alle verdächtigen Finanzierungen, die zwischen Zagorec und der Kärntner Skandalbank abgeschlossen wurden, eines gemeinsam haben: In sämtlichen Verträgen, die mit ihrer Abwicklung zusammenhängen, scheinen fast immer nur zwei Personen auf – der liechtensteinische Rechtsanwalt Gerold Hoop, der stets als Schatzmeister von Zagorec fungierte und in den diversen Kreditakten oft gleichzeitig in drei verschiedenen Funktionen (etwa als Käufer, Verkäufer und Bürge) in Erscheinung tritt, während aufseiten der Hypo Alpe Adria fast ausschließlich Vorstand Günther Striedinger seine verschlungene Signatur unter die Dokumente setzte.

Bemerkenswert in diesem Zusammenhang ist aber auch, dass jene zehn Seiten, die sich auf die Zagorec-Geschäfte beziehen, in dem dem Bankenausschuss dann doch noch vorgelegten OeNB-Schlussbericht fehlten – wobei ebenfalls verblüfft, dass dieser Makel, der an der unterbrochenen Seitennummerierung leicht erkennbar war, offensichtlich keinem einzigen Ausschussmitglied aufgefallen ist.

Politschach auf Kroatisch

Die Verhaftung von Vladimir Zagorec am 13. März 2007 verlief genauso diskret, wie der Mann bis dahin seine Geschäfte abgewickelt hatte. Die fünf Männer, die gegen 17 Uhr vom Wiener Kohlmarkt in die Wallnerstraße einbogen, waren leger gekleidet und gingen zielstrebig ins Haus Nummer zwei. Nach knapp einer Stunde verließ die Gruppe genauso unauffällig, wie sie gekommen war, wieder das Gebäude in Begleitung des Ex-Generals und seines Anwalts. Die Verhaftung selbst soll völlig reibungslos über die Bühne gegangen sein. »Er hat sich wie ein Sir verhalten, wie es sich für einen ehemaligen Minister gehört«, erinnert sich einer der beteiligten Verfassungsschutzbeamten gegenüber dem *profil*. Zagorec blieb allerdings nur drei Tage in Auslieferungshaft, dann kam der gelernte Geometer, der sich während des letzten Balkankrieges mit enormer Geschwindigkeit im kroatischen Verteidigungsministerium vom Chauffeur zum Cheflogistiker hochgedient hatte, nach Hinterlegung einer Kaution in Höhe von einer Million Euro wieder frei.

Die Festnahme erfolgte aufgrund eines internationalen Haftbefehls, hatte aber kurioserweise nichts mit der HGAA zu tun. »Schließlich hat damals noch der Haider regiert«, vermutet ein involvierter Polizeibeamter, »daher musste im Haftbefehl wahrscheinlich ein anderes Delikt als Alibi herhalten.« Demnach soll der 1963 in Zagreb geborene Ex-General »als Mitarbeiter und Amtsträger im Verteidigungsministerium (…) in seiner Funktion als Ministerialdirektor für Beschaffung, Herstellung und Nachschub (…) am 7. September 1993 vom deutschen Staatsbürger Josef Rothaichner eine unbestimmte Menge von Juwelen im Gegenwert von 5 Mio. US-Dollar« unterschlagen haben. Die Edelsteine hätten sich in »zwei schwarzen sogenannten Fliegertaschen« befunden und wären Zagorec »als Sicherheit gegen eine Anzahlung in Devisen« im Zusammenhang mit einem Waffendeal übergeben worden. Als der Deutsche weder die bestellten Waffen lieferte noch die erhaltene Anzahlung zurückgab, habe Zagorec, so steht es in den Akten, »diese Juwelen in der Absicht, sich zu bereichern, für sich behalten«.

Es ist nicht leicht, der Logik zu folgen, die hinter dieser Anschuldigung stecken soll, da es bei illegalen Waffengeschäften für eine Anzahlung normalerweise nicht einmal einen Beleg, geschweige denn eine Sicherheit gibt. Aber die Schuldfrage hatte Österreich nicht zu klären. Das anschließende Auslieferungsverfahren zog sich trotzdem über 18 Monate und war für das Wiener Wochenmagazin *News* »ein Politschach auf Kroatisch, bei dem der Ex-General unfreiwillig das Spiel seines Lebens spielte«. Sein Einsatz war jedenfalls hoch: Es ging zumindest um seine Freiheit. Und die Gegenspieler, der damalige Präsident von Kroatien Stjepan »Stipe« Mesić und dessen Springer Hrvoje Petrač, der verurteilte Entführer von Zagorecs Sohn, waren harte Rivalen. Als Schiedsrichter fungierte, ebenfalls unfreiwillig, Österreichs Justizministerin Maria Berger, die in letzter Instanz über den Ausgang des Verfahrens zu entscheiden hatte, während ihr mehrere Staaten und Waffenkonzerne, die während des Kroatienkrieges trotz eines UN-Embargos Waffen ins Land geschmuggelt hatten, nervös über die Schulter blickten: Zagorec soll nämlich seinen Anwälten Dokumente übergeben haben, die etliche von ihnen noch heute belasten könnten. »Sollte jemand damit ein Problem haben, möge er sich an Präsident Mesić wenden«, ließ er nach seiner Verhaftung über *News* ausrichten. »Ich schrecke nicht davor zurück, diese Dokumente der UNO zu übergeben.«

Das Spiel um Zagorecs Auslieferung begann dementsprechend aggressiv mit einer Sizilianischen Eröffnung, was laut Schachlehrbuch fast immer zu einem scharfen Kampf führt: Mesić schickte am 25. Mai 2007 – also nur zwei Monate nach Antragstellung – seinen nationalen Sicherheitsberater, Saša Perković*, als Königsbauern in einem Doppelschritt nach Wien, um mit Zagorec einen geheimen Deal auszuhandeln. Das Treffen fand im damaligen Radisson SAS Hotel am Schubertring statt, dessen lauschige Bar von der Rezeption aus leicht zu überblicken war, während man umgekehrt auch jeden Neuankömmling sofort im Blick hatte. »Der Präsident lässt grüßen«, meinte Perković freundlich und versuchte sogleich Zagorec zu überreden, freiwillig nach Kroatien zurückzukehren, um in Ruhe über alles zu reden. Auf dessen Einwand, dass er schon in der ersten Nacht umgebracht werden könnte, konterte Mesićs Sicherheitschef: »Natürlich«, aber es gebe einen Ausweg, wenn ihm Zagorec brisante Unterlagen aushändige, die Tudjman und andere Mesić-Gegner be-

* Im Januar 2014 wurde sein Vater, der frühere Geheimdienstoffizier Josip Perković, an Deutschland ausgeliefert. Der heute 68-jährige Ex-Agent im Generalsrang soll seinerzeit den Mord an einem Exilkroaten im bayerischen Wolfratshausen angeordnet haben und wurde seit 2009 vom deutschen BKA mittels Europäischen Haftbefehls gesucht.

lasten könnten. In diesem Fall könne er mit einer Einstellung des Verfahrens rechnen. Unklar ist, ob die kroatische Staatsanwaltschaft im Voraus über dieses Treffen informiert war. Fest steht, dass es vom österreichischen Verfassungsschutz, der auch den Treffpunkt vorgeschlagen haben soll, auf Video aufgenommen worden ist.

Wie man ebenfalls weiß, hat sich der Ex-General als Gentleman erwiesen und ist auf den Kuhhandel nicht eingegangen. Trotzdem haben alle Beteiligten die Partie zumindest überlebt: Mesić ist seit 2010 als Präsident in Pension und kann daher auch nicht mehr mit belastendem Material bedroht werden, das ihn sein Amt kosten könnte; während Zagorec seine Haftstrafe – die er bis 2011 in einem Frauengefängnis verbringen durfte, um in Remetinec, dem Zagreber Hochsicherheitsgefängnis, nicht auf Petrač, den Kidnapper seines Sohnes, zu stoßen – bereits verbüßt hat und keine regulären Züge mehr unternehmen kann. Im Schach wird das als Pattstellung bezeichnet und gilt als Rettungsanker für den unterlegenen Spieler – womit sich die Frage nach den Randfiguren in diesem Politspiel erhebt.

Aufgeatmet über den Ausgang werden all jene haben, deren Schicksal untrennbar mit dieser Partie zusammenhing. Dafür kommen einige infrage: Nur drei Tage vor dem ominösen Treffen zwischen Zagorec und Perković wurde Europas Bankenwelt von einer Sensationsmeldung überrascht: Die Bayerische Landesbank (BayernLB) habe 50 Prozent plus eine Aktie an der Hypo Alpe-Adria-Bank International AG erworben, hieß es in einer Pressemitteilung der HGAA. Der Kaufpreis hätte 1,625 Milliarden Euro und eine Sonderdividende von 50 Millionen Euro betragen. Ab 1. Juni 2007 würde Tilo Berlin, bis dahin Vorstand der Berlin & Co AG, wie geplant den Vorstandsvorsitz der HGAA übernehmen. BayernLB-Chef Werner Schmidt bezeichnete die Mehrheitsbeteiligung überschwänglich als »eine einmalige Win-win-Situation für alle Beteiligten«. Der HGAA stehe »ein starker Partner zur Seite, der zudem in der Mitte Europas über eine herausragende Marktstellung« verfüge, während sich für die BayernLB »ein großes Potenzial in wesentlichen Zukunftsmärkten« erschließe. Auch Kärntens Landeshauptmann Jörg Haider konnte seine Begeisterung über den gelungenen Bankendeal, der unter strengster Geheimhaltung ablief, kaum zügeln: »Wir freuen uns, dass wir einen starken und verlässlichen Partner gewonnen haben. Es sind Freunde aus Bayern, mit denen wir in Bezug auf die wirtschaftliche Entwicklung Kärntens und die neuen Märkte in Südosteuropa gleiche Interessen verfolgen.« Genauso euphorisch zeigte sich Wolfgang Kulterer, damals noch Aufsichtsratsvorsitzender der HGAA: »Mit der BayernLB beteiligt sich unser Wunschkandidat.« Den Kunden biete die neue Partnerschaft »die Sicherheit eines starken, langfristig orientierten Eigentümers«. Und auch dem designierten Hypo-Vorstand Tilo Berlin, der mit seiner Investorenclique bei diesem Deal am meisten profitierte, fiel ein Stein vom Herzen: »Als wir im letzten Jahr unsere Beteiligung an der HGAA erwarben, war es nur eine Hoffnung, einen starken Partner wie die BayernLB zu gewinnen. Berlin & Co. trägt gerne dazu bei, diese neue und aussichtsreiche Konstellation zu ermöglichen.« Sprach's und hatte vor lauter Dankbarkeit wahrscheinlich auch schon jenen Beratungsvertrag vom 23. April 2008 im Kopf, in dem er Schmidt nach dessen Abgesang bei der BayernLB für 20 Besprechungstage 10 000 Euro pro Tag garantierte.

Man kann sich jedenfalls die Anspannung vorstellen, mit der man von Klagenfurt bis München die politischen Spielchen um Zagorecs Auslieferung verfolgt hat. Kaum auszudenken, wenn der ehemalige Waffenschieber mitten in den Verkaufsverhandlungen ein Störfeuer eröffnet hätte. Laut SOA-Bericht wäre er dazu fähig gewesen: »Zagorec gab Kulterer und Striedinger zu verstehen, dass er, sofern sie nicht bereit wären, ihn vor einer schnellen Auslieferung zu schützen, durchaus in der Lage sei, einen Skandal hervorzurufen und die Reputation der HAAB sowie anderer Banken zu schädigen, denn er wisse einiges über ihre Geschäfte in Südosteuropa.« Die Verwirklichung dieser Drohung wäre einem politischen Erdbeben gleichgekommen. Nicht nur in Österreich und in Deutschland, sondern auch in Kroatien.

Dort wäre das Epizentrum vermutlich in der Umgebung des ehemaligen Tudjman-Beraters und Generalsekretärs der HDZ, Ivić Pašalić, gewesen, da Mesić »die strafrechtliche Verfolgung eines jeden fordert, auf dessen Privatkonten in Österreich, der Schweiz und in anderen Ländern Geld einging, das aus kroatischem Staatsvermögen stammt«, analysieren die SOA-Agenten im November 2007 die angespannte Situation. Glaubt man den Geheimdienstlern, dann war der kroatische Präsident dabei nicht nur von edlen Motiven getrieben: Selbst seine engsten Mitarbeiter würden sich »von seinen ›Machenschaften‹ mit Zagorec« distanzieren und seien der Ansicht,

»dass er massiv« von Željko Bagić*, seinem früheren Sicherheitsberater, und dem *Nacional*-Herausgeber Ivo Pukanić »beeinflusst wird«. Die beiden wiederum würden »permanent von Hrvoje Petrač angetrieben und Mesić nimmt das bedenkenlos hin, geblendet vom Hass gegenüber Tudjman und dessen Familie sowie gegenüber I. Pašalić«.

Der »Doktor«, wie Letzterer im Volksmund heißt, soll während des Auslieferungsverfahrens über den Zagreber Anwalt Zvonimir Hodak in regem Kontakt mit dem Ex-General gestanden haben. »Man vermutet, dass Pašalić seine Direktiven an Zagorec über Hodak vermittelt und dieser sich dann dementsprechend in Österreich verhält«, heißt es im SOA-Bericht. »Noch vertritt Pašalić die Meinung, dass Zagorec über Haider nur preisgeben soll, was ohnehin schon bekannt ist – aber er solle ihn nicht strafrechtlich belasten.« Die Überlegung dahinter sei, »dass die Österreicher und die Deutschen für die Republik Kroatien wichtige Verbündete seien und sich Zagorec nicht verplappern dürfe, vielmehr müsse man beide Seiten zufrieden stellen, denn es stünde zu viel auf dem Spiel«.

Eine schmucke Geschichte

Was immer man Zagorec für sein Stillhalten angeboten hat, es muss einiges wert gewesen sein. Denn der schmucke General hat nicht nur über seine dubiosen Waffengeschäfte bisher geschwiegen – sondern auch über sein Wissen zu Haiders Part im Hypo-Skandal, obwohl er laut SOA für eine Aussage von Österreich sogar mit politischem Asyl belohnt werden sollte: Allerdings hätte sein damaliger kroatischer Anwalt, der »so gut wie immer unter Alkohol und Drogen« gestanden habe, die Vereinbarungen als »vage« bezeichnet und die These vertreten, »dass es besser wäre, wenn Zagorec nach Kroatien zurückkehre, als dass er Haider den Fehdehandschuh hinwerfe, denn dann würde er sich auch mit den Bayern im Krieg befinden«.

Unbestritten ist, dass der Familienvater, der seine Geschäfte in

* Der gelernte Polizist Željko Bagić war auch Leibwächter von Stipe Mesić in dessen Zeit als letzter jugoslawischer Staatspräsident und befand sich nach den Sezessionskriegen lange Zeit auf einer schwarzen EU-Einreiseliste. Laut SOA-Bericht soll Mesić auch beim österreichischen Bundespräsidenten Heinz Fischer erfolgreich für Löschung eingetreten sein.

Österreich längst an seine Frau übertragen hat, die Auslieferung bis zuletzt bekämpfte. Das Verfahren durchlief auch alle Instanzen. Doch im Herbst 2008 unterschrieb Justizministerin Maria Berger die Verfügung und erließ gleichzeitig einen Haftbefehl. Diesmal lief die Festnahme allerdings nicht so diskret ab wie im März des Jahres zuvor: In der Nacht auf Samstag, den 27. September, stürmte eine Spezialeinheit seine Wohnung und führte ihn in Handschellen ab. Bereits am nächsten Morgen bekam die Justizministerin eine E-Mail: »Ich darf Sie nochmals ausdrücklich und eindringlich darauf hinweisen, dass für meinen Mandanten Gefahr für Leib und Leben besteht, sollte der von Ihnen angeordnete Vollzug zur Auslieferung nach Kroatien tatsächlich erfolgen«, versuchte seine Wiener Anwältin die Auslieferung doch noch zu verhindern. Vergebens: Ihr Schützling wurde nur Tage später nach Zagreb überstellt und im März 2009 nach einem aufsehenerregenden Prozess wegen Amtsmissbrauch und Veruntreuung zu sieben Jahren Haft verurteilt. Das Urteil wurde ein Jahr später auch vom Obersten Gerichtshof Kroatiens bestätigt. Es sei im Rahmen des Verfahrens zweifelsfrei erwiesen worden, dass der Ex-General Juwelen im Wert von fünf Millionen Dollar unterschlagen habe, hieß es in der Begründung. Zagorec selbst hatte nicht nur die Tat, sondern auch die Existenz der Steine stets bestritten. Seiner Behauptung standen aber vor allem drei belastende Zeugenaussagen gegenüber:

- Sein Erzfeind Hrvoje Petrač erzählte dem Gericht, dass ihm der Angeklagte die Edelsteine gezeigt und ihn gebeten habe, diese zu verkaufen. Es habe sich um Smaragde, Rubine und Saphire gehandelt. Er hätte es versucht, doch niemand habe Interesse gezeigt. Der Zagreber Pate, der ebenfalls dem Waffenschiebermilieu entstammt, war einst ein enger Mitarbeiter von Zagorec, ehe es zwischen den beiden Alphatieren zum Bruch kam. Als Grund werden in Unterweltkreisen Zwistigkeiten bei der Aufteilung der ins Ausland verschobenen gemeinsamen Waffenerlöse kolportiert. Ein anderes Gerücht wiederum besagt, dass sich Zagorec plötzlich geweigert habe, die Flucht seines von Den Haag ausgeschriebenen Generalskollegen Ante Gotovina weiterhin mitzufinanzieren: Im Gegensatz etwa zur Hypo, die über Petrač drei Millionen Euro beigesteuert haben soll. Als sicher gilt, dass es um Geld gegangen sein muss. Denn am 23. Februar 2004 wurde Zagorecs damals 16-jähriger Sohn entführt und erst vier Tage später nach

Zahlung eines Lösegeldes von 750 000 Euro wieder freigelassen. Als Drahtzieher wurde Petrač ausgemacht, der noch im selben Jahr zu sechs Jahren Haft verurteilt worden ist.

- Snježana Šiprak, Zagorecs Ex-Sekretärin und ehemalige Geliebte von Petrač, will die Juwelen ebenfalls im Besitz des Generals gesehen haben.
- Genauso wie Biljana Sučić, die schon Marin Tomulić, der Kroate in Paris, als »Schlüssel zu allen Fragen« bezeichnet hat: Sie war nicht nur für die Finanzen des staatlichen Waffenmonopolisten RH Alan zuständig, sondern auch die Einzige, die sich in der Tudjman-Ära im internationalen Bankgeschäft auskannte und mehrere Sprachen beherrschte. Wann immer der General Bares brauchte, marschierte er in ihr Büro. Die frühere Kabinettschefin im Finanzministerium arbeitete in der Devisenabteilung der Privredna Banka Zagreb (PBZ). Sučić – die inzwischen unter einem anderen Namen lebt und angeblich nie ohne kugelsichere Weste und Waffe das Haus verlässt – schätzt, dass sie in ihrer aktiven Zeit Anweisungen von rund zwei Milliarden Dollar durchgeführt hat. Weit über 500 Millionen soll allein Zagorec von der RH Alan bekommen haben, ohne dass sie je erfahren hätte, wofür das Geld verwendet worden wäre. »Es hieß immer, das falle unter Staatsgeheimnis«, wundert sie sich noch immer. Angefordert hätte das Geld entweder Zagorec selbst oder Snježana, seine Sekretärin. »Kleinigkeiten bis zu 500 000 Euro« seien meist von einem seiner Leute abgeholt worden. »Manchmal habe ich auch eine Order auf meinen Pager bekommen«, erzählt die Dame und blättert einen Terminkalender aus dem Jahre 1997 auf. »Anruf von Snježana um 13.15 Uhr, Auszahlung an Latham & Watkins: 115 000 Dollar«, steht dort am 2. Januar. »Ich glaube, das waren Anwaltskosten für das Haager Tribunal.« Am gleichen Tag um 10.55 Uhr sei auch die Nachricht »67 000 Dollar für Virginia; 275 000 Dollar für Blackstone« auf ihrem Pager eingegangen. Doch was sich hinter diesen Namen verbirgt, will sie nicht verraten. »Das ist eine Frage für Herrn Zagorec persönlich«, meint die blond gefärbte Brillenträgerin. Außerdem erinnere sie sich nur ungern an diese Zeit. »Ich war ziemlich naiv und habe meinen Job sehr ernst genommen. Als ich merkte, was wirklich ablief, gab es keinen Weg mehr zurück.«

Zu den Zeugen, die sich während der laufenden Ermittlungen gegen Zagorec von selbst aufgedrängt haben, zählt auch der Zagreber Journalist und Herausgeber des Magazins *Nacional*, Ivo »Puki« Pukanić, ein erklärter Mesić-Freund mit guten Verbindungen auch zur kroatischen Unterwelt. Der Verleger fiel Ende Oktober 2008 einem Autobombenattentat zum Opfer, bei dem auch sein Marketingdirektor ums Leben kam. Nur drei Wochen zuvor und vier Tage nach Zagorecs Auslieferung war auch Ivana Hodak, die Tochter seines Anwalts, im Zentrum von Zagreb in einem Hausflur mit zwei Kopfschüssen regelrecht hingerichtet worden. Noch am gleichen Tag entließ Regierungschef Ivo Sanader den Innenminister, den Justizminister und den Polizeichef. Acht Monate später sollte er selbst zurücktreten.

Mit der Demontage Sanaders, der ebenfalls massiv in die Hypo-Affäre verstrickt ist, verlor Zagorec einen seiner einflussreichsten Fürsprecher. Von da an hing sein Schicksal vor allem von Tomislav Karamarko ab: Der ehemalige Chef des kroatischen Inlandsgeheimdienstes, dessen private Sicherheitsfirma seinerzeit auch für die Klagenfurter Hypo-Bank tätig war, wurde unmittelbar nach dem Mord an der Anwaltstochter von Sanader zum Innenminister befördert und hatte diese Funktion bis Dezember 2011 inne. Zagorec selbst dürfte angesichts der politischen Entwicklungen in Kroatien schon länger ein mulmiges Gefühl gehabt haben. Jedenfalls bemühte er sich sofort nach Einleitung der ersten Ermittlungen gegen ihn um die österreichische Staatsbürgerschaft. Dabei setzte er auch auf die Hilfe seiner Kärntner Freunde. »Herr Zagorec ist uns seit 1993 bekannt (...) und unterstützte die Bemühungen zur Gründung der Hypo Alpe Adria Bank Kroatien auf sehr professionelle Weise«, heißt es in einem Empfehlungsschreiben des damaligen Hypo-Vorstandes Günter Striedinger. Die Bank wäre froh, »falls wir mit unserer positiven Erfahrung dazu beitragen könnten, dass Herr Zagorec die österreichische Staatsbürgerschaft erlangt«.

Heute ist Striedinger, der immer behauptete, Zagorec erst seit Anfang 2004 zu kennen, das Schreiben peinlich. Es sei zwar echt, doch die darin angegebene Jahreszahl sei falsch und leider überlesen worden. Es handle sich allerdings um keine Intervention, »sondern um eine im Geschäftsleben durchaus übliche« Serviceleistung. In Kärnten trägt diese Usance, seitdem Haider-Erbe Uwe Scheuch beim Staatsbürgerschaftshandel abgehört worden war, einen lokalen Terminus: Es sei, »no na, *part of the game*«.

Im Dunstkreis der Balkanmafia

Mit den beiden Mordanschlägen bekommt die Hypo-Affäre endgültig Mafiadimensionen. So etwa sagte ein serbischer Unterweltboss, der in seinen Kreisen Joca Amsterdam heißt und als Drahtzieher des Pukanić-Mordes gilt, 2009 bei seinem Prozess in Belgrad aus, dass der Verleger und sein Kollege wegen »der Vorgänge in Kroatien« umgekommen seien. Der Mafioso brachte dabei auch die Klagenfurter Hypo ins Spiel und schlug vor, die Eigentumsverhältnisse der Wochenzeitschrift *Nacional* zu durchleuchten. Das Verlagshaus sei nämlich über Strohmänner zum Teil von der HGAA aufgekauft worden.

Ob diese Überprüfung je stattgefunden hat, ist nicht bekannt. Allerdings wird, unter Hinweis auf die Unschuldsvermutung, seit Herbst 2011 Heinrich Pecina vom Wiener Investmenthaus VCP, das damals neben Pukanić über eine Tochtergesellschaft die Anteile am Verlag besaß, als Beschuldigter geführt und rangiert seither bei der Staatsanwaltschaft Klagenfurt auf Platz 72 der Beschuldigtenliste. Das Pikante dabei: Pecinas Finanzunternehmen, das die Bank unter Wolfgang Kulterer auch bei einigen anderen umstrittenen Projekten begleitet hat, hatte zur Zeit der Zagreber Morde einen prominenten Geschäftspartner – den seit Oktober 2014 wegen Bestechlichkeit rechtskräftig zu drei Jahren Haft verurteilten Ex-Innenminister Ernst Strasser.

Der Ex-Politiker war bei der Europawahl 2009 als Spitzenkandidat der Österreichischen Volkspartei (ÖVP) angetreten und als deren Delegationsleiter ins EU-Parlament eingezogen: Bis er im Frühjahr 2011 zwei englischen Undercoverjournalisten, die als Lobbyisten getarnt waren, auf den Leim ging und 100 000 Euro im Jahr dafür forderte, dass er für eine Entschärfung von drei EU-Richtlinien (bezüglich gefährlicher Stoffe in Elektrogeräten, genetisch verändertem Saatgut und Elektroschrott) sorgen würde. Für Pecinas VCP, die sich mithilfe der HGAA nicht nur in Kroatien, sondern auch in Serbien zu etablieren versuchte, war der Raffzahn auf jeden Fall ein Gewinn. Dabei war weniger Strassers Expertise von Bedeutung als die Tatsache, dass ein ehemaliger Innenminister im früheren Jugoslawien die Geschäftsanbahnung vornahm. Wobei hinzukommt, dass während seiner Amtszeit (2000–2004) auch Haiders FPÖ auf der Regierungsbank saß und Strasser somit über die besten Kontakte nach Klagenfurt verfügte.

Nach den Zagreber Morden herrschte in Kroatien totale Verunsicherung. Vor allem der Anschlag auf Ivana Hodak wurde sofort mit der Zagorec-Affäre in Verbindung gebracht. Er sei quasi eine Drohung für den Vater gewesen, bei der Verteidigung seines Mandanten nicht die Politik ins Spiel zu bringen, zumal er auch privat über ein gewisses Insiderwissen verfügte: Ivanas Mutter, Ljerka Mintas-Hodak, die Tochter eines hohen Politfunktionärs im faschistischen Kroatien während des Zweiten Weltkriegs, war unter Tudjman Vizeregierungschefin und stellvertretende Vorsitzende der HDZ. Beim ersten Parteitag nach Tudjmans Tod im Mai 2000 galt sie – auf der Liste des Tudjman-Vertrauten Ivić Pašalić – als Favoritin für seine Nachfolge an der Spitze der Partei, zog aber gegenüber Sanader (dem Pašalić noch heute Wahlbetrug unterstellt) den Kürzeren. Zwei Jahre später trat Mintas-Hodak aus der HDZ aus und zog sich aus dem politischen Leben zurück.

Abgesehen von einem politischen Mordmotiv rätselte die Öffentlichkeit über zwei weitere: Zum einen soll sich Ivana Hodak, die auch in der Kanzlei ihres Vaters tätig war, einige Wochen vor ihrem Tod heimlich mit dem kroatischen Generalstaatsanwalt Mladen Bajić getroffen und ihm Namen von Personen genannt haben, die während des Krieges privat an Waffengeschäften verdient hätten. Und dann könnte der Mord auch noch mit einem Beziehungswechsel im Privatleben der 26-jährigen Rechtspraktikantin zusammenhängen: Ihr neuer Freund war nämlich ein Anwaltssohn – und dessen Vater der Rechtsbeistand von Hrvoje Petrač.

Auffallend ist die zeitliche Nähe zu Zagorecs Prozess allemal. Offiziell wurde ein Zusammenhang bis heute weder bestätigt noch ausgeschlossen. Bemerkenswert ist aber, dass im Gegensatz zum Pukanić-Mord, bei dem die Täter bereits Tage danach identifiziert werden konnten, im Fall der Anwaltstochter erst Jahre später ein obdachloser Trunkenbold die Tat gestanden haben soll.

Der Schatz des Kardinals

Als Zagorec im Januar 2009 wegen der Juwelen-Affäre in Zagreb vor Gericht stand, fürchteten nicht nur einstige Partnerbanken peinliche Enthüllungen: Der Prozess barg auch die Gefahr, zu einer Abrechnung mit der von nationalistischer Propaganda verbrämten autoritären Tudjman-Ära zu führen und eines der dunkelsten Kapitel der kroatischen Geschichte aufzuschlagen. Denn die in Rede stehenden Edelsteine stammen vermutlich aus dem Besitz von Juden, die während des Zweiten Weltkriegs unter dem Führer der Ustaša-Bewegung Ante Pavlević ermordet wurden oder aus dem Unabhängigen Staat Kroatien (NDH) fliehen mussten. Tudjman soll sie Anfang der Neunzigerjahre von dem im März 2002 verstorbenen Kardinal Kuharić bekommen haben, der sie wiederum vom ehemaligen Militärvikar des faschistischen NDH-Staates und späteren Kardinal Alois Stepinac haben soll.

Letzterer war wegen seiner zeitweiligen Nähe zu Pavlević einer der umstrittensten Kirchenmänner Kroatiens. »Er hat den neuen Staat ausdrücklich begrüßt. Er sprach vom Zeichen des ›Wirkens der göttlichen Hand‹, von der Stimme des Blutes, von einem Ereignis im Range einer Zeitenwende, der sich der katholische Klerus nicht verschließen dürfe. Später wird er sich aber kritisch über die Verfolgungsmethoden der Ustaša äußern«, schreibt Ulrich Schiller in seinem Buch *Deutschland und »seine« Kroaten*. In der Zwischenzeit dienten die Klöster, mit Wissen und Billigung des Vatikans, als Waffenlager, und zahlreiche Franziskanermönche betätigten sich persönlich als KZ-Wächter in Jaenovac, dem kroatischen Mauthausen. Auch Stepinac wurde mehrfach vorgeworfen, als von Papst Pius XII. eingesetzter Militärvikar für die Ustaša-Armee an der Ermordung von Serben beteiligt gewesen zu sein. Seine Anhänger hingegen behaupten, er habe viele Opfer des faschistischen Regimes gerettet. Zweimal wurde an die Kommission der israelischen Gedenkstätte Yad Vashem der Antrag gestellt, Stepinac den Titel *Gerechter unter den Völkern* zuteilwerden zu lassen. Zweimal wurde er abgelehnt: Man habe nicht infrage gestellt, dass er jüdischen Bürgern geholfen hätte, sickerte bei der ansonsten geheimen Entscheidung durch, aber die Schwere seiner Schuld, die Untaten des Klerus verschwiegen zu haben, letztendlich höher bewertet.

1946 wurde Stepinac vor ein jugoslawisches Gericht gestellt. Der Vorwurf lautete auf Zusammenarbeit mit dem Ustaša-Regime, Zwangskonvertierung der orthodoxen Christen und Widerstand gegen die neue Macht. »Das kroatische Volk hat sich durch einen Volksentscheid für den kroatischen Staat entschieden, und ich wäre ein Nichtsnutz gewesen, hätte ich den Pulsschlag meines kroatischen Volkes nicht verspürt, das ein Sklave im ehemaligen Jugoslawien war«, verteidigte sich der Kirchenmann, der in dem Schauprozess zu 16 Jahren Zwangsarbeit verurteilt wurde. Zuvor hatte Josip Broz Tito dem Apostolischen Nuntius angeboten, Stepinac zu versetzen. Doch der Vatikan hatte auf den Vorschlag nicht reagiert. Pius XII., der das Verfahren als »den traurigsten Prozess in der Kirchengeschichte« bezeichnete, hatte im Kampf gegen den Kommunismus seinen Märtyrer: Und von da an fragte niemand mehr im Westen nach der *Ratline*, jenem Fluchtweg, den Tausende Faschisten – auch ein Ante Pavlević und ein Klaus Barbie – mithilfe des Vatikans genommen hatten, um der irdischen Gerechtigkeit nach Südamerika zu entkommen.

1998, als Tudjman seine ersten heimlichen Vorbereitungen zur Sezession von Jugoslawien längst getroffen hatte, wurde der einstige Militärvikar des faschistischen NDH-Staates von Papst Johannes Paul II. seliggesprochen. Der serbische Dissident und Schriftsteller Milovan Djilas tat dies schon zu dessen Lebzeiten. »Ich glaube, und nicht nur ich«, meinte er 1956 in einem Interview, »dass Stepinac ein redlicher, charakterfester Mensch ist, den man nicht brechen kann. Er wurde wirklich rechtmäßig verurteilt, aber wie oft war es in der Geschichte der Fall, dass gerechte Menschen aus politischer Notwendigkeit verurteilt wurden?«

Auch Zagorec sieht sich zu Unrecht verurteilt und seinen Fall schon immer politisch motiviert. »Man will mich diskreditieren, weil ich einer der letzten lebenden Zeugen für den Ankauf des Raketensystems S 300 bin«, behauptete er noch kurz vor seiner Auslieferung nach Kroatien. Die gleichen russischen Boden-Luft-Raketen sollen über Kroatien auch in den Irak gelangt sein, verrät er – nur nicht, wie all seine Waffeneinkäufe finanziert wurden.

Dazu bringt der kroatische Unternehmer Ferdinand Jukić eine völlig neue Variante ins Spiel. Der ehemalige Tankstellenbesitzer in Deutschland war während des Krieges als Agent des kroatischen Verfassungsschutzes auch im Waffenhandel tätig. »Anfang der Neunzigerjahre, als das Geld für die Verteidigung knapp wurde, rief man mich in das Büro des Präsidenten«, erzählt der Mann jedem, der es wissen will. Tudjman habe auf die vor ihm liegenden Steine gezeigt und gesagt: »Wenn du schon, wie man hört, alles beschaffen kannst, dann versuch jetzt einmal, das zu verkaufen.« Es sei eine schöne Kollektion gewesen, erinnert sich Jukić. »Die kleineren Diamanten waren sorgfältig in Samtsäckchen verpackt und die restlichen, wertvolleren, nach Karatwert geordnet.« Er habe insgesamt sechs Mustersteine ausgewählt, um damit potenzielle Händler aufzusuchen. Verteidigungsminister Gojko Šušak soll ebenfalls anwesend gewesen sein. Er habe Jukić zur Eile gedrängt, da Kroatien das Geld dringend brauchte. »Ich habe ihm gesagt, dass ich mich bemühen werde, es innerhalb von 15 Tagen zu erledigen.« Zuerst sei er damit in Wien bei einem »hochpositionierten Juden aus Israel« gewesen, um die Diamanten schätzen zu lassen. Dieser sei schon nach einer kurzen Untersuchung sichtlich zusammengezuckt und habe ihm geraten, die Steine niemand anderem zu zeigen. Sie seien eindeutig aus jüdischem Besitz entwendetes Raubgut; das würde man an der Schlifftechnik erkennen, die nur bis 1939 üblich gewesen sei. »Ich habe trotzdem noch versucht, die Sore in Südafrika und Mexiko loszuwerden, allerdings ohne Erfolg«, berichtet Jukić. Daraufhin habe er die Steine wieder zurückgebracht, wobei sie von Zagorec übernommen worden seien. All das habe er auch dem stellvertretenden Generalstaatsanwalt Lazo Pajić erzählt. Doch der sei nur am Verbleib und nicht an der Herkunft des Kardinal-Schatzes interessiert gewesen – dessen Existenz nicht nur von Zagorec, sondern natürlich auch von der kroatischen Kirche immer bestritten worden ist.

Luxusuhren für Zagreb

Wenn schon nicht bei der Juwelen-Affäre, so hatte die katholische Kirche zumindest bei einem der zahlreichen Zagorec-Unternehmen ihre göttliche Hand im Spiel: konkret bei der Molteh d.o.o., die in der Zagreber Innenstadt auf kirchlichem Grund und Boden ein Büro- und Einkaufszentrum errichtet hat. Es ist ein verhältnismäßig kleiner Kreditfall, aber er beinhaltet alle Attribute, die den Hypo-Skandal ausmachen. Laut SOA verkaufte Zagorec die von der Klagenfurter Hypo mit rund neun Millionen Euro kreditierte Projektgesellschaft während seines Auslieferungsverfahrens »zum Schein« an ein tschechisches Immobilienkonsortium, das den Ankauf der Gesellschaftsanteile und die Fertigstellung mithilfe der österreichischen Investkredit, einer Tochter der Volksbanken AG, finanziert hat. Bei dem angeblichen Scheinverkauf soll sogar der Erzbischof von Prag Miroslav Vik bei seinem Zagreber Kollegen Josip Kardinal Bozanić zugunsten der neuen Eigentümer, die bereits »einige Geschäfte für die Kirche in Prag« erledigt hätten, interveniert haben. Aber auch der Ex-General soll seinerzeit nur über Vermittlung der Kirche zu dem Projekt gekommen sein: konkret über einen Franziskanermönch und Verwandten des Verlegers und Gesellschafters der Europress Holding (EPH), Nino Pavić. Der Franziskaner hätte auch längere Zeit als Vermittler beim Anteilsverkauf des EPH-Verlags an den deutschen Medienkonzern WAZ fungiert, behauptet der kroatische Geheimdienst. Inzwischen hat die Molteh nicht nur ihren Namen, sondern auch den Besitzer wieder gewechselt: Sie heißt jetzt Illuminatio d.o.o., gehört mehrheitlich einer gewissen Nteolindo AG aus Zypern, hinter der aber noch immer Zagorec vermutet wird.

Für die Investkredit – sie ging 2011/12 in der verstaatlichten Volksbanken AG auf –, die Mitte 2007 die Kärntner Hypo als Finanzier abgelöst hatte, war der Fall »ein Sumpf unglaublichen Ausmaßes«, wie es die zuständige Sachbearbeiterin in einer E-Mail ausdrückt. »Aus nicht erklärlichen Gründen« würden Kontoauszüge fehlen; im Wesentlichen könne man sagen, »dass aufgrund der Vielzahl von Baufirmen und Einrichtungshäusern es so ausschaut, als ob gröbere Renovierungen und Ersatzinvestitionen in Privathäusern gemacht wurden«; höchst interessant seien auch »diverse Kredite im Zusammenhang mit den anderen Projektgesellschaften des Herrn Zagorec in Dubrovnik, Pula und Hvar«, die ebenfalls der Molteh zugeordnet worden seien – und es habe große »Zahlungen an Firmen in Liechtenstein etc. für höchst zweifelhafte Consultingleistungen und Marktstudien sowie Spenden an Sportvereine« gegeben. »Unter uns, mir ist es ein Rätsel, wie da die Hypo hat mitspielen können. In meinen kühnsten Träumen hätte ich nicht gedacht, dass es so was gibt«, schreibt die Dame an einen Kollegen und übergibt den Fall der Rechtsabteilung.

»Die bisherigen Unterlagen lassen darauf schließen, dass Zahlungen für andere Projekte in beträchtlicher Höhe getätigt wurden, welche nicht als Projektkosten für den Kaufgegenstand in Zagreb angesehen werden können«, fasst der Anwalt der Investkredit den Standpunkt der Bank zusammen. Als Beispiel »werden in der Anlage Rechnungen der Wiener Firma *Wempe Feine Uhren und Juwelen* übermittelt, welche den Ankauf von Uhren im Wert von 44 988 Euro (...) durch den vorhergehenden Geschäftsführer der Molteh d.o.o. (...) belegen«.

Die Antwort seines Salzburger Kollegen, der im Auftrag des Zagorec-Treuhänders Gerold Hoop replizierte, lässt – im Hinblick auf den bekannten Uhrentick von Ivo Sanader – zumindest den Verdacht der Korruption aufkeimen: »Es ist richtig, dass die von Ihnen erwähnten Armbanduhren für die Projektgesellschaft angeschafft wurden. Ich brauche nicht näher zu erklären, zu welchem Zweck dies erfolgte. Jedenfalls standen die Armbanduhren ordnungsgemäß im Eigentum der Molteh d.o.o. und wurden für die Projektumsetzung verwendet.«

6 MAFIA, MEDIEN UND ANDERE MÄCHTE

Ein Mann für alle Fälle

Eigentlich wollte der Zagreber Geschäftsmann seine 51 Prozent an der DIOKI d.d. gar nicht verkaufen. Aber der Bote des potenziellen Käufers ließ keinen Zweifel daran, »dass die andere Seite, sofern er nicht das Angebot annehme, dazu bereit sei, Autos in die Luft zu sprengen, Ohren abzuschneiden, Ehen und Familien auseinanderzubringen und Kinder zu gefährden«, gibt ein Zeuge zu Protokoll. Nach vier weiteren Treffen war man sich handelseinig, und die Mehrheit des größten Petrochemiekonzerns Kroatiens, der damals einen Wert von 400 Millionen Euro repräsentierte, wechselte für 20 Millionen Euro den Besitzer. Die restlichen 49 Prozent verblieben im Besitz der staatlichen Privatisierungsgesellschaft HFP.

Laut kroatischem Geheimdienst SOA versuchte der neue Mehrheitseigentümer seine Interessen an dem Unternehmen geheim zu halten, »indem er die HAAB und einen Investmentfonds damit beauftragte, als offizieller Käufer aufzutreten, sodass sein Name bis 2004 nicht erwähnt wurde«. Stellvertretend für die Hypo Alpe-Adria-Bank habe die Vienna Capital Partners (VCP) agiert, die über eine Tochtergesellschaft auch am kroatischen Wochenmagazin *Nacional* beteiligt ist. Hinter der VCP-Gruppe steht laut Firmenbuch der Wiener Investmentbanker Heinrich Pecina, der aktuell allein in Österreich 16 aktive Funktionen in 17 verschiedenen Unternehmen als Stifter, Vorstand, Geschäftsführer oder Aufsichtsrat ausübt. Bei dem ominösen Käufer handelte es sich um den kroatischen Industriellen Robert Ježić, dem späteren deutschen Honorarkonsul für die Region Rijeka und Istrien. Ježić, der zuletzt über eine Schweizer Holding 75,92 Prozent plus eine Aktie an dem Zagreber Petrochemiekonzern besessen hat, zählt mit einem geschätzten Vermögen von 65 Millionen Euro zu den 20 reichsten Kroaten.

Sein Aufstieg war lebhaft und ging – so wie auch der ganze Hypo-Skandal – eng mit der politischen Entwicklung in Kroatien einher.

Während seines Studiums arbeitete der diplomierte Rechtswissenschaftler als Türsteher in Diskotheken, wo er mehrmals auch seine physische Durchsetzungskraft unter Beweis gestellt haben soll. Daneben jobbte er als Skipper auf ausländischen Jachten und hatte seine ersten Kontakte mit internationalen Geschäftsleuten. Nach dem Studium stellte ihn ein jugoslawischer Unternehmer in Mailand ein, der nebenbei für den militärischen Geheimdienst von Titos Jugoslawien arbeitete.

Für ihn reiste er auch öfters nach Moskau, wo er mit Franjo Gregurić, dem örtlichen Direktor eines jugoslawischen Mischkonzerns, enge Geschäftskontakte knüpfte, die sich noch verstärken sollten, als dieser im Juli 1991 der dritte Premierminister in Kroatien wurde. Zu dieser Zeit pflegte Ježić bereits auch eine enge Beziehung mit der Frau seines Mailänder Arbeitgebers, die ihren Mann erfolgreich überredet hatte, in Rijeka eine Filiale zu eröffnen und ihren heimlichen Liebhaber als deren Leiter einzusetzen. Von da an konzentrierte sich der Galan aber fast nur mehr auf seine eigenen Geschäfte mit dem Staatspremier, weshalb ihn der gehörnte Privatchef eines Tages auf die Straße setzte.

Doch der Mann, dessen HDZ-Parteiausweis die Nummer 83 aufweist, war keinen einzigen Tag brotlos: Er übernahm die Repräsentanzen eines Schweizer und eines belgischen Chemiekonzerns, die damals bereits zu den größten Geschäftspartnern des staatlichen Mineralölkonzerns INA gehörten, wo sein Protegé Gregurić Aufsichtsratsvorsitzender war. Als dieser an politischem Einfluss verlor, fand der umtriebige Jurist in seinem Nachfolger Hrvoje Šarinić – Tudjmans Bürochef und einem der Zeichnungsberechtigten auf den Villacher Diaspora-Konten – einen neuerlichen Förderer. Nach dessen Abgang war Ježić dann fast sieben Jahre ohne politische Protektion, aber bereits bestens vernetzt. Daher liefen seine guten Geschäfte ungehemmt weiter, zumal seine alten Amigos noch immer großen Einfluss hatten. Als dann im Januar 2000, nach Tudjmans Tod, eine sozialistische Koalitionsregierung an die Macht kam, kam der Emporkömmling auch sofort wieder unter politischer Fittiche: Da wurde nämlich ein guter Freund, der SDP-Politiker und ehemalige Bürgermeister von Rijeka Slavko Linić, Wirtschaftsminister (und als solcher auch Chef des INA-Aufsichtsrates) und war fortan neuer Schirmherr über seine Geschäfte – bis 2003 Ivo Sanader an die Macht kam und nahtlos dessen Rolle übernahm.

Dr. Wolfgang Kulterer 1021 00235-AS04.

Betrifft: **Empfehlungen für Herrn VDir. Dr. Tilo BERLIN**

Kroatien:

Nach mir zur Verfügung stehenden Informationen wird Herr Ivo Sanader wieder Premier sein, d.h. die Lobbying-Situation bleibt unverändert. Die wesentlichen Ministerbereiche wie Finanzen und Wirtschaft bleiben unverändert besetzt sowie es auch in der Nationalbankbesetzung keine Veränderung geben wird. Der beste Freund und Verbündete des Premierministers ist Herr Robert Jezic, der aber auch zum SPD-Lager sehr gute Kontakte über den Ex-Vizepremier Linic unterhält.

Für den CEO der HBInt. AG, Herrn Dr. Berlin und für den neuen CEO der HAAB d.d., Herrn Markus Ferstl, ist Herr Robert Jezic sicherlich ein Asset und kann als Lobbyist hier äußerst hilfreich unterstützen. Er hat über den Premier Zugang zu allen Strukturen und hat uns in den Angelegenheiten DAB, Aufbereitung des Abitrage-Verfahrens für London, im Fall Sanierung Lipovac (ein alter Fall großer Tragweite) und vielen heiklen Situationen extrem geholfen. Er ist auch ein anerkannter Geschäftsmann, der zu höchsten Kreisen in Kroatien, Politik, Wirtschaft, Kunst, Sport direkten Zugang hat. Um alte offene Vertragswerke, die mir in der Form auch nicht bekannt waren, soft zu lösen bzw. zu erledigen, würde ich empfehlen mit Herrn Robert Jezic über zwei Jahre einen Lobbying- und Consultantsvertrag abzuschließen.

Klarstellung zu Serbien:

Herr Edlinger wurde auf besondere Empfehlung von Herrn VDir. Thomas Morgl in den höchsten Tönen gelobt und wurde als Projektmanager für die Aufbereitung des Börsegangs aufgenommen. Der Vertrag war äußerst moderat gestaltet; die Diskussion Edlinger in Kroatien einzusetzen ist bekannt, ich habe mich dagegen gewehrt, weil in dieser sensiblen Zusammenführungsphase von zwei Banken er sicherlich nicht die Integrationsfigur war. Bei Herrn Dr. Grigg stieß dies auf völliges Unverständnis, auch bei den Herren VDir. Peter und VDir. Morgl. Es hat sich jetzt aber herausgestellt, dass die Entscheidung richtig war.
Der Bedarf in Serbien einen Ersatz für Ferstl zu finden, endete logischer Weise auch bei der Person Edlinger, wobei, dass ist mir äußerst wichtig festzuhalten, die Grundsatzdiskussion und Vertragsgestaltung Herr Dr. Grigg geführt hat und schon während der Verhandlungsphase klar wurde, dass Herr Edlinger seine eigene Position rücksichtslos optimiert hat. Die Hoffnung, dass er bei Cupic auf Granit beißt hat sich zwar bestätigt, trotzdem ist aber seine Unfähigkeit im Team zu arbeiten leider ganz stark zu Tage getreten.
Eine Beendigung des Vertrages erscheint sinnvoll, jedoch würde ich niemals einer Vollablöse zustimmen. Kann nur den Tipp geben, die Spesenverrechnung der letzten Monate an die Bank ganz genau zu prüfen und hier werden sich einige Ansatzpunkte ergeben.

HYPO ALPE-ADRIA-BANK AG

Die Bestellung von Herrn Kurt Makula zum Vorsitzenden des Vorstandes ist o.k.
Erfordert jedoch das Hinzufügen einer weiteren Person – vorzugsweise Jemanden, der stark im Retail- und Privatebankinggeschäft ist.

Balkanmafia. Trotz seiner offensichtlichen Verbindungen zur Balkanmafia wurde der deutsche Honorarkonsul in Rijeka Robert Ješić von Wolfgang Kulterer wärmstens als Hypo-Lobbyist empfohlen.

»Der beste Freund und Verbündete des Premierministers ist Herr Robert Jezic, der aber auch zum SPD-Lager sehr gute Kontakte über den Ex-Vizepremier Linic unterhält«, wird vier Jahre später bekanntlich Wolfgang Kulterer seinen Nachfolger Tilo Berlin auf die Qualitäten von Ježić aufmerksam machen. Dieser habe »Zugang zu allen Strukturen« und der Bank »in vielen heiklen Situationen extrem geholfen«.

Wie der Mann für alle Fälle an heikle Probleme herangeht, lässt sich auch anhand seines DIOKI-Erwerbes im SOA-Bericht nachvollziehen. Demnach soll Ježić, der nicht nur ein früher Kunde der Hypo war, sondern auch ihr Konsulent in Rijeka, den Zagreber Mafiaboss Hrvoje Petrač für ein Honorar von einer Million Euro beauftragt haben, den Vorbesitzer »davon zu überzeugen«, seinen Anteil zu verkaufen, nachdem dieser das von einem Strohmann überbrachte Angebot zuerst abgelehnt hatte. Im Auftrag von Petrač habe dann dessen Freund, der *Nacional*-Herausgeber Ivo Pukanić, »die ersten Vermittlungs- und Überzeugungsversuche« übernommen. Der Journalist habe dem Zagreber Geschäftsmann die Lage – wie schon beschrieben – unmissverständlich verständlich gemacht. Schließlich habe der Mann einem Treffen mit Ježić in der *Cantineta*, einem Lokal von Petrač, zugestimmt und nach einem Mittagessen das Angebot angenommen. In der Folge hätten noch vier weitere Treffen in dem Lokal stattgefunden, um die Verkaufsdetails zu besprechen. Parallel dazu habe es auch Gespräche mit dem kroatischen Privatisierungsfonds gegeben, der die restlichen DIOKI-Anteile hielt – doch dann hätten die Verhandlungen plötzlich zu stocken begonnen.

Der Grund: Petrač, der gerade als Entführer von Zagorecs Sohn aufgeflogen war, musste Kroatien verlassen, und Ježić, der dadurch ein wirksames Druckmittel verlor, musste um einen lukrativen Deal fürchten.

Doch schon bald tauchte wieder ein Silberstreifen am Horizont auf: Laut SOA-Agenten soll Ježić über den damaligen Außenminister zugetragen worden sein, dass die Regierungspartei HDZ »sowohl sein Problem mit dem Privatisierungsfonds als auch mit dem Mehrheitseigner von Dioki lösen würde, und dass Ivo Sanader den Auftrag erteilt hätte, alles zu seiner Zufriedenheit auszuführen«. Als Gegenleistung rechne sein Gönner mit einer Vermittlungsprovision von einer Million Euro . »Das Treffen zwischen Ježić und dem Außenminister fand am 1. Mai 2004 in Triest statt, wo auch die Provision ausbezahlt wurde«, observierte der Geheimdienst, der die Beteiligten offensichtlich auch abgehört hat. Denn im selben Mai soll auch Petrač »mehrmals aus dem Ausland Ježić angerufen und die Auszahlung seiner Provision gefordert haben, wobei er auch seinen Unmut über die Verspätung äußerte«.

Glaubt man dem Bericht, dann hätte das Geld über die Hypo Klagenfurt ausgezahlt werden sollen, doch der zuständige Sachbearbeiter habe »den Vorstandsvorsitzenden offen darüber in Kenntnis gesetzt, dass er keine Geschäfte von so großem Ausmaß machen werde, bei denen der Verbrecher Petrač eine Schlüsselposition hat«. Heute versucht Kulterer, unter dessen Ägide immerhin rund 50 Millionen Euro in das Projekt geflossen sind (welche bis heute nicht zurückbezahlt wurden), die zahlreichen Tintenflecken in seinem Terminkalender durch Gedächtnislücken zu ersetzen, und behauptet: Er hätte Ježić nur dreimal in seinem Leben getroffen.

Vom Kärntner Untersuchungsausschuss auf Ježić angesprochen, will auch Ivo Sanader seinem Freund nicht wirklich nahegestanden haben. Trotzdem soll er dessen Unternehmen Strom unterm Marktwert zukommen lassen und als Dank dafür einen Luxus-BMW erhalten haben. Doch daran will sich der Ex-Premier auch nicht erinnern können. Dabei hat er die Annahme des noblen Geschenks zuerst sogar verweigert, denn der Wagen war schwarz gewesen. Er aber hatte sich ein graues Modell gewünscht, genau so eines, wie Ježić besitze. »Seinen Personenschützern traten bei dem Wunsch die Schweißperlen auf die Stirn«, schüttelt *Die Welt* über die Begierde den Kopf – »denn die Entourage der Präsidentenkolonne müsse unifarben sein, um kein leichtes Ziel abzugeben«.

Bombenfreundschaft

Seine Freundschaft mit dem Mafiapaten Petrač hat der Mesić-Intimus, Verleger und Mitbegründer des *Nacional* Ivo Pukanić nie bestritten. Bis heute ist ungeklärt, woher der einstige Pressefotograf 1995 das Geld für seine Wochenzeitschrift nahm. In einer regelmäßigen Kolumne gab sich »Puki«, der gerne als lockerer Jogger mit iPod im Ohr auftrat, immer wieder für Abrechnungen mit Politikern und Wirtschaftsgrößen her. Vermittelt durch einen umstrittenen mafiösen

Geschäftsmann aus Montenegro zum Beispiel »enthüllte« *Nacional* im Mai 2001 in einer Serie Einzelheiten über illegale Machenschaften diverser Regierungsmitglieder aus Serbien und Montenegro in Verbindung mit der organisierten Kriminalität. Die bekanntesten waren die jeweiligen Premierminister Zoran Djindjić und Milo Djukanović.

Gegen Letzteren laufen in Italien und Deutschland noch heute Ermittlungen wegen Zigarettenschmuggels. Einige behaupten sogar, diese seien ein Hauptgrund für die von ihm betriebene Unabhängigkeitsbestrebung Montenegros gewesen, denn als Regierungschef eines souveränen Staates wäre er vor Strafverfolgung geschützt. Als »Kopf der gesamten Balkanmafia« wurde der serbische Geschäftsmann Stanko Subotić bezeichnet. Die Artikelserie sorgte für helle Aufregung: Der 2003 ermordete Demokrat Djindjić hatte daraufhin zugeben müssen, den Privatjet von Subotić für eine Reise nach Moskau genutzt zu haben. Eine Gegenleistung habe es dafür nicht gegeben. Allerdings erwarb Subotić 2003 mit dem Placet von Djindjić das staatliche Vertriebsunternehmen für Zeitschriften, begann ein Jahr später über seine Vermittlung eine Zusammenarbeit mit der deutschen WAZ Mediengruppe (der heutigen Funke Mediengruppe) und zog auch in Montenegro ein ähnliches Verteilernetz für Zeitschriften auf.

Subotić selbst bezeichnete die Artikel von Pukanić als bezahlt. Als Auftraggeber vermutete er einen konkurrierenden Tabakkonzern in Istrien. Dieser hätte sich von seinen Plänen, mit British American Tobacco eine Fabrik zu bauen, bedroht gefühlt. In Wirklichkeit dürfte es eher um das Vertriebsnetz der untereinander rivalisierenden Zigarettenmafia gehen: Sowohl in Kroatien als auch in Serbien und Montenegro werden die geschmuggelten Glimmstängel seit jeher über die Zeitungskioske vertrieben. Dabei kam es vor allem durch die Beteiligung der WAZ sowohl an kroatischen (z. B. EPH-Verlag) als auch an serbischen Medien (z. B. *Politika*) beim illegalen Zigarettenvertrieb plötzlich zu Gebietsüberschreitungen. Daher, so vermutet ein abtrünniges Kartellmitglied aus Podgorica, könnten die Morde an Djindjić und Pukanić mit dem illegalen Tabakkartell zusammenhängen, »das noch immer versucht, durch die finanzielle Beteiligung an Medien über das Gebiet von Ex-Jugoslawien zu herrschen«. Der Montenegriner zu seiner ehemaligen Rolle in dem Part: »Zuerst habe ich davon erfahren wie jeder montenegrinische Staatsbürger: Es war das am schlechtesten gehütete Staatsgeheimnis. Als Berater von Djukanović und Missionschef von Montenegro in den USA habe ich dann selbstverständlich auch mehr gewusst.« Allein in den Jahren 1999/2000 seien über zwei Firmenkonten in Liechtenstein und in Zypern etwa 1,2 Milliarden Euro gewaschen worden. Die Konten wurden Djukanović, der seit Dezember 2012 wieder Ministerpräsident von Montenegro ist, und Subotić, der inzwischen die Schweizer Staatsbürgerschaft besitzt, zugeschrieben. »Das waren Geschäfte, die während des Embargos durchaus legitim waren, weil sie die Staatskassen füllten«, rechtfertigt der heute in London lebende Immobilienhändler und Ex-Mafioso seine damaligen Geschäfte. »Aber was als Umgehung des Embargos begann, ist nach der Aufhebung der Sanktionen zu einem der größten illegalen Geschäfte in Europa ausgewuchert.« Dieser Prozess habe in Ex-Jugoslawien eine neue Elite geschaffen, die gesellschaftlich, politisch und wirtschaftlich das Land kontrolliere.

Ein ähnlich düsteres Bild zeichnet auch der frühere kroatische Generalstaatsanwalt Mladen Bajić in einem internen Bericht: »Figuren aus dem kriminellen Milieu seien ins normale Geschäftsleben eingesickert, ohne ihre Methoden zu ändern: Terror, Entführungen, subtile Korruptionstricks. Polizei und Gerichte seien involviert. Die Ermittler hätten keine Strategie und seien machtlos.« Zumindest vor seiner Wahl zum serbischen Ministerpräsidenten hatte auch Zoran Djindjić offensichtlich kein Problem damit: »Um als Oppositionsführer unter Milošević zu überleben, habe ich Freunde im Himmel – aber auch in der Hölle gebraucht.«

Dinner for Two

Politiker und solche, die es werden wollen, lernen es in der ersten Stunde: Wer die Medien auf seiner Seite hat, hat auch die Macht. Und von Otto von Bismarck wissen wir: »Wenn irgendwo zwischen zwei Mächten ein noch so harmlos aussehender Pakt geschlossen werden soll, muss man sich sofort fragen, wer hier umgebracht werden soll.« So viel zur Einstimmung auf das Gesprächsthema der beiden Herren, die sich Anfang 2002 im Belgrader *Vuk* verabredet hatten. Dabei handelt es sich um ein beliebtes Restaurant, das nach Vuk Karadžić, dem serbischen Konrad Duden, benannt ist. Nach außen hin schienen sie nur harmlos zu plaudern und das servierte

Gericht zu genießen. Doch ihr Gesprächsstoff war hochbrisant. Es ging um den Verkauf der Politika AD, des schon historischen Sprachrohrs der serbischen Regierung, dessen gleichnamige Tageszeitung sogar Despoten wie Slobodan Milošević bis ins späte Jahr 2000 an der Macht hielt.

Der strategische Wert des zweitältesten Verlagshauses auf dem Balkan war beiden durchaus bewusst. Man war sich auch schon längst über den Preis für eine 50-Prozent-Beteiligung einig. Auch die Details wie die Vertragsgestaltung oder die Beteiligungsform hatten ihre Juristen bereits ausgehandelt. Genau genommen war das Geschäft schon seit Monaten unter Dach und Fach. Jetzt ging es Ministerpräsident Zoran Djindjić und Bodo Hombach, dem Geschäftsführer der damaligen WAZ-Gruppe und ehemaligen EU-Sonderkoordinator des Stabilitätspaktes für Südosteuropa, nur mehr darum, eine Strategie zu finden, wie man die WAZ-Beteiligung am besten dem Volk beibrachte. Immerhin handelte es sich bei der *Politika* um eine Art serbisches Symbol und bei der WAZ als deutschem Unternehmen quasi um einen Erbfeind der Serben. Dazu kommt, dass die WAZ mit ihrem Eintritt in den serbischen Markt durch ihre Beteiligung am Zagreber EPH-Verlag auch noch einen kroatischen Teilhaber mitbrachte. Am Ende beschloss man, den Handel so lange wie möglich geheim zu halten. Auf keinen Fall durfte bekannt werden, dass Djindjić es war, der den Konzern aufgefordert hatte, in Serbien zu investieren. Das hätte auch bei seinen Demokraten zu Unmut geführt. All diese Punkte wurden offen angesprochen: Schließlich kannte man einander schon länger.

Der serbische Premier war Hombach schon begegnet, als dieser noch Kanzleramtschef von Gerhard Schröder gewesen war. Als der SPD-Mann dann EU-Koordinator für den Balkan wurde, traf man sich noch öfters. »Djindjić war sogar Gast auf Hombachs Hochzeit, und dass die privaten Verbindungen nicht eben ein Hinderungsgrund waren, nachdem Hombach im Februar 2002 seine Tätigkeit für die WAZ aufnahm, versteht sich«, ätzte die *Frankfurter Allgemeine Zeitung*. Es lässt auch darauf schließen, dass Hombach die Beteiligung schon eingefädelt hatte, bevor er beim Essener Medienkonzern Geschäftsführer wurde.

Die Bedenken der beiden waren berechtigt: Als das Engagement bekannt wurde, stieß es von Anfang an auf Kritik. Nicht nur bei den serbischen Nationalisten, sondern auch in Djindjićs eigener Partei. Die Tatsache, dass der Anteilsverkauf ohne öffentliche Ausschreibung erfolgte, regte dabei die wenigsten auf. »Wenn er nicht einmal seinen eigenen Wählern erklären kann, warum er den Deutschen, den größten und geschichtsträchtigsten Feinden Serbiens, das nationale Verlags- und Zeitungssymbol für Geld überließ, wie will er dann rechtfertigen können, dass er mit demselben Streich die ›Kapitulation‹ vor den verhassten Kroaten unterschrieben hat?«, fragte *Glas Javnosti*, die *Stimme der Öffentlichkeit*. Djindjić muss tatsächlich geistesabwesend gewesen sein, zu glauben, dass der WAZ-Einstieg von seinen Landsleuten teilnahmslos hingenommen werden würde. So weit ist Zagreb auch wieder nicht weg, dass es sich nicht bis Belgrad durchgesprochen hätte, dass Nino Pavić, der Gründer des EPH-Verlags, nur der mediale Strohmann für die in Serbien sogar als Ustaši verschrienen HDZ-Bonzen Ivić Pašalic und Miroslav Kutle gewesen sein sollte. Daher wurde die deutsche Beteiligung von vielen auch als »politischer Triumph der Kroaten« und als eine »Demütigung der Serben« empfunden. In der *Politika* selbst wurde das Joint Venture natürlich als »Geschäft unter gleichwertigen Partnern« dargestellt. Dadurch wäre ein gemeinsames serbisch-deutsches Unternehmen entstanden, zu dem beide Seiten das Ihre beigetragen hätten: die Zeitung ihr intellektuelles Potenzial und die WAZ 25 Millionen Euro in Cash – und die Aussicht auf weitere Investitionen.

»Politik und Moral haben nichts miteinander zu tun«, so Djindjić bei einer anderen Gelegenheit. »Wer Moral sucht, sollte in die Kirche gehen.« Kein Wunder, dass schon damals Gerüchte kursierten, der smarte Bursche in seinen Designerklamotten hätte auch andere Beweggründe für die Umgehung der Ausschreibung beim *Politika*-Verkauf gehabt.

»Call me Miroslav«

Es ist die typische Nachkriegskarriere eines ehemaligen Tudjman-Günstlings: Vor dem Krieg war Miroslav Kutle Tudjmans Tennispartner. Zehn Jahre später gehört er zu den fünfzig reichsten Kroaten. Inzwischen wird er wieder einmal von Interpol gesucht. Der in Bosnien geborene Kroate begann seine beachtenswerte Laufbahn, die wie eine permanente Berg- und Talfahrt verlief, im Zagreber Vorort

Sloboština mit dem *Moby Dick*. Im gleichnamigen Roman des amerikanischen Schriftstellers Herman Melville beschließt die Hauptfigur, der aus gutem Hause stammende Matrose Ismael – »weil ihm in der über ihn hereinbrechenden Alltäglichkeit unerträglich schwermütig wird« –, ein einfaches Leben als Seemann zu führen. Bei Kutle ist es genau umgekehrt: Er kommt aus einer kinderreichen, bescheiden lebenden Familie und wollte schon immer hoch hinaus. Nur zwei Jahre nach seinem Vorstadtcafé erwarb er auf Pump das Restaurant *Globus* bei der Zagreber Messe. Als Nächstes kaufte er eine Bäckerei, dann eine Wäscherei, und in der Folge sammelte er ein Unternehmen nach dem anderen. »Es war die Zeit der Inflation und Kredite, in der man mit Fremdwährungsspekulationen viel Geld verdienen konnte«, kommentierte er einmal seine Unternehmerkarriere. Was er nicht sagt, ist, dass die meisten seiner Kredite damals von der Hypo Alpe Adria stammten. Und dass er sie nur deshalb bekam, weil er einer jener rund 200 Personen war, unter denen Tudjman laut eigenem Geheimdienst das Staatsvermögen aufzuteilen gedachte: alles getreue Gefolgsleute der HDZ, die auch bereit waren, mit einem ansehnlichen Teil ihrer Gewinne die Parteikasse zu füllen.

Auch seinen Aufstieg zum Medientycoon, der 1993 mit einer Beteiligung bei der *Slobodna Dalmacija* begann, verdankt Kutle seiner Partei. Bei dieser Zeitung, die ihren Redaktionssitz in Split hat, handelt es sich um eines der traditionsreichsten Blätter auf dem Balkan. Die erste Ausgabe wurde 1944 in einem Schuppen auf dem Berg Mosor, der Titos Partisanen als Unterschlupf diente, herausgegeben. Obwohl ursprünglich nur für die kroatische Küstenregion gedacht, hat sich das Blatt – vor allem wegen seiner unabhängigen Redaktionspolitik, aber auch wegen seiner Satireseiten – zu einem überregionalen Renner entwickelt. Auch nach der Staatsgründung fühlte sich der dalmatinische Freigeist unter den Medien, dessen Kolumnisten und Redakteure sowohl aus dem rechten als auch aus dem linken Flügel kamen, nur sich selbst und seinen Lesern verpflichtet. Ein Zustand, der Tudjman schon immer ein Dorn im Auge war und der sich radikal änderte, als Kutle über seine engen Verbindungen zu dem aus Split stammenden Verteidigungsminister Gojko Šušak 37 Prozent der Anteile für damals 3,7 Millionen Mark (rund 1,9 Millionen Euro) erwarb.

Als Chefredakteur verfolgte Kutle – besonders während der kriegerischen Auseinandersetzungen mit den Bosniaken – den von Tudjman gewünschten ultranationalistischen Kurs, was ihm auch nicht schwerfiel. Die Leser goutierten es weniger und liefen dem Blatt scharenweise davon. Um den finanziellen Kollaps zu verhindern, übernahm Anfang 2000, nach den gewonnenen Parlamentswahlen, die Mitte-links-Regierung des in Sachsen geborenen Premierministers Ivica Račan 70 Prozent des Verlages und leitete damit auch in der Zeitung eine neue Ära ein. Die Redaktion wurde ausgetauscht und Kutle, der das Unternehmen auch privat ausgehöhlt haben soll, vor Gericht gestellt – das ihn aber letztlich von allen Vorwürfen freisprach.

Im Mai 2005, zwei Jahre nachdem die HDZ unter Ivo Sanader erneut an die Macht kam, war wieder alles anders. Da wurde die Zeitung zum zweiten Mal privatisiert und für 15 Millionen Euro an die Europapress Holding (EPH) verkauft. Bei dem von Ninoslav »Nino« Pavić gegründeten Verlagshaus handelt es sich um den größten Medienkonzern Kroatiens. Er verlegt mit der *Jutarnji List* die zweitgrößte Tageszeitung des Landes und u. a. die Sportzeitung *Sportske Novosti*, die tägliche Wirtschaftszeitung *Dnevnik* sowie die Wochenzeitschriften *Globus* und *Gloria*. Insgesamt sind 18 Titel mit einer durchschnittlichen Gesamtauflage von rund 660 000 Exemplaren im Programm. Seit 1998 ist auch die frühere deutsche WAZ Mediengruppe mit 50 Prozent an der EPH beteiligt.

Für das Essener Stammhaus der *Westdeutschen Allgemeinen Zeitung* war die Beteiligung gleichzeitig auch der Einstieg in die Hypo-Affäre. Denn das Klagenfurter Geldinstitut hatte natürlich auch die EPH und Nino Pavić in seinem umstrittenen Kreditportfolio. In einer Ende 2009 von PriceWaterhouseCoopers für die BayernLB erstellten Analyse des Kreditportfolios der HGAA scheint der Verlag mit einem Bruttoexposure von insgesamt 32 Millionen Euro auf. Sie sind als »Kredite mit erhöhten latenten Risiken« eingestuft, was angesichts des als potent geltenden deutschen Partners auffällig ist. Rein theoretisch gibt es dafür zwei Erklärungen: Erstens, die Kroatien-Geschäfte der Essener Mediengruppe laufen nicht nach Wunsch. Oder zweitens, es handelt sich – wie gemunkelt wird – um alte Scheinkredite, die vor der WAZ-Beteiligung eingegangen wurden.

Spätestens hier wird klar, dass es seit Bestehen der EPH fast nur Gerüchte um dieses Verlagshaus gibt. Das liegt wahrscheinlich daran, dass niemand wirklich weiß, wer die Aktionäre neben der heutigen Funke-Gruppe sind. Offiziell ist es Nino Pavić. Inoffiziell soll es die sogenannte »Grupa« sein, eine verschworene Clique, zu der außer einem kanadischen Exilkroaten und Filmproduzenten auch Tudjmans Mastermind Ivić Pašalić und Miroslav Kutle gezählt werden. Pašalić wird in Österreich wegen der Hilltop-Geschichte bereits als Beschuldigter geführt. Gegen Letzteren wurde bisher nur in Kroatien ermittelt, auch wegen des Verdachts der Geldwäsche. »Die Frage ist, woher kommt das Geld in seinem Fonds«, rätselte schon der verstorbene Hypo-Staatsanwalt Lazo Pajić. »Ist es sein privates Geld oder ist es ein ›schwarzer Fonds‹ und das Ergebnis krimineller Taten?« Nicht zu übersehen ist, dass Kutle seit 2009 etliche seiner Unternehmungen an andere HDZ-Mitglieder abgetreten hat, was den Gerüchten, er wäre schon immer nur Treuhänder für seine Partei gewesen, neue Nahrung gibt.

So etwa soll der einstige Medienzar, der sich Fremden gegenüber in Anspielung auf den ersten Satz in Melvilles Roman *Moby Dick* gerne mit »Call me Miroslav« vorstellt, auch seine EPH-Anteile bereits veräußert haben, und zwar für 20 Millionen Euro an Nino Pavić. Andere wiederum behaupten, es habe sich dabei nur um die Begleichung einer alten Schuld gehandelt. Pavić soll nämlich die Anteile an die WAZ seinerzeit hinter dem Rücken der »Grupa« verkauft und den Erlös nicht weitergereicht haben. Wenn dem so war, ist Pavić ein mutiger Mann. Eines ist aber auch klar: Sollte er tatsächlich nur ein Strohmann sein, dann haben seine geheimnisvollen Hintermänner, solange keine offiziellen Dokumente über ihre Beteiligungen auf dem Tisch liegen, physisch auch nur über ihn persönlich Zugriff auf ihr Vermögen.

Im Gegensatz dazu war die gemeinsame Beteiligung von Pavić und Kutle bei der Grazer Well Press Verlag GmbH schon immer eine – zumindest im Firmenbuch – offengelegte Sache. Doch was immer die beiden Kroaten mit dem 1995 gegründeten Unternehmen offiziell getrieben haben mögen, viel kann es nicht gewesen sein: Das Unternehmen wurde am 20. November 2008 auf Antrag des Finanzamtes wegen Vermögenslosigkeit gelöscht.

7 IM REICH DER OLIGARCHEN

Scherbien

Belgrad, Februar 1994. Das Leben in Serbien ist von einer Hyperinflation geprägt: Der Taxameter steht, wie immer beim Einsteigen, auf 800. Hinter der Anzeige ist ein halbes Dutzend Nullen drangeklebt. »Alle paar Wochen«, stöhnt der Fahrer, »klebe ich eine neue dazu.« Die Frage nach dem Fahrpreis zum Hotel quittiert der Chauffeur mit einer wegwerfenden Handbewegung. »Vier, fünf Milliarden vielleicht. Es ist ja ganz in der Nähe.« Man gewöhnt sich nicht leicht an derartige Dimensionen. Die Vorstellung, man müsse reich sein, wenn man Trinkgelder in Milliardenhöhe verteilt, steht im harten Gegensatz zur Realität. Pro Woche halbiert sich der Wert des Dinars gegenüber Deutscher Mark und US-Dollar, die längst zu Ersatzwährungen geworden sind. Als der UN-Weltsicherheitsrat im April 1993 die Sanktionen gegen Restjugoslawien verschärfte, hat sich der wirtschaftliche Verfall in Serbien und Montenegro rasant beschleunigt. Zuvor konnte das Embargo auf vielfältige Weise umgangen werden, was den Serben eine – von Benzin abgesehen – fast unbeschränkte Versorgung sicherte. Doch mit der Verschärfung waren die Grenzen dicht: Das Einfrieren des Vermögens auf ausländischen Konten gemeinsam mit dem Verbot, Überweisungen von oder nach Jugoslawien durchzuführen, hatte praktisch auch zur Zahlungsunfähigkeit gegenüber potenziellen Embargobrechern geführt.

Für Miroslav Mišković, einen der serbischen Großkunden der HGAA, war die Phase der Hyperinflation eine Goldgräberzeit. Der in Bošanje, einem kleinen Dorf in Mittelserbien, geborene Geschäftsmann ist Eigentümer der Delta Holding, des größten Privatunternehmens in Serbien. Laut *FAZ* erwirtschaftet der Konzern mit seinen 20 000 Mitarbeitern fast zehn Prozent des serbischen Bruttoinlandsprodukts. »Kosovo ist Serbien« heißt ein nationaler Schlachtruf, »Serbien ist Delta« die böswillige Ableitung dazu. Mit seinem Namen werden in Serbien vor allem zwei Eigenschaften assoziiert: Zum einen gilt der Oligarch, dessen Tentakel in fast alle Wirtschaftsbereiche reichen, seit Jahren als der wohlhabendste und mächtigste Geschäftsmann des Landes; das Belgrader Wirtschaftsmagazin *Ekonomist* beziffert das Gesamtvermögen des 69-Jährigen mit 1,5 Milliarden Euro. Zum Zweiten galt es bis vor Kurzem als Faktum, dass der umstrittene Tycoon aufgrund seiner engen Verbindungen zur politischen Elite unantastbar ist.

Letzteres gilt seit Ende 2012 als überholt. Da wurde Mišković zusammen mit seinem Sohn Marko und acht Mitstreitern verhaftet. Der Filius war beim Versuch, mit einem Privatflugzeug das Land zu verlassen, von der Polizei abgefangen worden. Mišković verbrachte sieben Monate in Untersuchungshaft. Dann wurde er gegen eine Rekordkaution von umgerechnet zwölf Millionen Euro freigelassen und unter Hausarrest gestellt. Seit Ende 2013 wird gegen ihn, seinen Sohn und neun weitere Angeklagte vor dem Belgrader Sondergericht für das organisierte Verbrechen verhandelt. Der Vorwurf lautet auf Amtsmissbrauch, Bestechung, Steuerhinterziehung und Malversationen mit Straßenbauunternehmen sowie beim Kauf staatlicher Immobilien in Neu-Belgrad. Mišković, der seit Monaten vergeblich um die Wiederaushändigung seines Reisepasses kämpft, um seinen internationalen Geschäften nachgehen zu können, lässt das Verfahren auch von sieben Staranwälten aus den USA, Großbritannien und Deutschland verfolgen. Der Oligarch hatte schon mehrmals dem Staat mit Schadenersatzklagen gedroht. Den amtierenden Ministerpräsidenten und Vorsitzenden der Serbischen Fortschrittspartei SNS, Alexander Vučić, konnte er damit jedenfalls nicht einschüchtern. Auch die Bürger Serbiens bräuchten keine Angst zu haben, beruhigt die eiserne Hand der Belgrader Regierung. »Trotz all ihrer Macht und ihres ganzen Geldes können Tycoone wie Mišković Serbien nicht besiegen.«

Nun gehört zwar das Bekenntnis zum Kampf gegen Korruption spätestens seit der demokratischen Wende im Herbst 2000 zum Standardvokabular einer jeden serbischen Regierung. Aber, wie auch andere Verhaftungswellen in letzter Zeit zeigen, scheint es Vučić, der schon als Vizepremier und Koordinator der serbischen Geheimdienste für diesen Kampf zuständig war, mit dem Bekenntnis tatsächlich ernst zu meinen. In Brüssel dürfte man seine Kampagne jedenfalls mit Genugtuung beobachten. So hat etwa die Europäische Kommission ihren Beitrittskandidaten schon vor einiger Zeit dazu aufgefordert, 24 Privatisierungen der vergangenen zwölf Jahre wegen Unregelmäßigkeiten noch einmal kritisch zu hinterfragen, wobei auf der Liste der umstrittenen Entstaatlichungen auch der Name Mišković mehrmals auftaucht. Was aber kaum überrascht, zumal das Delta-Imperium zahllosen Branchen in Serbien den Stempel aufdrückt: angefangen vom Einzel- und Großhandel über das Versicherungsgeschäft und Bankwesen bis in den Immobiliensektor oder die Agrarwirtschaft. Der Umsatz von Serbiens größten Privatunternehmen betrug 2011 rund 1,4 Milliarden Euro – inzwischen sollen es aber nur mehr 600 Millionen sein. Damit ist Mišković, der laut Zeitungsberichten über seine Unternehmen auch schon Drogengelder gewaschen haben soll, das unbestrittene Pik-Ass unter den Balkanoligarchen.

Seinen kometenhaften Aufstieg verdankt der serbische Wirtschaftsbaron vor allem seiner Nähe zum früheren Präsidenten Slobodan Milošević, für den er 1989/90 ein halbes Jahr auch den stellvertretenden Ministerpräsidenten spielte. Die Zeit reichte, um sich die Unterstützung des Gewaltherrschers zu sichern. Mišković bekam einige Handelsmonopole für westliche Markenprodukte zugeschanzt. Unter anderem soll er trotz des westlichen Handelsembargos in großen Mengen Autoreifen exportiert haben, die er zuvor einer serbischen Firma zu Spottpreisen abgekauft hatte. 1991 legte er den Grundstein zu seinem heutigen Imperium: Da gründete der Selfmade-Mann die Delta M d.o.o., jenes Unternehmen, das zurzeit auch die Klagenfurter Staatsanwaltschaft beschäftigt. Konkret geht es dabei um den sogenannten Blok 67, ein kolossales Bauprojekt in Belgrad, bei dem, wie vermutet wird, auch etliche Hypo-Millionen auf irgendwelchen Privatkonten einbetoniert worden sein sollen. Dabei dreht sich alles um Mišković, den ehemalige Steuerberater der HGAA Hermann Gabriel und die Klagenfurter Blok 67 GmbH. Letztere befand sich ursprünglich im Alleineigentum der Hypo – gehörte aber später zur Hälfte einer Delta-Tochter von Mišković – und wurde 2014 aus dem Handelsregister gelöscht.

Dass in den Volkswirtschaften des Balkans Männer mit undurchsichtigen Biografien den Ton angeben, hat Tradition. Mišković jedoch hat dieses Faktum ins Extrem gesteigert. Hinter dem Vorhang des blutigen Zerfalls Jugoslawiens baute er unbemerkt seine wirtschaftliche Vorherrschaft aus: Er nutzte die günstigen Kredite der Staatsbanken, um sie in neue Firmen zu pumpen, und gründete mit dem Placet von Milošević auch eine eigene Privatbank, die er 2004 an die italienische Intesa-Gruppe verkaufte. Die *Delta banka*, die reichlich mit frisch gedruckten Dinarscheinen versorgt war, soll – wie etwa auch die private *Dafina banka* – dem Milošević-Regime hauptsächlich als illegale Wechselstube gedient haben, um der Bevölkerung und vor allem den Familien der Gastarbeiter in Deutschland die letzten Devisen aus den Kopfpolstern zu ziehen. Wegen seiner Nähe zum Regime setzte die Europäische Union Mišković 1998 auf die schwarze Liste und verbot ihm die Einreise in EU-Staaten. Nur zwei Jahre später erreichten seine Anwälte eine Aufhebung des Verbots. Einer seiner Fürsprecher soll Bodo Hombach gewesen sein, der damalige Sonderkoordinator für Südosteuropa. Noch bevor Milošević gestürzt und an das Den Haager Kriegsverbrechertribunal ausgeliefert wurde, wechselte der Oligarch die Seiten und wurde nach eigenen Angaben zu einem der wichtigsten Finanziers der demokratischen Opposition. »Jeder weiß, dass unsere Tycoone ihre Monopole und ihre Reichtümer politischen Privilegien verdanken«, bekennt der ehemalige Vorsitzende der Demokratska stranka, Dragoljub Mićunović, in einem *FAZ*-Interview. »Keiner von ihnen ist dank seiner Genialität oder seiner Geschäfte ein großer Unternehmer geworden.«

Dabei sein ist alles

Das Maskottchen der XXV. Sommer-Universiade 2009 war ein bunter Spatz mit Käppi namens *Srba*. Die Weltsportspiele der Studenten fanden Anfang Juli in Belgrad statt, das sich im Januar 2005 bei der offiziellen Nominierung in Innsbruck gegen Monterrey (Mexiko) und Posen (Polen) als Austragungsort durchgesetzt hatte. Nur ein Jahr später ließ der Klagenfurter Ex-Steuerberater der Hypo Alpe-Adria-Bank, Hermann Gabriel, die Blok 67 Associates d.o.o. ins serbische Firmenbuch eintragen. Für die rund 8000 Teilnehmer des internationalen Sportevents sollte eine Art olympisches Dorf in Neu-Belgrad entstehen, für dessen Errichtung die Blok 67 als einziger Bieter den Zuschlag erhalten hatte. Das Projekt war das bisher größte Wohnbauvorhaben Belgrads: Auf 13,8 Hektar ehemaligen Sumpfgebiets wurden 16 Appartementhäuser mit 1858 Wohnungen errichtet. Die Satellitenstadt bekam den Namen *Belville* und wurde den Teilnehmern während der Universiade kostenlos zur Verfügung gestellt. Als Baukosten waren 140 Millionen Euro veranschlagt. Nach der Universiade sollten die Wohnungen verkauft werden, vornehmlich an junge Ehepaare. Dies zumindest war der Plan. Gabriel, der angesichts eines prognostizierten Projektgewinns von 65 Millionen Euro natürlich sofort die HGAA als Finanzier gewinnen konnte, will rein zufällig von dem Auftrag Wind bekommen haben. »Ich machte für die serbische Regierung einen Gesundheitsmasterplan. Dabei habe ich von dem Projekt erfahren«, erzählte er der *Kleinen Zeitung*.

Doch die Bank sollte ihren Optimismus wieder einmal teuer bezahlen: Die Projektkosten explodierten innerhalb eines Jahres um 85 Millionen auf 235 Millionen Euro, und mangels Eigenkapital der Blok 67 Associates d.o.o. musste die Hypo im März 2007 das Projekt selbst übernehmen; andernfalls wären die bereits investierten 58 Millionen Euro für immer verloren gewesen. Das Projekt tritt noch heute auf der Stelle. Trotz intensiver Verkaufsbemühungen stehen Hunderte Wohnungen leer, was bei einem monatlichen Durchschnittseinkommen von 400 Euro in Serbien kaum überrascht. Der ausgebliebene Verkaufsboom lässt auch den erhofften Gewinn illusorisch erscheinen und schlägt sich in den Kreditbüchern der HGAA mit einem ausgewiesenen Obligo von über 120 Millionen Euro nieder.

Im Gegensatz dazu hatte Hermann Gabriel seinen Spatz schon vor Jahren in der Hand: Seine österreichische CEE Invest, die zuletzt 75 Prozent an der serbischen Blok 67 hielt, verkaufte ihre Anteile für 13,5 Millionen Euro an die Hypo und war mit einem Schlag auch alle Verbindlichkeiten los. Ein schlechtes Gewissen hatte der Mann nie. »Der Verkaufspreis war angemessen. Wir haben das Projekt mit 60 Leuten entwickelt. Alle Bewilligungen lagen vor, die ersten Bauarbeiten liefen, und ich habe ein Jahr lang mit Blut, Schweiß und Tränen gearbeitet.«

Der Klagenfurter Staatsanwaltschaft ist der Einstieg der Bank in das Projekt als Gesellschafter trotzdem nicht geheuer: »Obwohl sich herausstellte, dass die ursprüngliche Projektgesellschaft dieses Projekt wegen eingetretener Risiken nicht realisieren konnte (…), entschloss sich die HBInt nach der Aktenlage dazu, dieses Projekt selbst zu erwerben, und zwar zu einem zusätzlichen Preis von 18 Millionen Euro zur ursprünglich gewährten Finanzierung.« Daraus ergebe sich der Verdacht, dass dieser Bau wissentlich zum Nachteil der HGAA überfinanziert wurde, heißt es fast schon standardmäßig in der Begründung für eine ihrer ersten Hausdurchsuchungen – wobei noch immer ermittelt wird, wie es tatsächlich zu der obskuren Bankbeteiligung kam.

Unklar ist auch nach wie vor, ob der umtriebige Ex-Steuerberater der HGAA das Geschäft auf eigene Rechnung oder als Treuhänder gemacht hat. Möglich wäre natürlich auch beides. Jedenfalls war Gabriel zu dieser Zeit auch finanziell eng mit dem für die Kreditvergaben zuständigen Vorstand Günter Striedinger verbandelt. So etwa gewährte die CEE Invest kurz nach dem Verkauf der Blok 67 an Privatfirmen von Striedinger und dessen Schwager Herbert Lackner ein Darlehen von insgesamt 2,8 Millionen Euro. Abgewickelt wurde der Verkauf vom damaligen Rechtsberater der Bank Gerhard Kucher – womit sich auch in diesem Kreditfall die Ermittlungen wieder einmal um dieselben Personen und im Kreis drehen.

Kreditvergabe im Blindflug

Die wahren Besitzverhältnisse der Blok 67 Associates d.o.o. (Blok 67 d.o.o.) waren nie leicht durchschaubar. Eingetragen wurde die Projektgesellschaft im serbischen Firmenbuch am 17. März 2006. Gründergesellschaft war die CEE Invest von Herman Gabriel, die zum damaligen Zeitpunkt selbst erst seit drei Monaten existierte. Es deutet vieles darauf hin, dass diese Holding nur als Treuhandgesellschaft – auch für andere Projekte – errichtet wurde. »Der Hauptgeschäftszweck des Unternehmens ist der Erwerb und das Halten von Beteiligungen im In- und Ausland. Der Schwerpunkt liegt in Immobilienprojekten«, heißt es im Geschäftsbericht für das Gründungsjahr. Demnach wurden auch bereits 2006 zwei Beteiligungen zu 100 Prozent erworben: Im März die Belgrader Blok 67 d.o.o. und im Mai die Wiener ProLoft Immobilien GmbH, hinter der Vladimir Zagorec stand. Das Aktienkapital der CEE Invest betrug immer 100 000 Euro und wurde (bis auf eine Ein-Euro-Aktie) von Gabriel gehalten. Allerdings trat die Holding schon drei Tage nach Erwerb der Blok 67 d.o.o. 25 Prozent dieser Anteile zum Nominalwert (1250 US-Dollar) an die Delta M d.o.o. des serbischen Oligarchen Miroslav Mišković ab. Ob Gabriel bezüglich der Zagorec-Firma einen Treuhandvertrag hatte, ist nicht bekannt. Den Kontakt zum Ex-General, der damals noch als honoriger Mann galt, dürfte jedenfalls Striedinger hergestellt haben.

In Bezug auf die tatsächlichen Beteiligungsverhältnisse von Gabriel bei der serbischen Blok 67 indes gibt es widersprüchliche Hinweise: Laut einer Aktennotiz in der Hypo hat Gabriel im September

2006 eine schriftliche Bestätigung abgegeben, dass er »weder für Delta noch für irgendeinen Dritten als Treuhänder tätig wäre, sondern ausschließlich im eigenen Namen und auf eigene Rechnung«. Hier soll den Ermittlern bei einer Hausdurchsuchung jedoch ein Organigramm in die Hände gefallen sein, das dieser Behauptung entgegensteht. Unmittelbar vorangegangen war Gabriels Bestätigung die erneute Aufschiebung eines Kreditantrages in Höhe von rund 100 Millionen Euro, »um Informationen über die Eigentümerstruktur einzuholen«.

Eigentlich hätte das Ansuchen schon im April, also nur einen Monat nach Gründung der Blok 67 d.o.o., die Gremien passieren sollen und war auch schon entsprechend vorbereitet worden. So etwa hatte der Kreditbearbeiter auf Anweisung von Günter Striedinger den voraussichtlichen Projekterfolg (55 Millionen Euro) – »um die Ausschüsse leichter passieren zu können«, wie ein Ermittler vermutet – um 10 Millionen hinaufkorrigiert. Der korrigierte Antrag wurde auch pünktlich dem Credit Committee vorgelegt. Doch Striedinger und sein Vorstandskollege Josef Kircher dürften im letzten Moment doch kalte Füße bekommen haben und beschlossen ein »additional processing«, also eine zusätzliche Aufbereitung. Fix beschlossen wurden lediglich ein im Verhältnis kleiner Einmalkredit (3 Millionen Euro) und eine weitere Bankgarantie (26 Millionen) zugunsten des Veranstalters der Universiade. Laut Vertrag musste nämlich die Wohnanlage bis spätestens Mai 2009 schlüsselfertig übergeben werden. Sollte dieser Termin platzen, war der Veranstalter berechtigt, das Projekt in Besitz zu nehmen und auf Kosten der Blok 67 d.o.o. fertigzustellen. Zusammen mit der Bankgarantie hatte das Obligo der Projektgesellschaft somit bereits vor Baubeginn eine Gesamtsumme von knapp 74 Millionen Euro erreicht und stand unter keinem guten Stern. Aufgrund der Haftungsübernahme durch die HBInt ist anzunehmen, dass auch Wolfgang Kulterer in diese Entscheidung eingebunden war. »Jeder mit diesen Garantien Befasste musste erkennen und hat auch erkannt, dass die Einräumung (...) zwangsläufig auch nach sich zieht, dass das Gesamtprojekt von der HBInt in weiterer Folge ›ausfinanziert werden muss‹, will man verhindern, dass die Garantien gezogen werden«, folgert die Staatsanwaltschaft.

Als das Kreditansuchen um 100 Millionen erneut eingereicht wurde, war Striedinger bereits aus dem Verervorstand der HGAA ausgeschieden, womit die Blok 67 d.o.o. einen ihrer heftigsten Befürworter verloren hatte. Der restliche Vorstand sah das Projekt zwar grundsätzlich positiv, hielt »jedoch aufgrund der Sensibilität und der bevorstehenden Nationalbankprüfung eine Offenlegung der Eigentümerstruktur bzw. dahinter liegender Vereinbarungen für unbedingt notwendig«, wie es in einem Vorstandsprotokoll heißt. Somit wurde der Antrag erneut zurückgestellt. Beim dritten Versuch schaffte es derselbe Kreditantrag immerhin bis zur letzten Prüfinstanz. Dass er letztlich doch an ihr scheiterte, ist allerdings ungewöhnlich: Es war nämlich einer jener seltenen Fälle in der Hypo-Affäre, in denen sich ein Aufsichtsrat geweigert hat, einen Großkredit mittels Umlaufbeschluss zu genehmigen. Ansonsten ist die Blok 67 d.o.o. ein Skandalfall wie jeder andere in der HGAA: Wie schon so oft hatte auch hier die Bank immense Kredite gewährt, ohne das Projekt und seine Hintermänner zu prüfen, und musste, als offensichtlich wurde, dass die Darlehen nicht bedient werden konnten, letztlich selbst als Eigentümer einspringen.

Preisfindung nach Kärntner Art

Es war eine seiner ersten Amtshandlungen als neuer Chef des Aufsichtsrates. Ende Oktober 2006 bat Wolfgang Kulterer den größten serbischen Privatunternehmer, Miroslav Mišković, um ein vertrauliches Gespräch. Dabei teilte er dem Eigentümer der Delta Holding mit, dass die Bank im Hinblick auf das Potenzial und die Bonität der österreichischen CEE Invest größte Bedenken habe. Deshalb wäre sie auch nicht mehr gewillt, das Belgrader Projekt Blok 67, bei dem auch eine Delta-Tochter mit 25 Prozent beteiligt sei, länger zu unterstützen. Zuerst zeigte sich der serbische Oligarch erstaunt, »dass hinter der CEE Invest Holding AG nicht die HGAA, sondern Mag. Hermann Gabriel stehe«, berichtet Kulterer später seinen Aufsichtsratskollegen in Klagenfurt. Dann habe er drei Handlungsalternativen vorgeschlagen – darunter auch eine direkte Beteiligung der Bank.

Am 22. Januar 2007 kommt dann ein Viertel der Belgrader Blok 67 ganz schön herum: Zuerst verkauft die serbische Delta M d.o.o. ihren 25-Prozent-Anteil an eine Offshoregesellschaft auf Tortola, der Hauptinsel der British Virgin Islands (BVI); eigentlich ist es kein

Verkauf, sondern eine Abtretung, denn die Anteile werden zum Nominalwert von 250 000 Euro transferiert. Der Gedanke dahinter ist augenscheinlich: Die britischen Jungferninseln der Kleinen Antillen in der Karibik, etwa 100 Kilometer östlich von Puerto Rico, gelten seit Mitte der Achtzigerjahre als beliebtes Steuerparadies. Die Inselgruppe beherbergt rund 500 000 internationale Briefkastenfirmen, von denen die meisten auf Tortola registriert sind. Damit kommen auf jeden Einwohner der BVI mehr als 20 Offshoreunternehmen. Allein ihre Gründungsgebühren machen bereits mehr als die Hälfte des Staatseinkommens aus.

Noch am gleichen Tag werden die gerade erworbenen Anteile an eine liechtensteinische Anstalt weitergereicht. Das ist jetzt allerdings ein Verkauf, denn sie kosten 4,5 Millionen Euro, wovon 2,5 Millionen binnen sieben Tagen fällig sind, der Rest ist laut Kaufvertrag bis Ende März zu bezahlen. Sitz der liechtensteinischen Anstalt ist die Kanzlei der Gebrüder Hoop & Hoop in der Vaduzer Pflugstrasse 7. Diese Adresse ist bereits bestens bekannt. Fast alle liechtensteinischen Stiftungen, Anstalten oder Aktiengesellschaften, von denen man vermutet, dass sie in dubiose Machenschaften im Zusammenhang mit der Kärntner Hypo verwickelt sind, residieren an diesem Ort. Es dürften inzwischen weit über hundert sein. Seit Auffliegen der Affäre gehen daher einige nervöse Klienten der Gebrüder über die ESCAN Trust stiften, die an derselben Adresse zu Hause ist.

Somit stellen sich die Besitzverhältnisse der serbischen Blok 67 d.o.o. Ende Januar 2007 wie folgt dar: 25 Prozent hält die Liechtensteiner Anstalt Assoluta und 75 Prozent die Wiener CEE Invest. Nur zwei Monate später ist wieder alles anders. Da kauft die Hypo Alpe-Adria-Beteiligung GmbH (HABEG) von diesen beiden Unternehmen um 18 Millionen Euro sämtliche Anteile der serbischen Blok 67 und bringt sie um denselben Preis in eine österreichische GmbH gleichen Namens ein. Der Abtretungspreis verbleibt jedoch als Kapitalerhöhung in der neuen Blok 67 GmbH. Das Gesamtobligo der serbischen Tochtergesellschaft beträgt zu diesem Zeitpunkt exakt 57 748 768,87 Euro – womit die Hypo um 18 Millionen ihre eigenen Außenstände zurückgekauft hat.

Im Gegensatz dazu waren die früheren Gesellschafter schuldenfrei und durften sich über einen Verkaufserlös von 4,5 Millionen (Assoluta) bzw. 13,5 Millionen (CEE Invest) freuen. Alleinaktionär der CEE Invest war damals bekanntlich Herman Gabriel. Für die liechtensteinische Anstalt zeichnete ein serbischer Strohmann verantwortlich, der sowohl mit Gabriel als auch mit Striedinger in geschäftlicher Verbindung stand. Doch das Beteiligungskarussell sollte sich noch weiter drehen: Keine zwei Wochen nachdem die Hypo Alleineigentümer geworden war, erwarb wieder eine Delta-Tochter des serbischen Oligarchen Mišković 50 Prozent der österreichischen Blok 67 und legte dafür neun Millionen Euro auf den Tisch, was bei einigen Verwunderung hervorrief. »Es ist unverständlich, warum die Delta Real Estate einen so hohen Kaufpreis zahlte, zumal sie vorher schon mit 25 Prozent an der Blok 67 d.o.o. beteiligt war und diesen Anteil um 250 000 Euro an die Right Start Technology Ltd., Virgin Islands, übertragen hatte«, wird in einer Sachverhaltsdarstellung der CSI Hypo eine berechtigte Frage aufgeworfen. Denn normalerweise gehen so nur Geldwäscher vor. Dass die Right Start damals dann ihre Anteile um ein Vielfaches nach Liechtenstein verkaufte, ergibt hingegen schon mehr Sinn. »Es kann nicht ausgeschlossen werden, dass der Erwerb von 25 Prozent der Anteile durch die Assoluta Anstalt deshalb mit 4,5 Millionen Euro vorgenommen wurde, um letztlich ein Argument für die Preisbestimmung von 18 Millionen für 100 Prozent des Stammkapitals zu haben«, rechnet die CSI Hypo in ihrer Anzeige vor.

Das würde freilich bedeuten, dass einflussreiche Entscheidungsträger in der HGAA bei dem undurchsichtigen Handel mitgespielt haben. Aus den Bankunterlagen ist jedenfalls nicht ersichtlich, wie es zu diesem Abtretungspreis gekommen ist. Es gibt auch kein entsprechendes Bewertungsgutachten, wobei ohnedies davon ausgegangen werden kann, dass die Blok 67 d.o.o. im Hinblick auf die hohen Verbindlichkeiten und das mangelnde Eigenkapital kaum einen Wert hatte. Einer, der vielleicht Klarheit schaffen könnte, wäre wieder einmal Ex-Vorstand Josef Kircher: Er soll den Kaufpreis Gerhard Kucher vorgegeben haben, da sich die HBInt Hermann Gabriel gegenüber verpflichtet hatte, den Rechtsanwalt »unwiderruflich mit der Durchführung und Abwicklung dieses Kaufvorganges zu beauftragen«. Man war schließlich ein eingespieltes Team.

Bemerkenswert ist auch, dass die Steuerberatungskanzlei von Gabriel am 13. März 2007 den Abtretungsvertrag zwischen der Right Star von den Virgin Islands und der liechtensteinischen Assoluta »dringend an VDir Kircher für eine Besprechung, die bereits um 9 Uhr beginnt«, übermitteln ließ. Sitzungsthema war der »Anteilserwerb der Blok 67«. Ob Kircher bei der Festsetzung des Kaufpreises dann auch tatsächlich mit den Summen aus diesem Vertrag argumentiert hat, ist nicht überliefert. Im Interesse der Bank war das Ergebnis dieser Besprechung jedenfalls nicht: Denn trotz Übernahme sämtlicher Verbindlichkeiten, nicht bezahlter Garantieprovisionen, des Nichtvorhandenseins eines Bewertungsgutachtens und des Fehlens rechtskräftiger Baugenehmigungen bezahlte die Hypo 18 Millionen Euro für eine Gesellschaft, die mangels Eigenkapital bereits zahlungsunfähig und überschuldet war. Dazu kommt, dass die Geschäftsanteile der Blok 67 d.o.o. schon längst zugunsten der HBInt verpfändet waren. Abgesehen davon hatte die Bank eine Call-Option und hätte um einen symbolischen Euro auf 51 Prozent der Anteile zugreifen können.

Für die CSI Hypo war der Fall damit klar: »Statt die Geschäftsverbindung abzubrechen und bestehende Sicherheiten, konkret die Geschäftsanteile, zu realisieren, entschloss man sich vorsätzlich pflichtwidrig nicht nur weitere enorme Mittel in das Projekt zu pumpen, sondern auch ohne jede wirtschaftliche Rechtfertigung Abtretungspreise von insgesamt 18 Millionen Euro an die von Mag. Gabriel und Dr. Hoop gelenkten Gesellschaften zu bezahlen.«

Aber auch in sportlicher Hinsicht war die Belgrader Universiade 2009 ein rot-weiß-roter Flop. Österreich landete in der Mannschaftswertung mit einer einzigen Medaille auf dem 53. Platz bei 56 teilnehmenden Nationen. Die Ehre des Landes rettete der Pädak-Student Clemens Zeller aus Krems an der Donau, der in seiner Spezialdisziplin, dem 400-Meter-Lauf, mit einer Zeit von 46:12 Sekunden Silber gewann.

Zusammenfluss von Geld und Macht

Früher, unter Marschall Tito, war er der höchste Wolkenkratzer auf dem Balkan und das Zentrum der Macht. In der Nacht blieben die Lichter an und ließen den Namen des jugoslawischen Staatsgründers bis in den letzten Winkel der Hauptstadt strahlen. Im Volk hieß der 105 Meter hohe Turm in Belgrad immer nur schlicht CK, nach den Anfangsbuchstaben von *Centralni Komitet*, der serbokroatischen Bezeichnung für Zentralkomitee, die höchste Organisation im einstigen Bund der Kommunisten Jugoslawiens (SKJ). Heute ragt das frühere Machtsymbol mit Antenne stolze 141 Meter in die Höhe, heißt Ušće Tower und repräsentiert die neue Autorität des Landes: das Geld. Der Name bedeutet »Zusammenfluss« und ist ein Hinweis auf den unveränderten Standort im heutigen Neu-Belgrad, dort, wo die Save in die Donau fließt. Zyniker behaupten, er sei ein Synonym für Petar Matić, den Eigentümer des Büroturms, in dessen Name sich beides vereinige: Geld und Macht. Der serbische Geschäftsmann ist Gründer und Besitzer der MPC Holding, einer vor 25 Jahren gegründeten Investmentgesellschaft, die u. a. im Modehandel, der Sport- und Automobilbranche sowie der Tabakindustrie tätig ist. Er ist Importeur von führenden Marken wie Citroën, Springfield, Cortefiel und Reebok. Matić, der seine Selbstständigkeit noch während des Krieges mit dem Import von italienischen Schuhen, Öl und Benzin begann, ist auch Mehrheitseigentümer der MPC Properties, dem ultimativen Eigentümer des Ušće Tower und einem Joint Venture mit der US-Investmentbank Merrill Lynch. Daneben besitzt der ehemalige Schuhverkäufer aus Šibenik (Kroatien) mehrere bedeutende Immobilien und das größte Einkaufszentrum auf dem Balkan – das Ušće Shopping Center neben dem Wahrzeichen, dem Turm.

Der öffentlichkeitsscheue Serbe aus Kroatien hat auch etliche Immobilienprojekte von der Hypo Consultants Holding (HCH) erworben, nachdem diese im März 2007 an eine kroatische Investmentgesellschaft verkauft worden war. Die Holding, die nicht nur in allen Teilrepubliken Ex-Jugoslawiens, sondern auch in Österreich, Italien und Liechtenstein Töchter hatte, spielte lange Zeit eine zentrale Rolle bei den Machenschaften der HGAA. Generell wurden nämlich Projekte, bei denen die Hypo als finanzierende Bank Gefahr lief, ihre Kredite zu verlieren, in Beteiligungen umgewandelt und in den verschiedenen Consultants-Töchtern geparkt. Damit konnte man die Klagenfurter Bilanzen schonen und musste die Kredite nicht mit Eigenmitteln unterlegen. Eine Vorgehensweise, die unter Experten umstritten und inzwischen auch längst Gegenstand gerichtlicher Ermittlungen ist. Genauso wie der Verkauf der Consultants-Gruppe an sich. Hier besteht laut Gerichtsunterlagen der Verdacht, »dass diese Gruppe nach vorheriger Absprache zu billig verkauft wurde bzw. die Verantwortlichen der HBInt der Investorengruppe einen Kredit zum Erwerb einräumten, und zwar in Kenntnis, dass dieser nicht zurückbezahlt wird«.

Evident ist, dass der kroatische Käufer die Consultants-Gesellschaften in Serbien und Bosnien-Herzegowina schon bald nach dem eigenen Erwerb gewinnbringend an die MPC Holding von Petar Matić weiterverkauft hat und dieser etliche Immobilien aus diesem Pool ebenfalls schon kurz darauf gleichfalls mit Profit abgestoßen hat. Die ursprünglichen Finanzierungskredite hat nämlich bis heute die Hypo am Hals. Dazu kommt, dass sowohl der Erstkäufer der HCH, eine gewisse Auctor aus Zagreb, als auch Matić ihre Consultants-Käufe kurioserweise wieder mit Krediten der HGAA finanziert haben. Im Fall der Auctor ist das besonders unverständlich, da die Bank die Consultants-Gruppe zum Beispiel zu besseren Bedingungen an einen internationalen Fonds verkaufen hätte können, der den Kaufpreis zudem aus eigenen Mitteln hätte stemmen können.

Doch während sich Multimillionär Matić – der im Juni 2009 noch rund 140 Millionen Euro bei der Hypo offen hatte – in seiner Heimat sukzessive aus dem Immobiliengeschäft zurückzog und dieses Feld anscheinend seinem Konkurrenten Miroslav Mišković von der Delta Holding überließ, ist der Turmbesitzer zu Belgrad in Bosnien und Herzegowina nach wie vor aktiv. Seine größte Investition im serbischen Nachbarland, die ebenfalls von der Hypo finanziert worden ist, liegt allerdings schon elf Jahre zurück: Da erwarb er von der Alpha Baumanagement GmbH (Alpha Bau) für 32 Millionen Euro das geschichtsträchtige Hotel Holiday Inn in Sarajewo, das während der Belagerung der Stadt zahlreichen EU-Beobachtern und Kriegsberichterstattern als Unterschlupf diente.

Das Villacher Bauunternehmen gehört Jakob Kuess, einem Geschäftsfreund von Wolfgang Kulterer, und hat zu dessen Zeit als Hypo-Chef natürlich auch eng mit der Klagenfurter Bank zusammengearbeitet – wovon nicht zuletzt ein noch offenes Kreditobligo von über 50 Millionen Euro zeugt. Branchengerüchten zufolge ging es bei dieser Geschäftsbeziehung auch um Grundstücksprojekte in Slowenien und Bulgarien, die Kuess für Baumärkte oder Lebensmittelketten mit Hypo-Krediten akquirierte oder entwickelte: nicht selten im Auftrag der Hypo, welche sich an etlichen Kuess-Projekten als Gesellschafter beteiligt hat.

So etwa wurde auch das Holiday Inn samt einem angrenzenden Grundstück Ende 2003 für 26 Millionen Euro gemeinsam von der Alpha Bau und der Hypo Consultants erworben. Das Bauunternehmen hielt ursprünglich 74 Prozent, verkaufte aber zwei Jahre später seine Anteile an eine geheimnisvolle Maricopa Aktiengesellschaft in Vaduz und die Hypo. Sitz der liechtensteinischen AG, die im Juli 2006 – also kurz bevor Kulterer als Vorstand der HGAA zurücktreten musste – in Liquidation ging, war – wie sollte es auch anders sein? – die Kanzlei der Gebrüder Hoop. Am 1. Oktober 2007, kurz bevor Kulterer auch als Aufsichtsratsvorsitzender seinen Sessel in der Bank räumen musste, wurde die Maricopa dann endgültig aus dem fürstlichen Handelsregister gestrichen. Gerüchte, dass Kulterer auch privat an den Kuess-Geschäften verdient hätte, standen zwar immer im Raum – Ermittlungen durch die Klagenfurter Staatsanwaltschaft sind in diesem Zusammenhang jedoch nicht bekannt.

Faule Kredite

Es sind diese verwinkelten Hin-und-her-Geschäfte, die eine seriöse Analyse des Kreditportfolios der HGAA selbst heute noch unmöglich machen. Mit diesem Problem hatte schon die BayernLB zu kämpfen, als sie nach etlichen Kapitalaufstockungen endlich Klarheit wollte, ob das von ihr erworbene Fass auch einen Boden hat. Deshalb beauftragte sie Ende Juli 2009 die Wirtschaftsprüfungskanzlei PriceWaterhouseCoopers (PWC) mit einer Bestandsaufnahme. Der Auftrag lief streng geheim unter dem Decknamen *Fokus* und ließ die PWC-Prüfer in halb Europa ausschwärmen, um nach faulen Krediten zu suchen. Ihr Ergebnis lag im November vor. Nur einen Monat später ließen die Bayern die Klagenfurter Bank wie eine heiße Kartoffel fallen: Denn der vermutete Leichenkeller hatte sich als Massengrab entpuppt. Kenner der Materie bezweifelten dabei schon damals, dass in der 214 Seiten umfassenden Analyse tatsächlich alle Kreditleichen der Hypo aufgelistet sind. Ein Anspruch auf Vollständigkeit wird aber auch von den PWC-Experten nicht erhoben, da sie auftragsgemäß nur »auf die von der HGAA zur Verfügung gestellten Unterlagen und Informationen abgestellt haben«. In Bezug auf *»Umfang und Qualität der Unterlagen«* wird sogar moniert, dass »auf Basis der uns zur Verfügung gestellten Datenbank eine Zusammenführung der einzelnen Engagements« praktisch unmöglich gewesen sei. Trotzdem haben sie in einer separaten Einzelanalyse zum Beispiel beim Kreditkunden Vladimir Zagorec immerhin ein Klumpenrisiko von über 115 Millionen Euro festgestellt. »Für das Engagement der HBInt haben wir auf Basis der vorliegenden Wertgutachten von Spiller Farmer aus 2008 einen Sicherheitenwert von € 35,7 Millionen ermittelt«, wird es dazu in einer erweiterten Beurteilung durch das Wirtschaftsberatungsunternehmen KPMG heißen. Verantwortlich für diese neuerliche Expertise, die bereits im Auftrag der Republik gemacht worden ist, ist der spätere Hypo-General Gottwald Kranebitter. Der damalige Partner und Geschäftsführer der KPMG baute dabei im Wesentlichen auf die Erkenntnisse des PWC-Gutachtens auf. Beide Analysen dienten als Grundlage für die Restrukturierungsmaßnahmen der verstaatlichten Hypo: ein Fundament, das sich schon bald als äußerst brüchig herausstellen sollte.

Untersucht wurden in zehn Bankentöchtern und 13 Leasinggesellschaften der HGAA etwa 1400 Einzelkredite mit einem Volumen von insgesamt 10,7 Milliarden Euro, was 28 Prozent des damaligen Gesamtportfolios entspricht. Laut PWC stellt davon »jeder dritte Kreditnehmer ein erhöhtes Ausfallrisiko dar«. Fast die Hälfte davon stamme zudem aus einem Land, in dem auch der Staat »erhöhte latente oder akute Ausfallrisiken« aufweise, was den Ausfall der einzelnen Kreditnehmer noch erhöhe. Generell habe sich bereits im Jahr vor dem Prüfungsstichtag die Qualität des Kreditportfolios signifikant verschlechtert. So etwa seien bei den Leasinggesellschaften bereits 29 Prozent der Kreditnehmer und bei den Banken 13 Prozent länger als 90 Tage mit ihren Raten in Rückstand gewesen – wobei hier fairerweise angemerkt werden sollte, dass Mitte 2008 auch die Folgen der internationalen Wirtschaftskrise voll durchgeschlagen haben.

Insgesamt ergab die PWC-Analyse zu der bis dahin bereits gebildeten Risikovorsorge in Höhe von 1,3 Milliarden Euro einen zusätzlichen Vorsorgebedarf von 1,2 Milliarden Euro. Mehr als zwei Drittel davon gingen zulasten der Hypo-Töchter in Österreich und Kroatien. Die Summe spiegelte nicht zuletzt auch die verheerende Qualität der erstellten Sicherheiten wieder: Der überwiegende Teil entfalle auf unbebaute Grundstücke oder auf im Bau befindliche Objekte, stellten die PWC-Prüfer fest. Daher sei ihre Verwertung bei einem Anhalten der Wirtschaftskrise »wenn überhaupt nur mit erheblichen Abschlägen auf die angesetzten Sicherheitswerte möglich«.

In der *Fokus*-Analyse finden sich natürlich auch die einzelnen Kredite von Petar Matić und seiner MPC Holding wieder. Einer betrifft zum Beispiel mit 7,5 Millionen Euro den serbischen Immobilienmogul als Privatmann, wobei der »Sicherheitswert« erstaunlicherweise mit null angegeben ist. Der Ušće Tower selbst wiederum ist mit 60,1 Millionen aufgelistet, von denen 38,3 Millionen als besichert gelten. Insgesamt wird der Multimillionär mit einem Klumpenrisiko von 141,6 Millionen Euro ausgewiesen, während die vorhandenen Sicherheiten mit 65,7 Millionen weit weniger als die Hälfte betragen.

»Angesichts des Vermögens, über das Herr Matić verfügen soll«, meint ein Ermittler dazu trocken, »wird man sich diese Kreditfälle sicher näher anschauen müssen.« Das dürfte inzwischen auch geschehen sein. Matić, für den natürlich die Unschuldsvermutung gilt, scheint auf der Liste der Beschuldigten an 81. Stelle auf.

8 DURCHS LAND DER HYPO-PROFITEURE

Ein Koloss am Wörthersee

Der prächtige Anblick verzückt Otmar Michaeler stets aufs Neue. So wie es am Westufer des Wörthersees thront, im schmucken Schönbrunner Gelb, mit vier polygonalen Ecktürmen und dem modernen Anbau, der sich hinter der zweistöckigen Neorenaissance-Fassade dezent im Hintergrund hält, ist das Schlosshotel Velden für den Vorstand der Falkensteiner Michaeler Tourism Group (FMTG) ein Juwel im Portfolio des Südtiroler Fremdenverkehrsunternehmens. Die Hotelkette, die vor allem in Österreich und Kroatien tätig ist, hat das einstige Lustschloss der Kärntner Adelsfamilie Khevenhüller aber nur gepachtet. Die wohl bekannteste Filmkulisse an der Kärntner Riviera befindet sich im Eigentum der Erben des kürzlich verstorbenen Billa-Gründers und Immobilienmoguls Karl Wlaschek. Dieser war nach der Hypo Alpe-Adria-Bank der achte Besitzer der Luxusherberge. Vor über zwei Jahrzehnten waltete hier der Fernsehliebling Roy Black als Hoteldirektor, und deshalb pilgern noch immer viele ältere Zuseher zu dem Drehort der Serie *Ein Schloss am Wörthersee.*

Vor dieser geschichtsträchtigen Kulisse beginnt eine Reise zu den Perlen der Hypo-Profiteure, die von Kärnten nach Istrien und entlang der dalmatinischen Küste bis an die südliche Grenze von Kroatien führt. Für die Glücksritter des Klagenfurter Geldinstituts ist die 1800 Kilometer lange Strecke eine Traumstraße undurchsichtiger Immobilienveranlagungen. Sie führt durch idyllische Dörfer, naturgeschützte Landstriche und an die schönsten Buchten der Adria. Für den österreichischen Steuerzahler, den der größte Finanzskandal der Zweiten Republik inklusive der für 2014 bereitgestellten Staatshilfe bereits 6,41 Milliarden Euro gekostet hat, ist es hingegen eine Albtraumroute. Die finanzielle Blutspur der verlorenen Hypo-Millionen zieht sich von Velden bis nach Split. Allein auf dieser Strecke versenkten die Kärntner Geldjongleure 1,8 Milliarden Euro – oder anders ausgedrückt: eine Million auf jedem Kilometer.

In Velden versickerten die ersten 80 Millionen Euro, als im Juli 2011 die aufwendig renovierte Nobelherberge mit 210 Betten, sieben Apartmenthäusern und 46 Luxusresidenzen nach einem abenteuerlichen Verkaufsprozess für schlappe 46,5 Millionen Euro an Wlaschek losgeschlagen wurde. Die Bank hatte die 6,5 Hektar große Anlage mit 130 Millionen Euro allerdings fast das Dreifache gekostet. In der Bilanz der Hypo strahlt der Verkauf der Immobilie dennoch als Gewinn: Der gesamte Komplex, für den sich ursprünglich auch Ex-Finanzminister Karl-Heinz Grasser über einen Strohmann interessiert haben soll, war in den Büchern der Hypo auf den Wert von nur einem Euro berichtigt worden.

»Mit dem neuen Eigentümer und dem neuen Betreiber erhält das Schlosshotel Velden samt Appartements einen nachhaltigen Investor mit exzellenter Marktkenntnis und Expertise«, begeisterte sich der damalige CEO der HGAA Gottwald Kranebitter anlässlich der Vertragsunterzeichnung. Und auch Otmar Michaeler jubelte: »Wir freuen uns ganz besonders, dieses Prestigeprojekt im Rahmen unserer neuen Premium Collection betreiben zu dürfen. Das ist ein Meilenstein für Falkensteiner Hotels & Residences und eine absolute Bereicherung unseres Hotelportfolios.« Aber auch Karl Wlascheck rieb sich angeblich die Hände und ließ es sich nicht nehmen, immer wieder vor Ort zu sein. »Sobald die Hitze Wien erfasst hat, holt ihn der bordeauxrote Rolls-Royce ab, den er dem Hotel anlässlich der Übernahme spendierte. Dann verbringt der 96-Jährige schon mal sechs Wochen in seiner Lieblingssuite mit Blick auf den Wörthersee«, beobachtete das *Format*.

Im Augenblick ist jedoch fraglich, ob die allgemeine Freude nicht verfrüht ist. Seit Anfang 2014 wird auch im Zusammenhang mit dem Schlosshotel Velden wegen Untreueverdacht ermittelt. Im Visier sind neun Beschuldigte, welche die Bank »nach aktueller Verdachtslage« um einen zweistelligen Millionenbetrag geschädigt haben sollen, wie die Staatsanwaltschaft Klagenfurt bestätigt. Im Zentrum des Verdachts stehen dabei »Organe und leitende Angestellte« der HGAA.

Hauptverantwortlich für das Projekt war Kurt Mahnert, seinerzeit Vorstand der Kärntner Holding Beteiligungs AG (KHBAG), einer Hypo-Tochter, in die auch andere notleidende Tourismusobjekte ausgelagert waren. Der gerichtlich zertifizierte Sachverständige hat mittlerweile ein eigenes Tourismus-Consulting-Unternehmen und bietet auf seiner Homepage mit verblüffender Offenheit seinen »großen Erfahrungsschatz« an, den er nach »langjährigem selber Machen« auch »gemachten und korrigierten Fehlern« verdanke.

Heliport am Golf von Piran

234 Kilometer weiter südlich. Über dem Golf von Piran weht eine leichte Brise. Die aufgehende Sonne lässt die *Rezidencija Skiper* in einem warmen Licht erstrahlen und bringt Idylle in den ausufernden Gebäudekomplex, der sich auf einem Areal von 120 Hektar am Rand des kroatischen Dörfchens Savudrija, auf halbem Weg zwischen den istrischen Küstenstädtchen Umag und Piran, erstreckt. Und je höher die Sonne steht, desto mehr Leben kommt in die feudale Ferienanlage – komplett mit eigenem Hubschrauberlandeplatz, 28 Villen, 261 Appartements und einem marmorstrotzenden Hotelpalazzo, der von Kempinski, Europas ältester Hotelkette mit Sitz in Genf, betrieben wird. Spätestens gegen Mittag fahren vor dem Golfklub die ersten Nobelkarossen vor. An Wochentagen weisen die Nummernschilder die Fahrer fast durchweg als aus der näheren Umgebung kommend aus, zumeist aus Pula, Laibach oder dem Friaul. Es sei denn, es ist wie im August Hochsaison. Da reisen die elitären Klubmitglieder schon von weiter her an und versuchen einen der 90 Parkplätze vor dem 82 Hektar großen Golfareal zu ergattern. Wobei der schwarze Audi Q7 aus Luzern, der dunkelgrüne Jaguar XF aus dem bayerischen Bad Tölz und der dunkelbraune Porsche 911 Carrera S mit Salzburger Diplomatenkennzeichen noch am ehesten den durchschnittlichen Lebensstandard und Einzugsradius der Gäste repräsentieren – während der in Goldmetallic gehaltene Maybach aus dem slowenischen Örtchen Celje wiederum die Herkunft und den Lebensstil der Upperclass am besten vertritt.

Der extravagante Ferienkomplex ist die zweite Station auf der *Tour de ruine*. Ausgedacht hatte sich das kühne Projekt der Klagenfurter Geschäftsmann Miro Oblak, ein gebürtiger Slowene, der die damals noch preisgünstigen Grundstücke an der istrischen Adriaküste zusammenkaufte. Als seine Hausbank bei der Finanzierung knauserte, sprang der für das Auslandsgeschäft verantwortliche Hypo-Vorstand Günter Striedinger mit einem Darlehen von zwei Millionen D-Mark ein. Bald hatte sich das vergleichsweise bescheidene Immobiliengeschäft zu einem Investitionsprojekt der Superlative ausgewachsen. Finanziert hat den ganzen Pomp die Kärntner Hypo. Sie war am Anfang mit 100 und später 25 Prozent an dem Projekt beteiligt und hat seit 1998 rund 192 Millionen Euro an Krediten für die luxuriöse Ferienanlage lockergemacht. Zurückgeflossen ist bislang lediglich ein Bruchteil, weshalb sich das Kärntner Engagement samt angelaufenen Zinsen bereits bei mehr als einer Viertelmilliarde bewegt.

In der finalen Entwicklungsphase kam es dann zur Konfrontation. Auf unerklärlichen Wegen seien über zehn Millionen Euro versickert, hieß es plötzlich. Über Nacht habe man ihm im Oktober 2006 Kredite in Höhe von 90 Millionen Euro fällig gestellt, behauptet Oblak heute. »Die wollten mich schon Ende 2005 loswerden.« Damals seien nämlich die Grundstückpreise in Istrien geradezu explodiert und die Hälfte der bereits fertiggestellten Apartments und Villen schnell verkauft gewesen. »Da ist die Hypo gierig geworden.« Aber der nunmehr 68-Jährige wusste sich zu wehren und trennte sich erst ein Jahr später von seinem Projekt, das er an einen slowenischen Baukonzern veräußerte.

Dem damaligen Rechtsberater der Hypo Gerhard Kucher, der zwischenzeitlich an einer Nebenfront im Hypo-Skandal bereits rechtskräftig zu einer vierjährigen Haftstrafe verurteilt worden ist, konnte das gleichgültig sein. Er hatte sich schon vorher in der Luxusanlage vier Apartments zu einem Spottpreis gesichert. Was aber keinem in der Bank aufgefallen sein dürfte, zumal drei der Urlaubsunterkünfte über ein kompliziertes Firmengeflecht einer österreichischen Stiftung gehören.

Seit Mai 2010 liegt das finanzielle Risiko von Skiper indes allein beim österreichischen Steuerzahler. Da zog das neue Management der erst kurz zuvor verstaatlichten Hypo notgedrungen eine Option und übernahm für einen symbolischen Euro die restlichen 75 Prozent der Anteile, da der Baukonzern die Kredite nie bedienen konnte. Die Übernahme erfolgte gerade noch rechtzeitig, denn sechs Monate später befand sich das slowenische Unternehmen im Konkurs: Doch da war Skiper bereits außer Reichweite des Masseverwalters. Seither steht der Name fast schon als Synonym für die verlustreichen Balkangeschäfte der einstigen Kärntner Provinzbank, die inklusive Zinsen und Erhaltungskosten bis dato fast 250 Millionen in den Sand von Savudrija setzte. Dabei hätte sie allein die Hotelanlage bereits

2009 für 150 Millionen Euro verkaufen können. Offiziell schwebte den Bankern damals aber der ehrgeizige Verkaufspreis von 250 Millionen vor. Inoffiziell jedoch soll das Hotelresort, zu dem auch ein eigenes Kongresszentrum direkt am Meer gehört, schon immer für die Falkensteiner-Gruppe reserviert gewesen sein.

Sollten die diesbezüglichen Gerüchte stimmen, könnte Otmar Michaeler schon bald ein Schnäppchen machen und nach dem Schlosshotel Velden und dem Punta Skala in Zadar noch ein weiteres von der Hypo finanziertes Fünfsternehotel in seine Premium Collection aufnehmen. Die Hypo hat die komplette Anlage nämlich bereits um mehr als vier Fünftel wertberichtigt, und Oblak, der sich als begüterter Privatier zur Ruhe setzen wollte, fühlt sich von der Unterstellung, er habe einen Batzen Geld abgezweigt, inzwischen auch durch eine Teilanklage verfolgt.

Liegeplatz für Millionen

Auf dem Weg zur dritten Station der Reise an die Tatorte des Hypo-Skandals, dem Küstenstädtchen Novigrad, lohnt ein kleiner Abstecher ins Landesinnere. Motovun, 40 Kilometer südöstlich von Savudrija, ist ein malerisches Städtchen, das auf der Kuppe eines steilen Hügels auf 220 Metern über dem Meeresspiegel liegt. Von der Mauerkrone der mittelalterlichen Stadtbefestigung der alten venezianischen Trutzfeste reicht der Blick über das Innere der Halbinsel bis hin an die Küste, und an besonders klaren Tagen – so sagt man – ist vom Glockenturm aus sogar die Silhouette von Venedig auszumachen. In den umliegenden Weingärten reifen Teran und Malvasier, die Eichenwälder, die sich kilometerweit durch das Tal der Mirna erstrecken, sind die Heimat der weißen Trüffeln, die man mit ein wenig Glück noch halbwegs preiswert erwerben kann. In dieser naturbelassenen Gegend haben sich schon vor Jahren klingende Namen wie Oetker, Bismarck oder Schuhmacher als Grundbesitzer niedergelassen, was bei den meisten Ortsansässigen kaum für Unmut sorgt. »Das Problem sind nicht die stillen Reichen, die hier ihre Urlaube verbringen, sondern die einheimischen Mächtigen, die ehemaligen Partner der Hypo, die bei den Geschäften der Bank zum Nachteil der öffentlichen Hand mitgeschnitten haben«, ärgert sich Ranko Bon, ein pensionierter Architekt und Universitätsprofessor aus Zagreb, der jetzt viel Zeit in seinem hübschen Häuschen in Motovun verbringt.

Exemplarische Beispiele wären etwa Ivan Jakovčić, der Ex-Präsident der Region und jetzige EU-Abgeordnete, sowie sein Vorgänger Stevo Žufić oder der ehemalige Wirtschaftsminister von Kroatien Goranko Fizulić. Alles einst einflussreiche Politiker, die inzwischen erfolgreiche Geschäftsleute oder Grundbesitzer sind. Sie sollen laut Bon in Motovun bei zwei von der Hypo finanzierten Projekten für die Umwidmung von naturgeschütztem Trüffelwald in Bauland verantwortlich gewesen sein: Konkret bei einem geplanten Poloklub, hinter dem auch ein ehemaliger Hypo-Vorstand vermutet wird, sowie bei einem beabsichtigten Golfareal, auf dem auch etliche Apartmenthäuser errichtet werden sollen. Die tatsächlichen Eigentümer dieses Projekts verbergen sich allerdings hinter einer Offshorefirma auf den Bermudas, zu ihnen soll auch ein ehemaliger Wirtschaftsminister von Kroatien gehören.

Im Gegensatz zu den undurchsichtigen Besitzverhältnissen im Motovuner Naturschutzparadies sind die Eigentümerstrukturen 26 Kilometer weiter westlich bei der Marina Nautica in Novigrad, einem hübschen, quirligen Fischerstädtchen mit rund 2600 Einwohnern, geradezu transparent. Zwar streitet sich offiziell die Hypo Alpe Adria, die den Ausbau des Jachthafens und ein dazugehörendes Fünfsternehotel mit knapp 50 Millionen Euro finanziert hatte, noch immer heftig mit dem steirischen Geschäftsmann Harald Fischl um die Besitzrechte. Doch laut kroatischem Firmenbuch ist die moderne Marina, die zu einer der geschütztesten Anlegestellen an der Adria zählt, indirekt über Tochtergesellschaften schon seit dem 23. November 2011 im Besitz von Fischl, dem ehemaligen FPÖ-Nationalrat, Gründungsmitglied des BZÖ und Vorstand der Dr. Jörg Haider Privatstiftung.

In einer Nacht-und-Nebel-Aktion hatte der gelernte Kellner einfach den kroatischen Hypo-Schuldner, der ursprünglich den Jachthafen entwickelt hatte, aufgekauft. Will man dem heute schwerreichen Geschäftsmann und Betreiber von mehreren Senioren- und Pflegeheimen Glauben schenken, so hat er für den ganzen Deal keine vier Millionen Euro in die Hand nehmen müssen. Wobei er Ende 2013 sogar bereit gewesen wäre, noch 10 bis 13 Millionen nachzuschieben, obwohl die Hypo ihre ursprünglichen Sicherheiten, die in erster Linie aus einem Pfandrecht auf die Hafenkonzession bestanden, aus unerfindlichen Gründen längst aufgegeben hat. Dem Vernehmen nach soll Fischl daher auch schon bald wieder sein Nachschubangebot zurückgezogen haben.

Die verkaufte Unschuld

Wie ein Band grüner Edelsteine liegt die Inselgruppe Brioni nur wenige Kilometer vor der istrischen Küste im tiefblauen Meer. Der Archipel ist der einzige Naturpark der Halbinsel, eines der landschaftlich reizvollsten Gebiete des gesamten Mittelmeerraumes. Hier finden sich Spuren von Dinosauriern und zahlreiche antike Ruinen aus der Römerzeit. Nur auf Veli Brijun, der größten der 14 Inseln, gibt es zwei Hotelanlagen, die jedermann offen stehen. Auf den übrigen sorgen Wachdienste dafür, dass die staatlichen und privaten Immobilien nicht von Touristenhorden überrannt werden. Die 742 Hektar große Inselgruppe befand sich Ende des 19. Jahrhundert im Privatbesitz des Wiener Stahlindustriellen Paul Kupelwieser. Nach dem Zweiten Weltkrieg diente das Naturidyll dem jugoslawischen Staatschef Marschall Josip Broz Tito als Privatresidenz. Auf dieses Dorado schafften es bisher nicht einmal die Geldjongleure von der Hypo Alpe Adria – was durchaus bemerkenswert ist angesichts des weitverzweigten Beziehungsnetzes, das die Kärntner Geldritter nach dem Zerfall Jugoslawiens in der istrischen und kroatischen Lokalpolitik geknüpft hatten.

Auch heute sitzen sie noch immer in Fažana, einem kleinen Küstendorf, von dem aus die Inselgruppe mit einer Fähre bequem erreicht werden kann. Vor dem steinernen Nest acht Kilometer nördlich von Pula, dem ehemaligen Kriegshafen der Habsburgermonarchie, sammelte Admiral Wilhelm von Tegetthoff, Österreichs größter Seeheld, 1866 seine Flotte, bevor er in der Schlacht von Lissa die italienischen Geschwader besiegte.

Fažana ist das vierte Ziel der Expedition in das Land der Hypo-Profiteure. Von Novigrad aus ist der Ort über eine besonders pittoreske Route zu erreichen, über eine schmale, kurvenreiche Küstenstraße, die den flachen, von Felsen unterbrochenen Kiesstrand von dem hügeligen Hinterland trennt. Olivenhaine und Weingärten säumen den Weg. Idyllische Gestade wie diese sind selten im nördlichen Mittelmeerraum und typisch für Istrien, die größte Halbinsel Kroatiens, die wie ein winziger Kontinent aus der Achselhöhle der Adria ragt. Kaum eine halbe Tagesreise von München, Mailand oder Wien entfernt, sind die karstigen Küstengebiete nahe genug, um erfolgreichen Ärzten, Rechtsanwälten und Industriellen aus diesen Großstädten ein stilvolles Wochenende zu bieten. Die expansionshungrigen Banker vom Wörthersee fanden in Orten wie Fažana eine ideale Konstellation vor. »Hier ein jungfräuliches Erholungsgebiet in einem armen Nachkriegsland, dort eine solvente Szene, die auf Immobilienschnäppchen lauert: ein gewinn- und vor allem korruptionsträchtiges Zusammentreffen«, bringt es *DIE ZEIT* auf den Punkt.

Aber wahrscheinlich merkten die Ratsmitglieder der Landgemeinde Vodnjan selbst kaum, welchem Deal sie da im Dezember 2000 zustimmten, als sie fast 380 000 Quadratmeter unberührte Adriaküste zum Spottpreis von umgerechnet 5,12 Euro pro Quadratmeter an eine damals völlig unbekannte kroatische Projektgesellschaft verkauften. Nur wenige Monate später folgte ein fast doppelt so großes Filetstück, diesmal für wohlfeile 7,35 Euro pro Quadratmeter. Käufer war in beiden Fällen – über Strohmänner – der zu dieser Zeit in Hypo-Geschäften ebenfalls noch gänzlich ruhmlose Klagenfurter Anwalt Gerhard Kucher: Wobei im zweiten Fall der Strohmann die Anteile auch für eine Immobilienfirma des Wiener Nationalratsabgeordneten und Finanzexperten von Haiders FPÖ, Detlev Neudeck, hielt.

Als Finanzier fungierte die Hypo, die letztlich – neben dem Kaufpreis für eigene Gesellschaftsanteile (28 Millionen Euro) – rund 50 Millionen an Krediten zur Verfügung gestellt hat, ein ungewöhnlich hoher Betrag angesichts eines Grundkaufpreises von lediglich 7,7 Millionen Euro. Der Rest des Darlehens war für die Finanzierung einer Tourismusanlage vorgesehen, an deren Planung laut einem Prospekt auch der Schlosshotelbetreiber von Velden, Otmar Michaeler, wesentlich beteiligt war. Nur dass es auf dem Grundstück – das schon kurz nach dem Verkauf von einem Naturschutzgebiet in eine touristische Nutzfläche umgewidmet worden war, was den Investoren einen gigantischen Spekulationsgewinn bescherte – bis heute noch keinerlei erkennbaren Baufortschritt gibt.

Eingefädelt wurde der Hypo-Deal von Vodnjan im August 1999. Damals überraschte der gerade erst ins Amt gewählte Kärntner Landeshauptmann Jörg Haider in Pula, dem Sitz der örtlichen Regionalregierung, seinen dortigen Amtskollegen Stevo Žufić mit einem

Blitzbesuch. Der und seine Partei, die Istrische Demokratische Versammlung (IDS), mussten sich anschließend dafür monatelang rechtfertigen, da Haider in Istrien als »größter lebender Neonazi« galt. Die Halbinsel hatte nach dem Zweiten Weltkrieg eine radikale »ethnische Säuberung« erlitten: Italiener, aber auch viele Deutsche wurden vertrieben, und in die leeren Orte rückten Kroaten, Serben, Bosnier und Albaner aus ganz Jugoslawien nach. Im Krieg der Neunzigerjahre eine brisante ethnische Mischung. Aber die Regionalpartei IDS hielt – gegen den Druck aus Zagreb – immer am multikulturellen Charakter der Region fest. Eine Laissez-faire-Politik, die der heute wieder offiziell sowohl kroatisch als auch italienisch sprechenden Gespannschaft sichtlich guttat: Denn je weniger kroatisch Istrien sich zeigte, desto mehr Touristen kamen nach dem Friedensschluss von 1995 und entdeckten die vielen verlassenen Gehöfte und verfallenen Kazuni, wie die in Trockenbau errichteten Steinhäuser in der Gegend heißen. Es waren vor allem Deutsche und Österreicher, die sich hier mit einem Zweitwohnsitz niederließen – während Italienern dagegen der Grunderwerb bis ins Jahr 2007 gesetzlich verwehrt blieb.

Doch kaum war Haider weg, kam seine Bank, die in der Folge auch alle anderen wichtigen Immobiliendeals in Istrien finanzierte. Ihr Logo prangt noch heute wie ein Ortseinfahrtsschild auf dem steinernen Hypo-Gebäude von Poreč, der »Festung«, wie man dort sagt. Inzwischen hat die Klagenfurter Staatsbank ihr Geld über einen undurchsichtigen Investor zurückbekommen. Dass hinter diesem ominösen Hypo-Deal von Vodnjan neben anderen ehemaligen Hypo-Managern auch Ex-Vorstand Wolfgang Kulterer stand, kann aufgrund der derzeitigen Aktenlage bei der Klagenfurter Staatsanwaltschaft, die auch diese Finanzierung unter die Lupe nahm, bereits vermutet werden.

Wenn der Tudjman ruft

Nach den landschaftlichen Reizen der dalmatinischen Küste sucht man in Rijeka vergeblich. Gesichtslose Plattenbauten aus der Tito-Ära prägen das Weichbild des wichtigsten Hafens von Kroatien. Die Stadt liegt im touristischen Schatten des nur 16 Kilometer entfernten Opatija, des mondänen Kurorts der ehemals habsburgischen

Sonnenküste. Rijeka hat vor allem als Wirtschaftsstandort Bedeutung, der zunächst wenig Anziehungskraft auf die Finanzjongleure der Kärntner Hypo Group Alpe Adria ausübte. Die früheren Manager der Bankengruppe aus Klagenfurt konzentrierten sich in ihrem ungestümen Expansionsdrang vor allem auf ehrgeizige Fremdenverkehrsprojekte, die oft nur in den Köpfen von fantasiebegabten Projektentwicklern existierten. Nach Rijeka – der Wirkungsstätte des umstrittenen Hypo-Lobbyisten und deutschen Honorarkonsuls Robert Ježić – verirrten sich die erweiterungshungrigen Banker vom Wörthersee aber nur auf Zuruf von Franjo Tudjman. Kroatiens autokratischer Staatsgründer intervenierte in Klagenfurt für Goran Štrok, den Sprössling eines Kameraden aus gemeinsamen Partisanentagen während des Zweiten Weltkriegs. Der Protegé des nationalistischen Präsidenten kam in der Folge mit dem Kärntner Geldhaus groß ins Geschäft: Neben dem Projekt in Rijeka finanzierte die Hypo dem kroatischen Glücksritter noch vier weitere Um- und Ausbauten alter staatlicher Hotelburgen, die nach der kroatischen Sezession privatisiert worden waren.

Wie bei fast allen politisch motivierten Kreditfällen der Hypo, die auszufallen drohten, kaufte auch bei diesen Pleiten die Klagenfurter Skandalbank dem Kreditnehmer die hoch verschuldeten Projektgesellschaften einfach ab und parkte sie in einem eigenen Tochterunternehmen. In Rijeka betrug allein der Kaufpreis für die Gesellschaften angeblich neun Millionen Euro, weil man es verabsäumt hatte, außer einem Pfandrecht auf die Immobilie auch die Zugriffsrechte auf die Gesellschaftsanteile im Firmenbuch eintragen zu lassen. Anschließend musste noch die ausstehende Kreditsumme von 60 Millionen Euro um mehr als die Hälfte wertberichtigt werden.

42 Kilometer südlich von Rijeka, auf einem 1,5 Kilometer langen Küstenstreifen, umgeben von unberührten Wäldern und dem imposanten Velebit-Massiv im Hinterland, stößt man auf ein weiteres Kleinod aus dem Hypo-Portfolio. Die großzügig angelegte Ferienanlage des Hotel Novi schmiegt sich an einen sanften Abhang. Die meisten der 75 Zimmer und Suiten bieten einen atemberaubenden Blick auf die gegenüberliegende Insel Krk. Auch dieses kleine Urlaubsparadies am Stadtrand von Novi Vinodolski, einem schmucken Adriastädtchen mit kaum 5000 Einwohnern, verdankt seine Existenz einer politischen Intervention. Begünstigter war in diesem Fall Bruno Orešar, ein ehemaliger Davis-Cup-Teilnehmer

und der Tennislehrer von Tudjman, der, wie es heißt, stets darauf bedacht war, dass er das letzte Match jeder Lehrstunde knapp verlor. Doch diesmal mussten die Sportsfreunde bei der Hypo tiefer in die Tasche greifen, um sich die Gunst des kroatischen Caudillo zu erhalten. Denn mit einem drohenden Kreditausfall von 146 Millionen Euro gehört das Hotel Novi, das natürlich nach dem bewährten Modell von der Bank übernommen wurde, zu den größten Pleiten in diesem Finanzskandal und ist jetzt nach einer angemessenen Wertberichtigung um 65 Millionen Euro im Sonderangebot zu haben.

Hypograd an der Adria

»Gemeinsam wachsen. Wenn Ideen zu wachsen beginnen, wächst auch der Horizont«, so buhlte die Klagenfurter Hypo um potenzielle Kreditkunden, als 2004 in Kroatien der Tourismusboom explodierte. Erschienen war das schmucke Inserat in einem Kroatien-Special des *Hotelbau-Journals*, einer Publikation des Consulting-Unternehmens Michaeler & Partner, das 1995 von Otmar Michaeler zeitgleich mit der Expansion der Hypo nach Kroatien gegründet worden war. Laut Herausgeberbrief verfügt die Beratungsfirma über »exzellente Kontakte« bei der »Finanzierungsbeschaffung sowie dem Betreiben von touristischen Großprojekten«. Das schindet Eindruck. Vor allem, wenn gleich sechs geplante Hotelprojekte vorgestellt werden, die teilweise »von der Betten-Kapazität her kleinen Dörfern ähneln«. Inzwischen weiß man, dass die Verwirklichung von Michaelers Träumen in Kroatien fast ausschließlich von der Hypo finanziert wurde und sich für den österreichischen Steuerzahler zu einem 330 Millionen Euro schweren Albtraum entwickelte. Um diesen Betrag mussten nämlich die tatsächlich aufgewendeten Investitionskredite (670 Millionen Euro) bereits abgeschrieben werden.

Allein die Hotelresorts Punta Skala und Borik in Zadar, dem Hypograd an der Adria, wie man in der Küstenstadt mitunter sagt, verschlangen mehr als eine Viertelmilliarde Euro. Dennoch sind die beiden Luxusherbergen am nächsten Tatort des Hypo-Desasters noch heute Michaelers liebste Vorzeigeprojekte, obwohl die Bilanzen der Schmuckstücke seit Jahren Verluste schreiben. Wie übrigens bei fast allen von der Falkensteiner Michaeler Tourism Group AG (FMTG) geführten Hotels in Kroatien. Nur dass es diesmal die Südtiroler Tourismusgruppe auch selber trifft, da sie die Hotelanlagen in Punta Skala und Borik nicht nur betreibt, sondern auch daran beteiligt ist – zusammen mit Zdenko Zrilić, dem Ex-Repräsentanten der Hypo Alpe Adria in Zadar.

Mit einem Kreditvolumen von einst fast 250 Millionen Euro war der kroatische Geschäftsmann, den lokale Medien den »Paten von Zadar« nennen, einer der größten Kunden des Kärntner Geldinstituts. Gegen den Oligarchen, der in Kroatien über ein ansehnliches Firmenimperium herrscht, wird in etlichen Kreditfällen ermittelt, wobei inzwischen auch die Hotelanlage Punta Skala und die Marina Borik ins Fadenkreuz der Klagenfurter Ermittler geriet – nicht aber Otmar Michaeler, wie die Klagenfurter Staatsanwaltschaft bestätigt. Der FMTG-Vorstand sieht in der Geschäftspartnerschaft mit Zrilić, für den nach wie vor die Unschuldsvermutung gilt, trotzdem kein Problem. Der Südtiroler, den Jörg Haider noch kurz vor seinem Tod mit dem Verdienstabzeichen des Landes Kärnten ausgezeichnet hat und der seit Ende 2010 Präsident der Südtiroler Volksbank ist, will auch von eventuellen Machenschaften seines Kompagnons nichts wissen. Dieser sei ihm von der Hypo vorgestellt worden, »und das wird ja wohl reichen«. Die Möglichkeit, dass er von Zrilić womöglich mit krummen Geschäften hintergangen worden sein könnte, schließt Michaeler aus. Er sei bei beiden Hotelprojekten für die finanziellen Angelegenheiten selbst zuständig, und die sonstigen Zrilić-Geschäfte hätten weder mit ihm noch mit Punta Skala oder Borik etwas zu tun. »Ich bin weder Opfer noch Teil eines kriminellen Systems«, glaubt sich der quirlige Südtiroler auf der sicheren Seite.

Bruderbande

In Split, der letzten Station der *Tour de ruine*, sticht bereits an der Hafeneinfahrt das blau-weiße Hypo-Logo ins Auge. Es ziert die Südfassade des antiken Diokletianpalastes, in dem die Dalmatien-Zentrale der Hypo-Gruppe residiert. Im gleichen Abschnitt der ehemaligen kaiserlichen Residenz sind noch rund ein Dutzend weiterer kroatischer Unternehmen untergebracht, die laut Firmenbuch alle irgendwie mit der *Mall of Split* zusammenhängen, einem geplanten Einkaufszentrum mit über 200 Geschäften samt Büroturm,

Casino und Multiplex-Kino. Entstehen soll das Ganze auf einem 62 000 Quadratmeter großen Areal im Osten der Stadt. Die veranschlagten Investitionskosten betragen rund 180 Millionen Euro. Mit mindestens 30 Millionen ist die Hypo bereits vor Jahren für Grundankauf und Planung in Vorlage getreten. Weitere 20 Millionen sind kurz zuvor an ein projektbezogenes Konsortium geflossen, das inzwischen bei der Bank als zahlungsunfähig gilt – und die Hypo schaut vermutlich mit einem zweistelligen Millionenbetrag durch die Finger. Nicht zuletzt deshalb war *Mejaši*, wie das Projekt bankintern heißt, ein Sorgenkind der Forensik-Abteilung.

Allerdings hat inzwischen mit der Spliter Mejaši prvi d.o.o. ein neuer Investor das Ruder übernommen. Der Haupteigentümer dieser Nachfolgefirma sitzt in Österreich, was aber in Klagenfurt offensichtlich lange übersehen wurde, da die Salzburger Mejaši Holding GmbH ihre kroatische Beteiligung in ihren öffentlichen Bilanzen verschweigt. Die Geheimniskrämerei ist rechtlich gedeckt. Denn die ansonsten verpflichtende Angabe von Beteiligungen von über 20 Prozent darf unterbleiben, sollte sie entweder für die Darstellung der Vermögenslage von untergeordneter Bedeutung sein oder dem Unternehmen einen »erheblichen Nachteil« zufügen.

Da das Finanzanlagevermögen der Mejaši in Split immerhin einen Bilanzbuchwert von 38 Millionen Euro aufweist, wird sich der Gründer und langjährige Geschäftsführer der österreichischen Holding, der Salzburger Rechtsanwalt Malte Berlin, wohl dafür entscheiden müssen, »erheblichen Nachteil« als Grund für die Diskretion ins Feld zu führen. Dass Tilo Berlin zur Zeit der Kreditvergabe an die erste Projektgesellschaft gerade Vorstandsvorsitzender der Klagenfurter Skandalbank war, ist eher nebensächlich: Denn als die österreichische Mejaši seines Bruders ins Firmenbuch eingetragen wurde, war er schon vier Monate nicht mehr in dieser Funktion. Ähnliches gilt in diesem Fall auch für Tilo Berlins ehemaligen Vorstandskollegen und jetzigen Geschäftspartner Josef Kircher, zumal auch er sich erst im Herbst 2009 über eine österreichische Holding bei der *Mall of Split* finanziell engagiert hat, lange nach seinem Abgang aus der Bank. Beide Ex-Vorstände dürften heute froh über ihr vorzeitiges Ausscheiden sein – denn schon bald darauf platzte der Kärntner Milliardenskandal.

9 SONNE, STRAND UND SUPERPLEITEN

Die Bank als Hotelier

Montag, 6. Mai 2002. In der Sitzung geht es um Konzernkredite. Vorstandsdirektor Günter Striedinger, zuständig für das Kroatien-Geschäft, ist ganz in seinem Element. Er berichtet über eine Reise mit Jakob Kuess nach Istrien. Der Villacher Bauunternehmer möchte etwas südlich des Städtchens Rovinj ein Grundstück kaufen. Es hat eine Toplage, direkt an der Küste mit einem herrlichen Blick aufs Meer. Derzeit befindet sich die Liegenschaft, auf der eine alte Wehranlage steht, noch im Eigentum des Verteidigungsministeriums. Es ist gerade dabei, diese Immobilie an die Gemeinde zu verkaufen. Dann ist sie nicht mehr im Pool des kroatischen Privatisierungsfonds, aus dem man als ausländischer Privatmann nur schwer etwas herauskaufen kann. Kuess, der die Wehranlage in ein Fünfsternehotel umbauen will, wird die Liegenschaft dann direkt von der Gemeinde erwerben, teilt Striedinger seinen Vorstandskollegen mit einem vielsagenden Blick mit. Diese wissen sofort, was gemeint ist: Die Vorgehensweise bei Privatisierungen (Staatseigentum – Gemeindeeigentum – Privateigentum) wurde schon damals in ganz Istrien »Lex Hypo« genannt und soll mithilfe von Ivo Sanader und dem früheren Tourismusminister Božidar Kalmeta entwickelt worden sein. Um die Formalitäten kümmern sich in der Regel der Hypo-Konsulent Milan Naperotić und der Rechtsanwalt Vladimir Berneš aus Poreć, der bei solchen Deals nicht selten auch als Treuhänder fungiert. Beide verfügen über ausgezeichnete Kontakte zu den lokalen Politikern. »Der Kaufpreis für die alte Militäranlage wird zwischen 15 und 18 Millionen Euro kosten und vorerst zur Gänze von der Hypo-Bank Klagenfurt finanziert werden«, bereitet Striedinger die Sitzungsteilnehmer auf einen Kreditantrag vor. Das Projekt soll schon in der nächsten Einzel-Kreditausschusssitzung vorgestellt werden. Zusammen mit zwei weiteren Großprojekten – gemeint waren Skiper und Borik/Punta Skala – besitze die Bank nun 450 Hektar Grund, direkt an der

Westküste Kroatiens in bester Lage. Insgesamt würden sich in den nächsten fünf Jahren daraus Zusatzfinanzierungen von rund zwei Milliarden Euro ergeben, meint Striedinger.

Dann werden noch schnell drei weitere kroatische Tourismusprojekte besprochen: 87 Prozent der Hafenanlage Marina Dalmatia in Sukošan seien für »eine lokale Investorengruppe« vorerst von einer Hypo-Tochter gekauft worden, wird im Sitzungsprotokoll festgehalten. Der Finanzierungsantrag wird noch erfolgen, dass es sich beim Investor um den eigenen Hypo-Konsulenten Zdenko Zrilić handelt, wird nicht erwähnt. Bei den Zagreber Hotels Esplanade und Palace seien die Kaufverträge mit einem ehemaligen Tudjman-General schon so gut wie unter Dach und Fach. Eine zusätzliche rechtliche Überprüfung seitens der Bank würde sich erübrigen, da die Verträge bereits von einer Rechtsanwaltskanzlei des Hypo-Kunden geprüft worden seien. Und dann wären da noch drei Gesellschaften in Serbien, die von der Hypo-Consultants – einer Art Auffanglager für faule Kredite, wie man heute weiß – übernommen würden. Der Deal würde bereits vorbereitet. Dass es sich dabei wieder um einen Hypo-Konsulenten handelt (der später sogar Mitgesellschafter von Striedingers privater Belgrader Rubicon d.o.o. werden wird), bleibt natürlich auch hier im Dunkeln.

Das Tempo, mit dem derartige Finanzierungen durchgezogen wurden, war typisch für die Zeit: Keine andere Bank investierte in diesen Jahren mehr in touristische Balkanprojekte als die HGAA. Wolfgang Kulterer sah darin wohl das große Geschäft. »Kroatien hat einen Nachholbedarf im Fremdenverkehr von 1,5 Milliarden Euro«, rechnete er damals vor. »Wir wollen mit Großinvestitionen Türöffner für hohe Qualität im kroatischen Tourismus sein.«

In der Folge wurde ein Projekt nach dem anderen aus dem Boden gestampft: Der GS Hotels & Resorts des gebürtigen Kroaten Goran Štrok, der heute in London lebt, haben die Klagenfurter vier Hotels in Dubrovnik und eines in Rijeka finanziert. Dabei hat die Hypo allein 50 Millionen Euro in das Hotel Palace, einen im Krieg stark beschädigten Kommunistenbau in Dubrovnik, investiert. Die verfallene Ferienanlage Borik in Zadar und das abgewohnte Hotel Punat in der gleichnamigen Stadt, die im Einflussbereich der Falkensteiner Michaeler Tourism Group FMTG stehen, wurden ebenfalls mit Hypo-Millionen aufgemöbelt. Und auch das istrische Küstenstädtchen Savudrija erlebte mit der Ferienanlage Skiper einen nie da gewesenen Bauboom.

Die Klagenfurter finanzierten Immobiliendeals, Luxushotels und Industriebetriebe, die Bonität der Kreditnehmer kümmerte kaum jemanden. Wurde ein Kredit notleidend, erhöhten die Banker vom Wörthersee einfach die Kreditsumme. »Wir haben die wenigsten Ausfälle in Kroatien, sie bewegen sich im 0,0-Bereich, weil jedes Engagement mit Real-Sicherheiten unterlegt ist«, gab sich Striedinger 2003 noch vollmundig. »Die Consultants-Gruppe ist vor allem auch in Zadar und Umgebung sehr aktiv tätig«, heißt es dazu in einem Sitzungsprotokoll der Konzernsteuerung: »Vor allem das Engagement Borik wird als absolutes ›asset‹ bezeichnet. Eine zukünftige Wertsteigerung ist garantiert.«

Bekanntlich kam dann alles anders: Die Štrok-Gruppe entwickelte sich zu einem finanziellen Dauerpatienten. Die Südtiroler FMTG schaffte bei Punta Skala und Borik nicht einmal die Zinszahlungen, geschweige denn eine Ratenrückzahlung, und hatte laut einer Kreditanalyse zum Zeitpunkt der Notverstaatlichung über 200 Millionen Euro bei der Hypo offen. Ursprünglich sollten die Kredite über den Verkauf der 176 Appartements zurückgezahlt werden, doch der erwartete Run auf die Ferienwohnungen ist ausgeblieben. Das Problem dabei: In Kroatien dürfen seit 2004 Wohnungen innerhalb tausend Meter zum Meer nicht verkauft, sondern nur langfristig vermietet werden. Ein Gesetz, das die Skiper-Anlage nicht betrifft: Denn dort hat ihr Erfinder Miro Oblak den Braten rechtzeitig gerochen und nicht nur für eine Parzellierung der Anlage, sondern auch für eine entsprechende Eintragung im Grundbuch gesorgt, weshalb das Hotelresort, das in den Hypo-Bilanzen inzwischen ebenfalls massiv wertberichtigt werden musste, wahrscheinlich noch immer die besten Verkaufschancen von allen Hypo-Investitionen hat.

Fast alle der heutigen Megapleiten weisen ein gemeinsames Merkmal auf: Viele Kreditnehmer hätten »keine oder viel zu wenige Eigenmittel gehabt, weshalb es für die Bank keinen Anreiz gab, das Engagement zu einem guten Ende zu bringen«, umschreibt eine von der Finanzmarktaufsicht in den Aufsichtsrat entsandte ehemalige Staatskommissärin vor dem Wiener Untersuchungsausschuss 2015 die oftmalige Ohnmacht der Bank. Dann führt die heutige Professorin für Finanzmanagement zwei Extrembeispiele an: In einem Fall habe die Hypo ein Hochhaus finanziert, das nur mit einem Helikopter erreichbar gewesen sei, weil dem säumigen Schuldner die angrenzenden Grundstücke gehört hätten und er der Bank kein

Wegerecht erteilt habe. Bei einem anderen Projekt habe sich herausgestellt, dass der Bauherr gleichzeitig auch am Baukonzern beteiligt war und von höheren Baukosten und Verzögerungen sogar noch profitierte. »Die Bank hat sich mit Leuten eingelassen, denen sie nicht gewachsen war«, wiederholt sie eine auch von anderer Seite schon öfters festgestellte Ursache für das Versagen. Auch hätte sie »oft die Wahrnehmung gemacht, dass Kreditfälle betriebswirtschaftlich zweifelhaft waren«. Auf die Frage eines Abgeordneten, warum sie das ihrer Dienststelle nicht gemeldet habe, verblüfft die Dame mit einer ehrlichen Antwort: »Weil es in Österreich nicht verboten ist, schlechte Geschäfte zu machen und Blankokredite zu vergeben.«

Die Desperados vom Wörthersee

Die Pechsträhne der Klagenfurter Geldjongleure ist mittlerweile vielen verdächtig. Gerüchte, dass es bei manchen dieser gewagten Kreditfinanzierungen auch zu Kick-back-Zahlungen oder versteckten Provisionen gekommen war, kursierten bereits vor dem Platzen der Investitionsblase. Auch der Verdacht der Geldwäsche stand immer im Raum. Tatsächlich müssen die Ermittler, die sich jetzt durch die chaotischen Unterlagen wühlen und die Kreditleichen zu bergen versuchen, immer wieder ins Staunen geraten über die eigenwilligen Geschäftspraktiken, die sich in Klagenfurt eingebürgert hatten. Viele Kreditvorgänge, heißt es, seien nur rudimentär dokumentiert, Leasingverträge nicht auffindbar. Hunderte Jachten, Luxuslimousinen und Privatjets, die von der Hypo finanziert worden waren, seien einfach von der Erdoberfläche verschwunden, Kreditnehmer abgetaucht. Ein herkömmlicher Datenraum, also ein zentrales Archiv aller Geschäftsvorgänge, habe nie existiert, berichten ehemalige Manager des Instituts. Dafür sei einfach keine Zeit gewesen, der Expansionskurs habe Strukturen und Personal überfordert.

Dabei hatte die einstige Regionalbank Anfang der Neunzigerjahre eine durchaus passable Performance geboten. Bei jeder sich bietenden Gelegenheit verweist Wolfgang Kulterer noch heute auf die Vergleichszahlen vor seinem Amtsantritt: 1992 betrug die Bilanzsumme noch 1,87 Milliarden Euro bei rund 200 Mitarbeitern; 2008 war sie auf 42,3 Milliarden angestiegen und der Personalstand auf 7200 in ganz Europa angewachsen. Doch als die kleine Landesbank um die

Jahrtausendwende zum großen Sprung nach vorn ansetzte und sich in das Abenteuer Balkan stürzte, waren die Kärntner bereits Nachzügler. Auch deshalb ließen sie sich wahrscheinlich häufig mit fragwürdigen Partnern ein, ungeachtet der Risiken, die in der Region mit all ihren Desperados und Glücksrittern lauerten. Die Finanzbranche am Balkan hatte auch rasch einen Spitznamen für die Newcomer gefunden: »die Cowboys«.

Laut Kulterer treffe »die Hauptverantwortung für die Probleme« seinen damaligen Vorstandskollegen Günter Striedinger. Der habe »den Markt zu sehr getrieben«, und erst 2004 habe man sich, »wenn auch widerwillig auf eine Wachstumsbeschränkung geeinigt«. Striedinger habe sich, meint ein früherer Risikomanager der Bank, in einen Bereich vorgewagt, der seine Fähigkeiten angeblich bei Weitem überforderte. Schon die gebräuchliche Geschäftssprache Englisch habe enorme Anforderungen an den in der Bankhierarchie rasch hochgestiegenen Vorstand und seine Hypo-Cowboys gestellt. »Beim Wort ›Marriott‹ hat er allein drei Rechtschreibfehler in seinem Bericht gemacht«, erinnert sich ein anderer Ex-Kollege. Viele Entscheidungen wurden, so viel steht fest, mit sträflichem Leichtsinn gefällt. Bei einem Kredit für ein slowenisches Verpackungsunternehmen etwa begnügte sich der Kreditausschuss mit einem zweiseitigen Positionspapier. Bei einem 40-Millionen-Euro-Investment in eine kroatische Zuckerfabrik nahe der ungarischen Grenze ließen sich die Klagenfurter ihren Kredit mit dem produzierten Zucker besichern, der dann verschwunden war, als sie ihre Außenstände eintreiben wollten. Als die Hypo die *Crystal banka* in Banja Luka übernahm, sandte sie einen Mann aus der Zentrale nach Bosnien, der, unterstützt von einem Dolmetscher, eine Risikoanalyse (Due-Diligence-Prüfung) vornehmen sollte. »Wir brauchen keine sündteuren Anwälte«, beschied Teufelskerl Striedinger. Unglücklicherweise hatte die Hypo ein Institut mit Leichen im Keller gekauft. Sechs Monate später forderte der bosnische Zentralbank-Gouverneur die neuen Eigentümer auf, 30 Millionen D-Mark nachzuschießen, sonst würde die Lizenz entzogen.

In diesem Stil ging es all die Goldgräberjahre weiter. Das Duo Kulterer und Striedinger konnte unbehelligt agieren, solange es die Bedürfnisse von Landeskaiser Jörg Haider befriedigte und ihm Schlosshotel, Wörthersee-Bühne, Stadion und andere Prestigeprojekte finanzierte. Im Kärntner Biotop waren Dummheit, Inkompetenz und Impertinenz eine unheilvolle Partnerschaft eingegangen. Skeptische Zwischenrufe wurden mit dem Anti-Wien-Reflex abgewehrt. Begehrte ausnahmsweise ein Aufsichtsrat einmal Auskunft, kanzelte ihn Striedinger einfach ab: »Davon verstehst du nichts!«

Den Ruf einer Cowboybank, den die Hypo in der Branche genoss, verdankte sie zu einem großen Teil auch dem Chef der kroatischen Tochterbank, Heinz Truskaller. Er habe den ungestümen Mitarbeiter mehrmals ermahnt, das mafiöse Milieu zu meiden, und »dass er sich in gewissen Bars nicht benehmen sollte wie ein ausgeflippter Student«, beteuerte Kulterer bei einer seiner vielen Befragungen durch die Polizei. Doch stets habe Mentor Günter Striedinger seine Hand über den Raureiter mit den schnellen Krediten gehalten. Nicht einmal, als dessen Assistent mit Wechselreiterei einen Schaden von zwei Millionen Euro verursacht hätte, habe Striedinger in die Zügel gegriffen.

Dass sich das Vorstandsduo in dieser Phase allerdings in die Haare geraten wäre, scheint wenig plausibel. Die beiden unterhielten jahrelang eine gemeinsame Firma, die KNS Projektentwicklungs GmbH. Kulterer sagt, die angebliche Quetsche habe lediglich dazu gedient, eine auf den schönen Namen *Lady H* getaufte Luxusjacht zu betreiben. Der Gesellschaftsvertrag nennt allerdings die Beteiligung an in- und ausländischen Unternehmen und Immobilienprojekten als Betriebszweck der Gemeinschaftsfirma. Mit Öffnung einiger Liechtenstein-Konten scheint nun auch das Rätsel gelöst, wer sich bei der KNS neben Kulterer und Striedinger hinter dem mittleren Buchstaben verborgen haben könnte: Laut Unterlagen der Klagenfurter Staatsanwaltschaft soll es sich dabei um den ehemaligen Konsulenten und Immobilienkeiler der Bank, Milan Naperotić, handeln.

Und sie wussten, was sie tun

Zwei Tage lang knöpfte sich der Sicherheitsbeauftragte der Klagenfurter Hypo, der ehemalige Polizei-Oberst Albert Stangl, einen nach dem anderen vor und legte über jede Unterhaltung ein stichwortartiges Protokoll an. Der erste Absatz ist immer eine Zusammenfassung des Gesamteindrucks. »Gibt sich konstruktiv, aufgeschlossen und gesprächsfreudig. Vielleicht etwas vorsichtig und unsicher«, heißt es über einen Sachbearbeiter aus der Kreditabteilung. Und aus einem Gespräch mit einem Kärntner Unternehmer, der im Hypo-Aufsichtsrat saß, geht hervor: »Ausgezeichnetes Gesprächsklima, das in der Frage mündete, ob ich nicht auch einmal Zeit für ihn bzw. seine Firma hätte.« Doch schon im zweiten Absatz wird die Sache ernst, und man kehrt zum eigentlichen Thema zurück: »Er ist von der ganzen Angelegenheit sehr negativ berührt. Er möchte keinesfalls eine Veränderung im Vorstand der Hypo«, hält der »Oberst«, wie Stangl respektvoll genannt wurde, schriftlich fest.

Die verhörartigen Gespräche fanden Mitte Juni 1999 statt. Anlass war eine Serie anonymer Briefe, die an Teile des Hypo-Aufsichtsrats, die Finanzmarktaufsicht, den Kärntner Finanzlandesrat Karl Pfeifenberger und den Sekretär von Jörg Haider, Gerald Mikscha, gingen. In den Briefen, die per Fax versandt worden waren, ging es um genau jene Vorwürfe, die heute gerichtsanhängig sind: Korruption, faule Kredite, Schwarzgeld und Geldwäsche. »Der Tudjman-Clan, zu welchem die Herren Kulterer und Striedinger außerordentliche Kontakte haben, plündert Kroatien aus«, heißt es in dem Schreiben an Mikscha. »Die Hypo war auch am Deal jener Bank beteiligt, wodurch der Sohn von Tudjman extrem reich und die Bank insolvent wurde.« An anderer Stelle wiederum wird auf Geldwäsche angespielt. »Es laufen dubioseste Zahlungsströme in Kroatien und Italien, wobei immer der Vorstand involviert ist«, heißt es wörtlich. Und zum Schluss beweist der anonyme Informant fast schon prophetische Fähigkeiten: »Die Kroatien Connections der Hypo sind meines Erachtens nicht nur ein Problem der Bank, sondern auch ein Problem Kärntens: Wenn ein Teil des Kreditrisikos schlagend wird, trifft dies die Hypo voll und – aufgrund der Haftungen – das Land ebenfalls.« Im Sinne Kärntens sollte die Lösung der Probleme ziemlich ruhig ablaufen, empfiehlt der Anonymus, rät jedoch, nicht die Hauskanzlei Confida mit einer Buchprüfung zu beauftragen, »da diese vom Vorstand voll beherrscht wird«.

Hypo-Aufsichtsrat Hans-Dieter Prentner, ebenfalls ein Briefempfänger, sei daraufhin in einen Gewissenskonflikt gekommen, protokollierte Oberst Stangl ein Gespräch mit ihm: »Prentner sagte, er habe den Wirtschaftsprüfer ausgesucht. Einerseits wollte er eine große Effizienz bei der Untersuchung, andererseits auch eine Fairness. Er will, dass Dr. Kulterer bleibt.« Außerdem soll er dem Haider-Sekretär Mikscha den Rat gegeben haben: »Wenn du gescheit bist, vernichtest du den Brief. Er hat nichts mit Politik zu tun.«

Manche behaupten, Prentner – der, wie erst später bekannt wurde, als Vorstand der Raiffeisen Bezirksbank Wolfsberg (RBB) selbst in betrügerische Derivatgeschäfte verwickelt war, wodurch die RBB 15 Millionen Euro verlor – habe Jörg Haider damit unbewusst auf eine Einnahmequelle aufmerksam gemacht. Tatsache ist: »Wäre man den Vorwürfen damals in der Bank nachgegangen, gäbe es heute den Hypo-Skandal nicht«, meint ein Ermittler. Doch nach dem Motto »Haltet den Dieb!« machte man sich nicht auf die Suche nach den angeblichen Übeltätern, sondern nach dem anonymen Briefboten. Der hat inzwischen seine Tarnung aufgegeben und im März 2010 sein Wissen auch der Staatsanwaltschaft Klagenfurt mitgeteilt. Bei dem Informanten handelt es sich um den ehemaligen Filialleiter einer Klagenfurter Hypo-Zweigstelle. Warum trotz der massiven Vorwürfe kein einziger der Briefempfänger versucht hat, der Sache auf den Grund zu gehen, bleibt indes ein Rätsel.

Die Geschäftspraktiken der Klagenfurter, von denen ehemalige Hypo-Manager zu berichten wissen, waren häufig abenteuerlich. Wie sehr die Bank und Teile ihres Managements dabei in dubiose Machenschaften verstrickt waren, wurde im verschwiegenen Kärntner Biotop nicht einmal ruchbar, nachdem Ende Februar 2007 ein Bilanzprüfer der Österreichischen Nationalbank (OeNB) mitgeteilt hatte, »dass die Wirtschaftsprüfer der Hypo Alpe Adria einen Vorgang in Kroatien entdeckt haben, der als Kick-Back-Zahlung an AR-Vorsitzenden Kulterer gewertet werden könne«. Es handle sich um einige Hunderttausend Euro. Zwar verfasste der damals für die Hypo zuständige OeNB-Prüfer und heutige Chef der Finanzmarktaufsicht (FMA) Helmut Ettl eine Aktennotiz über das Telefonat und alarmierte auch die Notenbankspitze – darunter Gouverneur Klaus Liebscher –, doch mehr geschah nicht. Mit einer Ausnahme: Es gab »intensive Gespräche« mit dem Deloitte-Bilanzprüfer, worauf dieser zwei Tage später den Verdacht zurückzog. Für die Notenbank wäre damit, wie ein Sprecher der Presse erklärte, »jede Grundlage für weiteres Handeln weggefallen«.

Man habe den Mann wohl »gebügelt«, vermutet Rainer Hable, der Vorsitzende der NEOS-Partei, der den Vorfall erst im laufenden Wiener Untersuchungsausschuss zur Sprache brachte. Doch der befragte Notenbanker wollte die Frage, ob der Wirtschaftsprüfer – der bald darauf bei Deloitte ausgeschieden ist – unter Druck gesetzt worden sei, »nicht beurteilen« und darüber auch »nicht spekulieren«. Überraschend wäre es nicht gewesen, da es im Vorfeld des Verkaufs an die Bayern bei der Hypo wenig zimperlich zugegangen sei, gibt sich *Die Presse* im Gegensatz dazu berechtigten Spekulationen hin: »Der Bilanzprüfer und die beiden damaligen FMA-Vorstände waren gerade von Landeshauptmann Jörg Haider massiv mit Klagen bedroht worden, weil sie sich der versuchten Vertuschung des im Jahr 2006 publik gewordenen Bilanzfälschungsskandals entgegengestellt hatten. Die Hypo brauchte gerade dringend 250 Mio. Euro, um bis zum Verkauf an die Bayern über die Runden zu kommen. Kurzzeit-Vorstandschef Tilo Berlin war gerade dabei, das Geld mit einem ›Zwischenverkauf‹ an eine Investorengruppe (...) auf die Beine zu stellen. Ein den aktuellen Aufsichtsratschef Kulterer betreffender Kickback-Skandal hätte all das gefährdet und den geplanten Verkauf an die Bayern wohl in die Luft gejagt«, schreibt die Wiener Tageszeitung – Motive hätte es also zur Genüge gegeben.

»Immer wieder, auch bis laufend, bildet die Korruption ein Hauptthema«, scheint zwei Jahre später auch Oberst Stangl vor den Balkansitten in der Bank zu kapitulieren: »Es waren und sind leitende Bankangehörige namentlich bekannt«, die man in den CEE-Ländern hinter vorgehaltener Hand »Mister 10-Prozent« nenne. Damit sei gemeint, »dass man keinen Kredit ohne entsprechendes Schmiergeld bekam«, klärte Stangl den Vorstand am 21. Februar 2009 in seinem Bericht über die »Sicherheits-Situation« auf: »Ich habe mehrmals entsprechende Erhebungen getätigt, wurde aber jeweils vom damaligen VstD Striedinger zurückgepfiffen.« Wie ihm erst später dämmerte, »um möglicherweise seine eigenen Kreise nicht zu stören«. Es sei ihm nicht bekannt, dass diesbezüglich je etwas unternommen worden wäre, schreibt Stangl. »Bekannt ist lediglich, dass sich ausgeschiedene Vorstände auf Kosten der Bank bereichert haben.« Man wisse von Grundstücken, Reihenhäusern, Hotelbeteiligungen und Ähnlichem: ein Vermögen, »das nur mit dem Bankgehalt allein niemals hätte erreicht werden können«.

Zwischendurch wird es dann fast schon gruselig in Stangls Sicherheitsbericht an den damaligen Vorstand. So etwa beklagt er sich an einer Stelle, dass »derzeit noch immer ein leitender Bankangehöriger« in einem Hypo-Land tätig sei, »der gemeinsam mit mehreren weiteren Personen, darunter Ex-Geheimdienstleuten, vor mehreren Jahren ›die Erledigung des Problems Makula‹ besprochen hatte«. Kurt Makula, Ex-Vorstand der Hypo Alpe-Adria Bank AG und heutigen Austria Anadi Bank, habe nämlich »als nicht korrumpierbar und daher unbequem« gegolten und sollte »irgendwie ausgeschaltet werden«, klärt Stangl auf. Wie sich seinem Schreiben entnehmen lässt, dürfte allerdings einer der Verschwörer kalte Füße bekommen haben, »sprang ab und bot sich an, vor einem Notar eine eidesstattliche Erklärung abzugeben«. Es habe sogar schon konkrete Absprachen gegeben, »aber auch hier hielt Striedinger seine schützende Hand darüber«, berichtet der Sicherheitschef der Bank. Ob das Problem je aus der Welt geschafft wurde, entziehe sich seiner Kenntnis: »Fest steht, dass der leitende Bankangestellte noch aktiv ist und jetzt sogar eine Vertrauensperson im Vorstandsbereich eines anderen Landes platziert« habe – womit es sich dabei eigentlich nur um einen Ex-Vorstand der HBInt gehandelt haben kann.

Aber auch auf dem Sektor Geldwäsche seien mehrere »Amtshandlungen« nötig gewesen, meldet Stangl und führt als Beispiel eine »Filiale nächst Banja Luka«, dem serbischen Regierungssitz, im Norden von Bosnien an. Dort habe ein Unbekannter just an dem Tag, als er mit dem Bosnien-Vorstand einen Sicherheitscheck gemacht hätte, in mehreren Tranchen eine Million Konvertible Mark (rund 500 000 Euro) einbezahlt. »Das Geld lag cash in einigen Nylonsäcken in einer Ecke des Banklokals«, zeigt sich der ehemalige Verfassungsschutzbeamte, der den örtlichen Bankmanager zurechtgewiesen habe, fassungslos. »Der Hinweis wurde nicht ernstgenommen. Wenige Monate später wurde die gesamte Belegschaft kurzfristig festgenommen und der Filialleiter zu einer unbedingten Haftstrafe verurteilt.«

Der Hypo-Deal von Vodnjan

Kilometerlang nur immergrüne Büsche, Eichenwälder und Olivenhaine. Auf der Fahrt vom kroatischen Küstenstädtchen Rovinj in Richtung Süden kann man die Mittelmeerküste noch in unberührtem Zustand erleben. Die Zivilisation auf dem flachen, mit Felsen durchzogenen Kiesstrand gibt sich auch im Sommer 2014 noch bescheiden: Lediglich ein paar Kähne dümpeln vor einem kleinen Fischrestaurant am Ortsrand von Peroj im Hafenbecken.

In dieser paradiesischen Idylle zwischen den Ortschaften Barbariga und Dragonera – vis-à-vis der als Nationalpark geschützten

Brioni-Inseln – sollte die größte Tourismusanlage Istriens entstehen. Das von Michaeler & Partner entworfene Projekt stieß bei Naturschützern von Anfang an auf heftigen Widerstand. »Uns sind private Investoren aus dem Ausland durchaus willkommen«, zeigt sich Bruno Poropat, der Initiator und Vorsitzende einer örtlichen Bürgerinitiative konziliant. »Sie sollen sich hier ihre Landhäuser bauen oder, noch besser, die verlassenen Bauernhäuser renovieren.« Nur die Küste sollte für alle zugänglich bleiben, fordert der Umweltaktivist. »Nicht wie am Wörthersee, den man nur noch an zwei Stellen ohne Zaun erreichen kann.«

Kein zufälliger Vergleich, denn es gibt kaum ein größeres Immobiliengeschäft in Istrien, das nicht irgendwie über Klagenfurt gelaufen wäre. Auch jene 38 Hektar unberührte Meeresküste, vor der noch heute die Kähne dümpeln, wurde – zusammen mit einem weiteren 74 Hektar großen Naturschutzgebiet – um die Jahrtausendwende per Ratsbeschluss der Landgemeinde Vodnjan zu einem Spottpreis an zwei unbekannte Projektgesellschaften (Darija d.o.o., AB Maris d.o.o.) verscherbelt. Kaum war das Geschäft abgewickelt, beschloss die Gemeinde, das soeben verkaufte Naturschutzgebiet zu einer touristischen Nutzfläche umzuwidmen, was den Wert des Küstenstreifens über Nacht um das Zweihundertfache in die Höhe trieb und den anonymen Investoren einen gigantischen Spekulationsgewinn bescherte. Die Umwidmung sei schon vor dem Kauf versprochen worden, verplauderte sich Wolfgang Kulterer in einem Interview mit der Lokalzeitung *Glas Istre* und provozierte damit bei den lokalen Umweltschützern einen Aufschrei.

Paradiesisch ist in Istrien heute nur noch die Natur. Auf dem Immobilienmarkt geht es längst höllisch zu. Mafia, Geldwäsche, Betrug und ordinäre Korruption – kein Übel, das noch nicht aufgetreten wäre. Der Hypo nahestehende Immobilienhändler und Bauträger verkauften ihre Grundstücke und Wohnungen über Hypo-Kredite zu überhöhten Preisen an sich selbst – ein klassischer Geldwäschetrick. Ein bekannter Makler aus Poreč lebt, wie *DIE ZEIT* recherchierte, »inzwischen unter falschem Namen in Bayern, um sich vor den Nachstellungen eines Zagreber Spielautomatenkönigs und dessen Bodyguards zu retten«. Und auch der Hypo-Deal von Vodnjan hat seine Narben hinterlassen. Die damalige Bürgermeisterin, die den dubiosen Handel zu verantworten hatte, wurde 2011 zu vier Jahren Haft verurteilt. Haiders Ex-Kollege Stevo Žufić, inzwischen ein erfolgreicher Immobilienhändler, muss sich noch immer mit finsteren Korruptionsvorwürfen herumschlagen. Ähnlich ergeht es auch seinem Nachfolger Ivan Jakovčić, der seit 2014 als Abgeordneter im Europaparlament sitzt. Beide hoffen, dass über die Sache möglichst bald viel Gras und ein paar schöne Appartementhotels gewachsen sind.

Die Hoffnung ist nicht ganz unbegründet. Mitte 2010 fand sich überraschenderweise ein Käufer für das brachliegende Investitionsprojekt, obwohl die offensichtlich zu Unrecht erteilte Umwidmung seit 2002 ausgesetzt war. Offiziell, weil man dort, wo schon die römischen Kaiser ihre privaten Ölgärten pflegten, was in jedem Reiseführer nachzulesen ist, plötzlich auf alte Ruinen stieß; inoffiziell, weil Ivan Jakovčić, der damalige Župan von Istrien (2001–2013), sein eigenes Süppchen kochen wollte. Tatsache ist, dass der neue Eigentümer, ein geheimnisvoller Exilkroate, schon kurz nach seinem Erwerb erneut eine Baubewilligung bekam und das 112 Hektar große Areal wie ursprünglich geplant mit einer gigantischen Ferienanlage überziehen möchte – und das blaue Meer kräuselte sich nur ganz leicht.

Kroatisches Gesellschaftsspiel

Für die österreichischen Protagonisten des Deals hat sich dieser fromme Wunsch längst zerschlagen. Seit Mai 2014 liegt zu diesem Finanzierungsfall ein Abschlussbericht der Soko Hypo vor, der sich schon bald zu einer Anklage zuspitzen könnte. Die über 220 Seiten lange Dokumentation ist das Ergebnis einer vierjährigen minutiösen Polizeiarbeit, bei der es zu 63 Vernehmungen, 19 Kontoöffnungen und zwei Hausdurchsuchungen kam. Eingeleitet wurden die Ermittlungen im Mai 2010 durch eine Anzeige der CSI Hypo, die schon damals den Verdacht hegte, dass hinter den beiden kroatischen Projektgesellschaften Darija und AB Maris – die nach der Auszahlung von rund 50 Millionen Euro an Krediten plötzlich zwei Schweizer Briefkastenfirmen (Noxas AG, Mikos AG) gehörten – in Wirklichkeit irgendwelche Manager aus Klagenfurt stehen. Gerüchte in diese Richtung gab es schon immer. Die Vermutungen reichten hier von Jörg Haider und der damaligen FPÖ über den jetzigen Immobilienmagnaten Stevo Žufić bis hin zur Kärntner Hypo selbst – wobei hier vor allem immer wieder die Namen der Ex-Vorstände Günter Striedinger

MA PRIVATSTIFTUNG

HYPO Alpe-Adria-Beteiligung GmbH
zH Herrn Mag. Dieter Malle
Alpen-Adira-Platz 1
9020 Klagenfurt am Wörthersee
Fax: 050202 – 7212156

Klagenfurt am Wörthersee, am 30.04.2010

AB Maris/Darija

Sehr geehrter Herr Mag. Malle,

den Medienberichten ist zu entnehmen, dass der Rechtsvertreter der Hypo Alpe-Adria-Group eine Strafanzeige betreffend der Projekte AB Maris/Darija eingebracht hat.

Dieses Vorgehen steht in diametralem Widerspruch zu den zwischen uns getroffenen Vereinbarungen, wonach in dieser hoch sensiblen Phase der Verkaufsverhandlungen jede mögliche Störung zu vermeiden ist.

Wir ersuchen daher als Mehrheitseigentümer der genannten Gesellschaften einerseits um sofortige Übermittlung der von Dr. Held verfassten Anzeige, andererseits um einen Besprechungstermin noch am Montag, dem 03.05.2010 mit Ihnen und den verantwortlichen Vorstandsmitgliedern der Hypo Alpe-Adria-Bank International AG.

Mit dem Ersuchen um sofortige Rückäußerung verbleiben wir

mit vorzüglicher Hochachtung

Mag. Hermann Gabriel — Dr. Gerhard Kucher

St. Veiter Strasse 9
9020 Klagenfurt am Wörthersee
Tel. Nr. +43 (0) 463 – 507 510; Fax +43 (0) 463 – 507 510-11

Störfeuer. Durch eine Anzeige der CSI Hypo entging ehemaligen Hypo-Beratern ein lukrativer Immobiliendeal.

und Wolfgang Kulterer fielen, dazu die des ehemaligen Rechtsberaters der HGAA, Gerhard Kucher, sowie des früheren Steuerberaters der Bank, Hermann Gabriel. Bewiesen ist bisher jedoch nur die auffällige Nähe dieser Personen zu dem obskuren Immobilienprojekt, das inzwischen den Werbenamen *Riviera von Brioni* trägt und laut Kreditunterlagen ein riesiger Hotelkomplex mit Golfplatz, 117 Villen und sogar einem eigenen Hafen hätte werden sollen.

So etwa scheint schon kurz nach Gründung der Darija (30. 12. 1999) im kroatischen Firmenbuch der Klagenfurter Gerhard Kucher als Eigentümer der ersten Projektgesellschaft auf. Wenn auch nur vorübergehend, da der Advokat Anfang 2003 seine Anteile in mehreren Winkelzügen weitergab. Zuerst um eine symbolische Kuna an die von ihm gegründete IEK Immobilienentwicklungs AG (IEK) mit Sitz in Klagenfurt, die aber noch im September des gleichen Jahres die Anteile an die von ihr gegründete Schweizer Noxas Holding AG weiterreichte – zusammen mit einer Sacheinlage in Höhe von 82,2 Millionen Schweizer Franken oder umgerechnet fast 55 Millionen Euro. Bemerkenswert dabei ist nicht nur die Höhe der Einlage, sondern auch der Umstand, dass es sich bei dieser Sacheinlage nicht nur um die Gesellschaftsanteile der Darija handelte, sondern auch um jene einer kroatischen Putenfarm, die laut Firmenbuch einem langjährigen Freund und Geschäftspartner von Kulterer gehörte.

Offen war bisher auch immer, welche Rolle Gerhard Kucher bei diesen Vorgängen spielte, da er wie jeder andere Anwalt des Öfteren nur als Treuhänder fungierte. »Tatsache ist, dass eine enge Verflechtung zwischen der Noxas und (ehemalig) für die Hypo Alpe Adria Group handelnden Personen besteht«, heißt es dazu in der Anzeige der CSI-Ermittler, »weshalb der Verdacht, dass hinter der Noxas mittelbar oder unmittelbar ehemalige Organe der Hypo stehen, nicht von der Hand zu weisen ist.« Gleiches gelte auch für die AB Maris, die zweite Projektgesellschaft, und ihre Schweizer Holding, die Mikos AG – wobei diese Gesellschaften längst nicht mehr aktiv sind, was die Spurensuche nach den jeweiligen Eigentümern entsprechend erschwert.

Die Schwierigkeit der Nachforschung liegt zum Teil auch an der kroatischen Gesetzgebung, wonach der Gesellschafter eines Unternehmens – im Gegensatz etwa zum österreichischen Handelsrecht – in einem Firmenbuchauszug nicht aufscheinen muss. In solchen Fällen hilft dann nur ein Blick vor Ort in den vollständigen

Akt des Unternehmens: Demnach gab es bei der AB Maris über eine Wiener Immobilienfirma von Anfang an auch eine österreichische Fifty-fifty-Beteiligung, bei der auch der damalige Nationalratsabgeordnete und Finanzexperte der FPÖ, Detlev Neudeck, engagiert war. Doch auch in diesem Fall wusch offensichtlich eine Treuhand die andere: Oder es ist purer Zufall, dass auch bei der AB Maris wieder zuerst ein gewisser Gerhard Kucher und dann seine IEK als Gesellschafter aufscheinen, bevor das gesamte Vermögen in Form einer Sacheinlage erneut auf eine Schweizer Briefkastenfirma übertragen wurde. Namentlich auf die Mikos AG, deren Sitz und Verwaltungsrat mit jenem der Noxas Holding aber identisch ist. Diesmal betrug der eingebrachte Wert umgerechnet 19,6 Millionen Euro – womit im Zuge dieses Immobiliendeals insgesamt fast 75 Millionen Euro ihren Weg von der istrischen Mittelmeerküste in den steuerschonenden Schweizer Kanton Zug fanden.

Von dort wurde dann die gesamte Summe bis Mitte September 2008 sukzessive abgezogen. Wohin, blieb lange ein Rätsel, da sich sowohl Striedinger als auch Kulterer in ihrer Hypo-Zeit stets geweigert hatten, die Aktionäre der Schweizer Briefkastenfirmen bekannt zu geben. »Wir haben den Investoren Anonymität zugesichert und sehen keinen Grund, dieses Versprechen zu brechen«, waren sich die Ex-Vorstände, die mittlerweile als zerstritten gelten, in diesem Punkt immer einig. Aber auch Gerhard Kucher zeigte sich unter Berufung auf das Berufsgeheimnis stets verschwiegen: »Ich darf nicht einmal sagen, wer meine Klienten sind, geschweige denn ob ich in diesem Fall Treuhänder war.«

Bis Februar 2009 gab man sich offensichtlich auch in der Bank mit diesen vagen Ausflüchten zufrieden – bis ein interner Aktenvermerk für neuerliches Gerede sorgte. Er ist die Zusammenfassung eines Telefonats zwischen dem damals bereits von der BayernLB eingesetzten Risikovorstand, Andreas Dörhöfer, und einem Ex-Paten der montenegrinischen Zigarettenmafia. Wie aus dem Gesprächsprotokoll hervorgeht, hatte Letzterer – nur zehn Tage nachdem die Konten der Noxas und Mikos geleert worden waren – die Aktien der beiden Briefkastenfirmen erworben. Laut einem *Memorandum of Understanding* hatte er aber das Recht, die Aktien innerhalb von 24 Monaten wieder zurückzugeben. Die Hintergründe für diese ungewöhnliche Vereinbarung sind nicht bekannt. Auch nicht der Anlass des Telefonats. Verbrieft ist aber die Äußerung des Montenegriners – der, wie inzwischen vermutet wird, nur als Strohmann agieren sollte –, dass er aus dem Projekt »so schnell wie möglich und ohne Schaden« aussteigen möchte. Als Begründung führte er an, dass er viele Gespräche geführt hätte, »unter anderem auch ein persönliches mit Striedinger und den lokalen Verwaltungsbehörden«. Danach sei er zu dem Schluss gekommen, »dass die Profiteure aus dem Projekt AB Maris und Darija Dr. Wolfgang Kulterer, Mag. Günter Striedinger und Milan Naperotić wären«. Deshalb wolle er mit dem Ganzen nichts mehr zu tun haben. Dabei gehe es ihm auch darum, »mit seiner Familie in Kroatien sicher leben zu können«.

Einer anderen internen Bankenkorrespondenz wiederum lässt sich entnehmen, dass die Ungewissheit über die Eigentümer nach Meinung der HGAA-Juristen »nicht nur ein Verkaufshindernis« darstelle. Sie sei auch ein rechtliches Problem in Bezug auf einen möglichen Verstoß gegen die »Sorgfaltspflichten zur Bekämpfung von Geldwäsche und Terrorismusfinanzierung«, heißt es wörtlich. Offensichtlich hat man daraufhin die vermeintlichen Besitzer zu einem Gespräch gebeten. Jedenfalls existiert von Striedinger, Kulterer und Naperotić, dem Ex-Konsulenten der Hypo, eine eidesstattliche Erklärung vom März 2009, wonach ihnen keine Rechte an oder aus den Projekten »Porto Mariccio« (Darija/Noxas) und »Dragonera« (AB Maris/Mikos) zustünden. Interessant ist dabei, dass auch Naperotić in seiner Erklärung die Projekte mit jenen Namen nannte, die nur von Bankinsidern in den Protokollen der jeweiligen Kreditausschüsse verwendet wurden. Zudem wurde der Eid zu einer Zeit geleistet, als die Sache längst gelaufen war, was auch die Rechtsabteilung der Bank erkannt hat. »Das sagt zwar nichts über die Vergangenheit aus, wohl aber für die Gegenwart und letztlich auch für die Zukunft«, heißt es in einer E-Mail an den damaligen Vorstand. »Man wird zwar nie ganz ausschließen können, dass zum Beispiel in Zukunft Ausschüttungen über Umwege (Steueroasen etc.) dem einen oder anderen nicht Gewünschten zukommen. Mit unseren Nachforschungen bzw. den vorliegenden Erklärungen sollten wir aber unseren Pflichten Genüge getan haben.«

Ein Schnäppchen

Der Einstieg der Kärntner Hypo in dieses 274 Kilometer weit entfernte und letztlich rund 70 Millionen Euro teure Risikoprojekt auch als Gesellschafter erfolgte drei Jahre nach der Projektgründung. Alles begann mit einer internen Mitteilung vom 17. Juli 2003, wonach aufgrund des »Verhandlungsgeschicks« der damaligen Vorstände Günter Striedinger und Wolfgang Kulterer die Möglichkeit einer 26-prozentigen Beteiligung an der Darija und ihren Liegenschaften »ausgehandelt« werden konnte. Die Gelegenheit sei günstig, da ein »fixierter Verhandlungspreis« von 150 Euro pro Quadratmeter möglich sei, obwohl sich aus dem Gutachten eines »für die Bank tätigen Sachverständigen« ein Preis von 155 bis 200 Euro ergeben habe, wurde der Einstieg in das Projekt schmackhaft gemacht. Am besten wäre eine Beteiligung in Form einer Kapitalerhöhung, sollen Kulterer und Striedinger vorgeschlagen haben. Nur eine Woche später gab es bereits einen Investitionsantrag in Höhe von 14,6 Millionen Euro.

Zu diesem Zeitpunkt lagen weder Bilanzdaten noch Planrechnungen vor. Auf dem Antragsformular waren unter »Stärken« des Projekts eine ganze Reihe von Vorzügen aufgezählt: die gute Lage des Grundstücks, das große Interesse internationaler Investoren, die langjährige gute Geschäftsbeziehung, das Vorhandensein aller erforderlichen Genehmigungen, ein akzeptabler Quadratmeterpreis sowie ein großes Potenzial für Preissteigerungen der Liegenschaft. Das Feld »Schwächen« hingegen blieb leer.

Bevor man bei diesem angeblichen Schnäppchen weiter ins Detail geht, sollte man im Kreditakt etwas zurückblättern und zwei Dinge Revue passieren lassen.

- Erstens: Dieselbe Liegenschaft wurde nur drei Jahre zuvor um lediglich fünf Euro pro Quadratmeter gekauft, und es gibt bis heute keine kaufmännische Erklärung dafür, was eine Wertsteigerung um das Dreißigfache bewirkt haben könnte: Die erteilte Umwidmung von Naturschutzgebiet in touristische Nutzungsfläche war nämlich ausgesetzt.
- Zweitens: Die Hypo Alpe-Adria-Bank (HAAB) hatte zu diesem Zeitpunkt eine aufrechte Kaufoption, in der es heißt: »Für den Fall, dass es dem Kreditnehmer bis spätestens 01. Juni 2003 nicht gelingen sollte, das Grundstück zu verkaufen, hat die Bank die Möglichkeit, dieses Grundstück zu einem Preis von DEM 50,00

pro m^2 vom Kreditnehmer zu erwerben. Der Kreditnehmer ist in diesem Fall verpflichtet, der Bank ein entsprechendes Angebot zu erstellen.«

Laut dieser von Günter Striedinger selbst unterzeichneten Vereinbarung hätte also die HAAB (die HBInt gab es erst ab 2004) ab dem 2. Juni 2003 die Möglichkeit gehabt, die gesamte Liegenschaft (rund 375 000 Quadratmeter) zu einem Preis von 25 Euro pro Quadratmeter beziehungsweise um insgesamt rund 9,4 Millionen zu erwerben. Und davon hätte sie sogar auch noch einen ausstehenden Kredit in Höhe von 3,2 Millionen Euro abziehen können. Warum sie trotzdem zwei Monate später über die neu gegründete Hypo Alpe Adria Consultants Liechtenstein AG (HCLi) nur ein Viertel davon um 14,6 Millionen Euro von einer Schweizer Briefkastenfirma erwarb, werden vielleicht einmal die Gerichte klären.

Zusammengefasst lässt sich der Schnäppchenkauf wie folgt darstellen: Aufgrund der »geschickten Verkaufsverhandlungen« von Günter Striedinger und Wolfgang Kulterer hat eine Konzerntochter der HGAA (nämlich die Hypo Consultants Liechtenstein) um 14,6 Millionen Euro die 26-prozentige Beteiligung an einer kroatischen Gesellschaft (Darija) erworben, deren einziges Asset die von einer anderen Konzerntochter (HAAB) finanzierte Liegenschaft war – und zwar bei gleichzeitigem Verzicht auf die bis dahin ausbezahlten Kredite. Was immer vor dem Hintergrund gesehen werden muss, dass aufgrund eines aufrechten Optionsvertrags die Möglichkeit bestanden hätte, die gesamte Liegenschaft um insgesamt 9,4 Millionen zu erwerben. Wobei in diesem Fall die offenen Kredite aufrecht geblieben wären, sodass die eigentlichen Kosten nur 6,2 Millionen Euro betragen hätten – während die tatsächlich eingegangene 26-prozentige Beteiligung überhaupt nur auf 1,6 Millionen gekommen wäre.

Die CSI Hypo errechnete in ihrer Anzeige daraus für die Hypo einen Schaden von mindestens 13 Millionen Euro. Geht man bei dieser Überlegung noch einen Schritt weiter und stellt in Rechnung, dass Kulterer und Striedinger in ihrem Beteiligungsvorschlag einen Quadratmeterpreis von 155 Euro behauptet haben, dann liegt der Nachteil für die HGAA – wegen der nicht realisierten Wertsteigerung – sogar bei über 50 Millionen. Aber das sind juristische Spielereien. Die Optik ist auf jeden Fall schief. Ein Eindruck, der sich knapp ein Jahr später, als sich die Hypo Group Alpe Adria am 13. Mai 2004 –

diesmal bereits über die Hypo International – auch an der zweiten Projektgesellschaft (AB Maris) beteiligt, noch verschärft.

Ein zweites Schnäppchen

Auch beim zweiten Schnäppchen sind die wirtschaftlichen Interessen der Bank an einer Beteiligung nur schwer nachzuvollziehen. Fakt ist, dass sich die HBInt – über ihre Tochter Hypo Consultants Liechtenstein – an der Schweizer Holding (Mikos AG) der zweiten Projektgesellschaft (AB Maris) mit ebenfalls 26 Prozent, diesmal um zehn Millionen Euro, beteiligt hat. Viel mehr ist nicht bekannt.

Dem entsprechenden Kredit- und Beteiligungsvertrag kann lediglich entnommen werden, dass die damaligen Fifty-fifty-Eigentümer – Kuchers IEK und die dem freiheitlichen Finanzreferenten Neudeck nahestehende TECTO-Beta Beteiligungs GmbH (TECTO) – sich entschlossen hätten, ihre Anteile in der Mikos zu »konzentrieren«. Laut dem Schweizerischen Handelsamtsblatt (SHAB) wurde auch diese Briefkastenfirma – ähnlich wie schon die Darija-bezogene Noxas zuvor – äußerst kurzfristig, nämlich erst am 17. Mai des gleichen Jahres, ins Handelsregister eingetragen. Bündig ist auch der dazugehörige SHAB-Vermerk: »Sacheinlage: Die Hälfte aller Stammanteile der ›AB Maris d.o.o.‹ in Pula (HR), gemäß Sacheinlagevertrag vom 05. 06. 2004, zum Preis von CHF 29 412 000,00, wofür 29 412 Namensaktien zu CHF 1000,00 ausgegeben wurden.«

Der Sacheinlagevertrag selbst ist bisher nicht aufgetaucht. Klar ist nur, dass die Hälfte des Stammkapitals der AB Maris – das immer nur die vorgeschriebene Mindesteinlage von 20 000 Kuna (rund 2800 Euro) betrug – mit umgerechnet 18,3 Millionen Euro bewertet und in die Mikos eingebracht wurde. Dabei muss es sich um jene Hälfte handeln, deren Eigentümer Kuchers IEK war. Die Anteile der TECTO wurden nämlich erst vier Monate später an die Mikos abgetreten. Erstaunlicherweise um den bescheidenen Nominalwert – womit praktisch über Nacht bei der AB Maris ein Wert von 18 Millionen Euro verloren ging.

Spätestens jetzt wird klar, dass die Projektgesellschaft zwei völlig verschiedene Eigentümergruppen gehabt haben muss: eine um den Hypo-Anwalt Kucher und eine um den damaligen Finanzreferenten der FPÖ, Detlev Neudeck. Da nicht anzunehmen ist, dass seine Leute ohne Gegenleistung 18 Millionen Euro in der Adria versenkt haben, ist hier Raum für Spekulationen. Prinzipiell kann angenommen werden, dass die Neudeck-Gruppe bereits vorher und auf andere Weise finanziell für die Abtretung ihrer Anteile entschädigt wurde. Zum Beispiel durch die Übertragung von Gesellschaftsanteilen eines anderen Unternehmens. Zufall oder nicht: Zwei Monate nachdem die Konten der Schweizer Briefkastenfirmen geleert wurden, ist im österreichischen Firmenbuch eine gewisse Agroeast GmbH eingetragen worden, die in Rumänien über ansehnlichen Grundbesitz verfügt. Dort scheint – übrigens neben dem Ex-Aufsichtsratschef der Hypo und kika/Leiner-Gründer Herbert Koch – auch ein ehemaliger TECTO-Eigentümer bis Ende 2011 als Gesellschafter auf. Geschäftsführer der mehrmals umstrukturierten Agroeast ist noch heute Wolfgang Kulterer, von dem vermutet wird, dass er früher über die Schweizer Intralux AG auch Gesellschafter war.

Zusammenfassend ergibt somit die Anteilsbeteiligung der Hypo auch bei dieser Projektgesellschaft keinen rechten Sinn für die Bank. Die AB Maris war bei deren Einstieg ertraglos und nicht in der Lage, ihre Kredite zu bedienen. Jedem in Klagenfurt musste daher auch klar sein, dass eine Beteiligung mit einem besonders hohen Ausfallrisiko behaftet war. Es konnte auch nicht Aufgabe der HCLi sein, diese Immobiliengesellschaft bloß zu erwerben, um sie weiterzuverkaufen. Dazu wäre sie allein schon aufgrund der bestehenden Kreditverträge mit der Konzernmutter HBInt, die als Kreditgeber ein Pfandrecht hatte, gar nicht in der Lage gewesen. Abgesehen davon hatte die Bank bei der AB Maris auch keinen geschäftsführenden Einfluss und nur eine Minderheitsbeteiligung. »In Wirklichkeit diente dieser Anteilserwerb der Realisierung von Gewinnen durch die im Einflussbereich des Rechtsanwalts Dr. Kucher samt allfälligen Hintermännern stehenden Gesellschaften«, vermutete die CSI Hypo in ihrer Sachverhaltsdarstellung. Gleiches gelte für die Neudeck nahestehende TECTO, wobei alle gewusst hätten, »dass sie auf einer nur mehr schwer und überdies nicht mehr mit so einem Gewinn veräußerbaren Liegenschaft sitzen«.

Im gegenständlichen Kredit- und Beteiligungsantrag der Hypo klingt das natürlich anders. Da ist von einem »besonders lukrativen Angebot« die Rede. Begründet wurde das Schnäppchen wieder einmal mit einem günstigen Quadratmeterpreis, diesmal von 52 Euro, während der Wert laut »unseres gerichtlich beeideten Schätzers in

Istrien« bei rund 86 Euro läge. Allein hier hätten bei den verantwortlichen Gremien bereits alle Alarmglocken läuten müssen: Nur neun Monate zuvor hatte nämlich der gleiche Gutachter die in unmittelbarer Nähe liegenden Grundstücke der Darija noch mit 155 Euro pro Quadratmeter – also fast auf das Doppelte – geschätzt, was eher auf einen rapiden Wertverfall als auf ein profitables Geschäft hinweist.

Die Hast, mit der dieser Handel durchgezogen wurde, war ebenfalls verdächtig. Laut Kreditantrag sollte die Zuzählung der Mittel »aufgrund der besonderen Dringlichkeit« sofort mit Unterzeichnung des Kaufvertrages erfolgen. Begründet wurde diese Eile allerdings nicht. Dementsprechend schnell – und anscheinend auch ungeprüft – wurde der Deal vier Tage später innerhalb von 24 Stunden durch alle Prüfgremien durchgewunken und dem Kreditausschuss des Aufsichtsrates zur Beschlussfassung vorgelegt. Der hat ihn ebenfalls noch am selben Tag bewilligt. Wenn auch nur mittels Umlaufbeschluss und mit dem Schönheitsfehler, dass die einzelnen Originalunterschriften im Kreditakt bis heute nicht auffindbar sind. Daher ist nach wie vor fraglich, ob der Aufsichtsrat bei dieser undurchsichtigen Beteiligung überhaupt eingebunden war.

Und noch ein Schnäppchenjäger

Wolfgang Kulterer sieht sich gerne in der Opferrolle: »Ich habe ein Leben der Bank geopfert und das eigene dabei vergessen. Jetzt stehe ich vor dem Nichts, während andere an meinem Lebenswerk viel Geld verdient haben.« Auf diese Weise versuchte der frühere Starbanker, der sich inzwischen in Privatkonkurs befindet, auch im März 2012 ein Klagenfurter Schöffengericht für sich einzunehmen. Doch die Richterin ließ sich nicht beeindrucken und verdonnerte ihn in der Causa »Hypo-Vorzugsaktien« zu dreieinhalb Jahren Haft. Seither versteht Kulterer die Welt nicht mehr und schiebt die Schuld am größten Finanzdebakel der Zweiten Republik anderen zu. Nicht zu Unrecht auch dem verstorbenen Landeshauptmann Jörg Haider. »Ich habe mich nie zum Nachteil der Hypo bereichert und auch keine verdeckten Firmen oder Stiftungen in Liechtenstein oder sonst wo«, lautet eines seiner vorgebrachten Argumente.

Doch genau diese Verteidigungslinie erscheint seit Vorliegen eines Abschlussberichts der Kripo zum Hypo-Deal von Vodnjan in einem ganz anderen Licht: Offiziell hat Kulterer in seiner Vorstandszeit »nur« etwa fünf Millionen Euro netto verdient – inklusive rund 820 000 Euro Aufsichtsratsprämien. Durch die Ermittlungen der Soko Hypo sind aber jetzt massive Hinweise aufgetaucht, dass sich der mittellose Ex-Manager die offizielle Entschädigung für sein Lebenswerk durch Nebengeschäfte im Umfeld der Bank sehr wohl aufgebessert hat. Konkret sollen Kulterer – wie auch sein damaliger Vize Günter Striedinger und der ehemalige Hypo-Konsulent Milan Naperotić – über Strohmänner und Briefkastenfirmen Kredite von der Hypo für Projekte erhalten haben, hinter denen in Wahrheit sie selbst standen.

Dabei soll es sich außer den Immobilienprojekten Darija und AB Maris auch um die in Istrien bei Pazin gelegene Putenfarm Puris handeln. Puris ist ein Kreditfall für sich: Laut Gerichtsunterlagen hatte die Bank dem Austrokanadier Walter Wolf mit einem 12-Millionen-Kredit den Kauf von knapp 90 Prozent finanziert; angeblich am Aufsichtsrat vorbei, der eigentlich alle Kredite über drei Millionen Euro hätte genehmigen müssen. Davon seien aber nur knapp 10 Millionen in den Aktienkauf geflossen, der Rest hätte den Weg nach Österreich zurückgefunden. Wohin, sei unklar, weil Wolf, der auch kroatischer Staatsbürger ist, nur als Strohmann fungiert haben soll, da bei der Privatisierung von Staatsbetrieben nur Kroaten zum Zug kamen. Außerdem habe die Puris, so lautet der Vorwurf, »der Höhe nach nicht gerechtfertigte Management-Fees an eine WBG GmbH bezahlt, an der Kulterers damalige Frau beteiligt war«.

»Nach Verarbeitung sämtlicher bis zum 28. April 2014 verfügbarer Daten«, heißt es in dem Polizeibericht, könne der von der CSI Hypo angezeigte »Untreuetatverdacht bekräftigt und dokumentiert werden«. Nunmehr bestünde der begründete Verdacht, dass das Trio wirtschaftlich hinter diesen Projekten gestanden habe »und somit als die wahren Profiteure der von der HAAB/HBInt kreditfinanzierten Projekte anzusehen sind«. Nach Aktenlage als heimliche Aktionäre, und zwar zu je einem Drittel, wobei die jeweiligen Aktien weit weg von Klagenfurt auf einem anonymen Nummerndepot bei einer Bank in Lech am Arlberg hinterlegt waren. Die Handschrift der Konstruktion kam den Ermittlern sofort bekannt vor: Die Vernebelungsaktion wurde nämlich »im bewussten und gewollten Zusammenwirken« mit den früheren Bankberatern Herman Gabriel und Gerhard Kucher durchgezogen.

Hochgekommen ist das Ganze, weil Kulterer nicht nur mit seiner Bank, sondern auch mit seiner Frau Brigitte verheiratet war. Die wollte sich 2004 – als die Balkangeschäfte der Kärntner Hypo gerade boomten – mit ihrer Rolle als Zweitfrau aber nicht mehr abfinden und reichte die Scheidung ein. Weil sich ihr Mann bei der Aufteilung des ehelichen Vermögens dem Vernehmen nach sehr knausrig zeigte und überdies nicht an Nebenabsprachen hielt, griff die Dame Jahre später zu einer weiblichen List und bot (über ihren Bruder) der BayernLB – die sich von der Hypo gerade hintergangen fühlte und die Bank auf Rückabwicklung des Kaufes verklagt hatte – um 1,2 Millionen Euro einschlägige Beweismittel an. Diese sollten belegen, »dass die HGAA (...) durch manipulierte Eingriffe ihre Bilanzen bzw. die Eigenkapitaldecke falsch dargestellt hat«, heißt es in einem Zwischenbericht der Soko Hypo.

Aus dem erhofften Deal mit den Bayern wurde nichts. Doch irgendwie bekam auch die Soko Hypo Wind von der Sache und stellte die brisanten Unterlagen im Zuge einer Hausdurchsuchung bei Kulterers Ex-Schwager sicher, wobei die heikelsten Dokumente am Boden eines vollgestopften Mörteleimers in einem Abstellraum gefunden wurden. Es handelt sich vorwiegend um Unterlagen aus Kulterers Scheidungsverfahren, aber auch um private E-Mails und handschriftliche Notizen von ihm persönlich – die auf allerlei private Geschäfte im Umfeld der Hypo hindeuten.

Abgesehen davon stießen die Ermittler bei ihrer Razzia auch auf Kontounterlagen von der Schweizer Schroders & Co Bank AG sowie der Raiffeisen-Bezirksbank Klagenfurt (RBB). Nach bisheriger Auswertung dürften über die Schweizer Bank zum Beispiel im Zusammenhang mit dem Villacher Bauunternehmer und Großkreditkunden der Hypo, Jakob Kuess, Zahlungen gelaufen sein. Bei der RBB wiederum stieß die Kripo auf ein verdächtiges Wertpapierdepot mit Aktien der ehemaligen Hypo-Beteiligung Agrokor, dem heute größten privaten Unternehmen in Kroatien, wo inzwischen auch der frühere Notenbankchef Željko Rohatinski angeheuert hat. Für die Ermittler stellt sich laut ihrem Bericht die Frage, »warum Dr. Wolfgang Kulterer als Hypo-Vorstandsdirektor mit seiner Ehefrau im Jahr 2003 über die RBB-Klagenfurt private Geschäfte abwickelt«. Sie hegen den Verdacht des Insiderhandels, zumal der Bruder von Günter Striedinger einer der RBB-Vorstände war. Wie bei allen bloßen Verdachtsfällen gilt auch hier die Unschuldsvermutung.

Interessant könnte natürlich auch die Rolle der WBG Business Service GmbH aus St. Veit an der Glan sein, die im August 2001 vom Villacher Geschäftsmann Gerhard Prasser gegründet wurde. Laut einem Schreiben von Brigitte Kulterer sollte über diese Firma hauptsächlich die Sanierung und Übernahme von Puris durchgeführt werden, die über einen ansehnlichen Immobilienbesitz verfügte, auf dem der passionierter Reiter Kulterer eine große Pferderanch errichten wollte. »Da Wolfgang, aus welchen Gründen auch immer, in der Gesellschaft nicht aufscheinen wollte, wurde mit G. P. eine Vertrauensperson gesucht«, heißt es in einem Schreiben von Brigitte Kulterer an ihre Scheidungsanwältin, das den Ermittlern ebenfalls in die Hände fiel. Sie selbst sei später als zweite Gesellschafterin vorgeschoben worden. Der tatsächliche Chef des Ganzen sei von Anfang an Kulterer gewesen – »das W im Firmennamen«.

Sound of Skiper

Es ist ein nostalgischer Zugang, den Joachim Riedl, der Leiter der Wiener *ZEIT*-Redaktion, zum wohl bekanntesten Investitionsprojekt der Hypo Alpe Adria findet:

»Die älteste Villa am Golf von Triest befindet sich auf halbem Weg zwischen den Schlössern von Duino und Miramar. Noch vor Ausbruch des 1. Weltkrieges hatte hier der österreichische Linienschiffskapitän Ritter von Trapp, der Stammvater der Sound of Music-Familie, eine Sommerresidenz für seine stetig wachsende Kinderschar errichten lassen. Damals verband noch keine Küstenstraße die umliegenden Fischerdörfer, einsam stand das Haus inmitten der Terrassen, die mit Olivenbäumen und Weinstöcken bewachsen waren.

Heute wird das Anwesen auf halber Höhe über der Strada Costiera von dem deutschen Schriftsteller Veit Heinichen bewohnt. Er sitzt auf der Veranda, einen Feldstecher griffbereit, und blinzelt über das Meer hinüber zu der Halbinsel Istrien, wo auf einer schmalen Landzunge nur wenige Kilometer Luftlinie entfernt das kroatische Dorf Savudrija liegt. Die kalten Sturmwinde der Bora haben abgeflaut, leichter Dunst liegt über dem Golf, in der Ferne ist die Silhouette eines ausufernden Gebäudekomplexes auszumachen: Die gerade erst eröffnete *Rezidencija Skiper*, eine luxuriöse Ferienanlage mit Villen, Appartementhäusern, Fünfsternehotel, Golfklub und eigenem

Hubschrauberlandeplatz wurde in die einst unberührte Küstenlandschaft hineingeklotzt, eines der zahlreichen Spekulationsprojekte, die in den vergangenen Jahren auf dem Gebiet des zerfallenen Jugoslawien aus dem Boden gewachsen waren.

Heinichen blättert in seinem Roman *Totentanz* und zitiert eine Passage, die sich mit dem luxuriösen Millionärsrefugium beschäftigt: ›Vor Jahren bereits hatte dort eine Allianz aus Angehörigen der scharfmacherischen Lega Nord, Kärntner Hochfinanz und alter kroatischer Nomenklatura mitten im Naturschutzgebiet einen enormen Betonkomplex in Angriff genommen ... Inzwischen ermitteln die Staatsanwälte wegen betrügerischem Bankrott.‹ Diese Sätze schrieb Heinichen 2006. Schon damals richtete er stets seinen Blick nach Klagenfurt, wenn er in seinen Kriminalromanen von sinistren Finanztransaktionen in und aus der Grenzregion an der Adria erzählte: Stets operiert darin die Hausbank der Balkan-Mafia am Ufer des Wörthersees. Und zum Dank wird das dienstbare Geldinstitut von seinen ehrenwerten Geschäftspartnern ausgenommen wie eine Weihnachtsgans«, erkennt Riedl den damals erst aufkeimenden Hypo-Skandal sofort als echten Wirtschaftskrimi.

Als das Skiper-Abenteuer begann, hofften noch alle auf einen lukrativen Deal. Ausgedacht hat sich das kühne Projekt der Klagenfurter Geschäftsmann Miro Oblak. Der gebürtige Slowene hatte bereits Ende der Achtzigerjahre, kurz vor Abspaltung der jugoslawischen Teilstaaten, damit begonnen, die brachliegenden Gestade rund um das elterliche Wochenendhaus, in dem er schon als Kind seine Ferien verbrachte, sukzessive aufzukaufen. Die ersten Grundstücke waren mit 15 bis 35 Euro pro Quadratmeter wirklich billig. Als sich die Kriegswirren jedoch gelegt hatten und die Grundstückpreise in der Gegend um das Zehnfache stiegen, musste Oblak das erste Musterhaus mithilfe seiner istrischen Hausbank finanzieren. Doch als diese – auf Druck lokaler Größen, wie der Mann vermutet – bei der Kreditauszahlung knauserte, sprang die Klagenfurter Hypo ein, die zu dieser Zeit erst kurz auf dem Markt und gierig nach Kunden war. Außerdem befürchtete der damals fürs Auslandsgeschäft zuständige Günter Striedinger, Oblak könnte auch Skiper mit dem Raiffeisenverband Klagenfurt durchziehen, der bereits seine Ferienanlage in Protorož finanziert hatte, was für die Bank unter dem Giebelkreuz ein gutes Geschäft gewesen sein soll. Mit entsprechendem Elan griff Striedinger in das Kreditportfolio der Hypo. »Er hat an das

Projekt geglaubt und mir damals mit einem Kredit von zwei Millionen Mark aus der Patsche geholfen. Dafür war ich ihm dankbar«, erinnert sich Oblak an seine ersten Geschäftskontakte mit dem späteren Vorstand der HGAA, wenngleich seine Beziehung zu dieser Bank inzwischen merklich abgekühlt ist.

Im Gegensatz dazu ist Skiper für Oblak längst zu einer Passion geworden, von der er wahrscheinlich nie wird lassen können. Selbst heute noch, wenn er mit seiner Dobermannhündin Sarah durch das Gelände streift, klaubt er jeden Papierfetzen auf und ärgert sich, wenn abends nicht rechtzeitig das Flutlicht eingeschaltet wird, das das videoüberwachte Areal in der Logofarbe einer jeden Firma erstrahlen lassen kann. Und mit dem gleichen Stolz, mit dem er seine Besucher fast immer zu der von ihm gestifteten Kapelle gleich neben dem Golfklub führt, hat er auch stets die September/2010-Ausgabe des amerikanischen Designmagazins *Wallpaper* parat, das mit dem Wirtschaftsmagazin *Fortune* jährlich auf die Suche nach außergewöhnlichen Herbergen geht: Denn da wurde sein Kempinski Adriatic, ein Jahr nach der Eröffnung, zu einem der acht besten neuen Businesshotels der Welt gekürt.

Haiders rechte Freunde

Die Grundidee zu Skiper in seiner extravaganten Form kam dem gelernten Betriebswirt auf Mustique, einer zu den Grenadinen gehörenden Privatinsel in der Karibik. Das nur 5,7 Quadratkilometer winzige Atoll gilt seit den Swinging Sixties als der Urlaubstreff der internationalen Schickeria und beherbergt heute Leute wie Mike Jagger, Bill Gates oder den amerikanischen Designer Tommy Hilfiger. Oblak, der während seines Studiums 1995 vom amerikanischen Rüstungskonzern Northrop Grumman als Konsulent für Radaranlagen angeworben wurde, verbrachte fast vier Jahre auf dieser Insel, wo er auch ein kleines Haus besaß. Damals gehörte ihm über die kroatische Projektgesellschaft Kemco bereits der Großteil des heutigen Skiper-Territoriums. Doch als ein Arzt bei ihm Krebs diagnostizierte, verlor der ruhelose Geschäftemacher plötzlich die Lust am Immobiliensammeln, überschrieb alles auf seinen Sohn und sah sich mit ihm nach einem Käufer um. Der war in der CEIT, einer Aktiengesellschaft aus dem Badeort Montegrotto bei Padua, auch schnell gefunden,

8.3.2002

Miro Oblak

Klagenfurt
Sterneckstraße 13

Liebe Heta! Klagenfurt, 07.03.2002 Vrdoljak

HYPO ALPE-ADRIA BANK
KLAGENFURT
Mag. Günter Striedinger

Werde mit ihm sprechen und ihn beruhigen. Bitte sei ihm nicht zu böse. (es ist ihm noch …)

Sehr geehrter Herr Magister Striedinger!

Nachdem HAAB Zagreb Besitzer des Anteils in KEMCO Ges.m.b.H. geworden war, übernahm ich die Führung des Projekts, sowie den Bau und die Kommerzialisierung der Immobilien. die im Besitz von KEMCO Ges.m.b.H. waren, und deren Besitzer jetzt das Unternehmen RESIDENCE SKIPPER Ges.m.b.H. ist, indem ich mir aller Schwierigkeiten bewusst war, die ich zu überwinden hätte, damit das Projekt den erwarteten Profit realisieren könnte.

Aus allen bisher erstellten Kalkulationen ist ersichtlich, dass für die Sicherung der wirtschaftlichen Berechtigung des Projekts nötig ist, insgesamt 960 Appartements zu bauen, was bedeutet, dass neben den 180 bestehenden Appartements zusätzlich noch 780 Appartements mit dazu gehörenden Sport-, Rekreations- und Unterhaltungseinrichtungen und der nötigen Infrastruktur errichtet werden sollten.

Die Komplexität des Projektes besteht nicht nur in den nötigen Investitionen, sondern sie zeigt sich auch in der Organisation und in der Verwaltung des Projektes in Hinblick darauf, dass ein Teil des Objektes dem Verkauf und der zweite Teil zur Vermietung auf dem Tourismusmarkt bestimmt ist.

Als ich an die Führung des Projekts heranging, war es für mich selbstverständlich, dass die Bank volles Vertrauen in meine Fähigkeiten hatte, dieses Projekt erfolgreich zu führen und die gestellten Aufgaben zu verwirklichen.

Hinsichtlich der Tatsache, dass ich während der vor kurzer Zeit gehabten Kontakte mit den Vertretern der Bank und aus ihren Schreiben und Verfahrensweisen ein gewisses Misstrauen verspürte, halte ich es für nötig, gleich die strittigen und offenen Fragen zu klären, bzw. die Bedingungen, unter denen ich in der Lage bin dieses Projekt zu führen, die ich in der Folge anführe:

1. die Annahme des Investitionsprogramms, was auch die Beschreibung der Investition, die Dynamik der Investition, sowie die Art und die Dynamik der Kommerzialisierung einschließen;
2. Die Sicherung der nötigen Investitionsmittel, die die Finanzierung folgender Punkte einschließen:

- Projektdokumentation
- Projektmagement
- Promotion-Aktivitäten
- Kosten des Geschäftsablaufs (Materialkosten, Gehälter und Löhne, andere Kosten)

Werde für kommenden Dienstag (12.3.02) ein Meeting organisieren. Teilnehmer Oblak, Vrdoljak, Striedinger

Skiper-Gründung. Nachdem die Hypo-Kroatien endlich Eigentümer der Skiper-Liegenschaften geworden war, buhlte sie händeringend um den Kärntner Geschäftsmann Miro Oblak als Projektmanager.

- Baukosten der zusätzlich geplanten Appartements, der dazu gehörenden Einrichtungen und Infrastruktur.

Falls die Bank der Ansicht ist, dass meine Bedingungen unannehmbar sind, werde ich mit aufrichtiger Dankbarkeit die Führung des Projekts an eine Institution und eine Person abgeben, die die Bank festlegt. Falls die Bank jedoch meine Bedingungen annimmt, erwarte ich, dass sie dann korrekt ihre Verpflichtungen einhält und sich mir gegenüber, wenigstens mit jener Korrektheit verhält, die sie gegenüber C.E.I.T. einnahm, während C.E.I.T. Besitzer des Anteils bei KEMCO Ges.m.b.H. war und das Projekt leitete.

Abschließend möchte ich betonen, dass ich bereit bin mich mit allen geschäftlichen und anderen Problemen auseinander zu setzen, wie beispielsweise Gerichtsverfahren, Kontakte mit den lokalen Behörden, Staatsorganen und Institutionen, öffentlichen Unternehmen und jenen, die die Arbeiten übernehmen, mit den Fragen der Kommerzialisierung der errichteten Komplexe und ähnlichem, ich bin aber nicht bereit mit den Vertretern der Bank Konflikte auszutragen und somit ein Bild zu vermitteln, dass ich irgendwelche persönlichen Interessen und Pläne verteidige und vertrete.

Infolge des Angeführten, schlage ich vor, dass wir ein für allemal, falls dafür der gute Wille besteht, alle offenen Fragen klären, die Verhaltensregeln festlegen und uns im Rahmen unserer Zuständigkeit der Fertigstellung dieses Projektes widmen.

Mit Hochachtung

Miro Oblak

Zur Kenntnis:
Frau Zlata Vrdoljak

Konfliktahnung. Für seinen Einstieg bei Skiper stellte Miro Oblak klare Bedingungen: Dort, wo ursprünglich 960 Appartements geplant waren, entstand in der Folge eine Ferienanlage mit Luxushotel.

zumal es damals für Italiener – wie übrigens auch für Slowenen – praktisch unmöglich war, in Istrien Grundbesitz zu erwerben. Es war zwar nicht dezidiert verboten, aber die kroatischen Baubehörden lehnten wegen der schon historischen Grenzstreitigkeiten mit diesen Ländern jedes Ansuchen einer Privatperson konsequent ab, wobei sie ihre Negativbescheide nicht einmal begründen mussten, da ein Rechtsmittel dagegen ohnedies unzulässig war.

Für den Kauf von Unternehmen galt diese sture Haltung nicht. Umso gieriger griff die italienische CEIT nach der Kemco und erwarb für umgerechnet vier Millionen Euro nicht nur das gesamte heutige Areal, sondern auch ein bereits fertiges Appartementhaus. Knapp ein Drittel dieser Summe bezahlten die Italiener in bar, mit dem Rest blieben die alten Gesellschafter im Grundbuch. Ein Deal, der auch bei der Hypo auf Gegenliebe stieß, da sie ihre Kredite so besser abgesichert glaubte. Allerdings stimmte die Bank dem Handel nur unter der Bedingung zu, dass Oblak, der als Einziger mit den Finessen der örtlichen Behörden vertraut war, auch weiterhin als Projektmanager zur Verfügung stand und sein Sohn bei der Kemco in der Geschäftsführung blieb.

Die Italiener spielten trotzdem ihr eigenes Spiel. Wie sich erst später herausstellte, gaben bei der CEIT etliche Lega-Nord-Bonzen als Aktionäre den Ton an: angefangen vom Fraktionschef in der Abgeordnetenkammer über den Schatzmeister bis hin zur Gattin von Parteichef Umberto Bossi. Aber auch die politischen Partner der Autonomistenpartei sowie Silvio Berlusconis Forza Italia und die Nationale Allianz von Giancarlo Fini sollen mit von der Finanzpartie gewesen sein, von der es inzwischen heißt, sie hätte das Prestigeprojekt nur als Füllhorn für die eigenen Parteikassen benutzt. Tatsache ist, dass etwa 200 private Investoren CEIT-Aktien gezeichnet haben, im guten Glauben, damit ein eigenes Feriendomizil zu finanzieren, ohne dass dieses Geld jemals seinen Weg nach Savudrija gefunden hätte, geschweige denn der Name eines der naiven Aktionäre den seinen in ein Grundbuch. Der Skandal war perfekt, als die vermeintlichen Besitzer eines Tages ihre Anwesen auf Skiper besichtigen wollten und im Grundbuch noch immer die Kemco als Eigentümer vorfanden. Da wurde auch das Hypo-Management nervös, zumal die CEIT vom vereinbarten Eigenkapital in Höhe von sechs Millionen Euro, die gleichzeitig mit dem Kaufpreis einzubringen gewesen wären, bis dahin lediglich eine Million aufgebracht hatte. Wieso die Klagenfurter Bank dieses Manko erst nach drei Jahren bemerkt haben will, wird wie vieles in diesem Betrugsskandal, der auch in Italien hohe Wellen schlug, ein ewiges Rätsel bleiben.

Manche vermuten, Jörg Haider habe bei den durchtriebenen Machenschaften seiner italienischen Gesinnungsgenossen die rechte Hand im Spiel gehabt. Als gesichert gilt, dass der Kärntner Landeshauptmann zugunsten der Lega-Nord-Aktionäre interveniert hat, als die Hypo ihre Sicherheiten ziehen wollte und die Italiener auf Herausgabe der Kemco-Anteile verklagte. Geendet hat dieser Rechtsstreit, der 2001 vor einem Handelsgericht in Kroatien begann – »wo die Bank schon damals alles verloren hätte«, wie Oblak behauptet –, fünf Jahre später vor einem italienischen Gericht mit einem Vergleich. Dieser sah vor, dass die Hypo die Italiener aus der Haftung entließ, während die Bossi-Clique im Gegenzug auf ihre eingebrachte Million verzichtete. Sowohl die Gerichtsverlegung als auch den Vergleich hatte Oblak erreicht, der darauf spekuliert hatte, dass die politischen Hintermänner der CEIT kein Interesse daran hätten, in ihrem jeweiligen Wahlkreis monatelang durch die Medien gezerrt zu werden.

In diesem brandheißen Umfeld geriet der Immobilienentwickler Anfang 2006 auch persönlich gehörig unter Druck. »Mein Sohn und ich bekamen sogar Pistolenkugeln mit der Post geschickt«, erregt sich der eingebürgerte Österreicher, der seit über 40 Jahren in Klagenfurt lebt. Die mafiöse Geste sei sogar gerichtlich aktenkundig, wenngleich nicht aufgeklärt, da die auf den Patronen festgestellte DNA nie zugeordnet werden konnte. Aus heutiger Sicht will der langjährige Steuermann von Skiper, der inzwischen zwei erfolgreiche Krebsoperationen hinter sich brachte, nicht ausschließen, dass die Initialzündung zu dieser versteckten Morddrohung sogar aus dem Umfeld der Hypo stammt. Selbst Wolfgang Kulterer dürften zu diesem Zeitpunkt die Vorgänge in dem hypermodernen Kontor in der Klagenfurter Völkermarkter Straße nicht mehr geheuer gewesen sein. Soeben im Zuge der Bilanzaffäre an die Spitze des Aufsichtsrates gewechselt, habe er einen Schnüffler beauftragt, seine Kollegen, vor allem Striedinger und den Vorstand der Hypo-Kroatien, Heinz Truskaller, zu bespitzeln. Das behauptet zumindest der schillernde Privatdetektiv Dietmar Guggenbichler. Es existiert auch die Abschrift eines bizarren Telefonats zwischen den beiden, das angeblich mitgeschnitten wurde. Darin verspricht Guggenbichler zu klären, ob nun Oblak »die im Raume stehenden zehn Millionen abgeräumt« habe oder ein anderer. Dabei würden ihm Freunde beim kroatischen Geheimdienst helfen. »Denn wenn man was flicken will, geht es nur über diese Leute, oder wir lassen ihn umlegen«, zeigt sich der Detektiv engagiert. »Halten Sie sich die Ohren zu – das haben Sie jetzt nicht gehört.« Kulterer daraufhin alarmiert: »Ich glaube, dass es so kalkuliert ist, dass mich irgendwann, wenn ich in Kroatien unterwegs bin, ein LKW übersieht.«

Skiper im Sturm

Die ersten rauen Winde zwischen Oblak und der Hypo kamen im Februar 2005 auf, als Kroatien eine enorme Tourismuseuphorie erlebte und mit den Hotelresorts gerade die dritte Bauphase begann. Da hatte Skiper bereits einen zugesagten Kreditrahmen von 70 Millionen Euro – aber noch keinen Betreiber für das geplante Fünfsternehotel. Plötzlich seien Striedinger und Kulterer mit Otmar Michaeler, dem Geschäftsführer der Falkensteiner-Gruppe, vor der Tür gestanden und hätten die Projektübergabe an den Südtiroler Hotelbetreiber gefordert, behauptete Oblak, der das Ansinnen entrüstet von sich wies, zumal Michaeler auch nicht bereit gewesen wäre, eine Bankgarantie von zwei Millionen Euro beizubringen. »Ich wollte nicht, dass Skiper so endet wie die anderen drei kroatischen Hotelanlagen der Falkensteiner-Gruppe, deren Prospekte beim Billa oder in anderen Supermärkten auf dem Boden liegen«, macht er aus seiner Abneigung gegen den von der Falkensteiner-Gruppe favorisierten Massentourismus keinen Hehl. »Genau so habe ich es den Herren auch gesagt« – nur dass von da an nichts mehr wie früher war:

Zuerst sperrte die Hypo – »nach dem Motto: kein Betreiber, kein Hotel« – die Auszahlung der Kredite; und als Oblak auf einmal mit Kempinski aufwarten konnte, wurde der Konflikt auf eine persönliche Ebene verlegt. Zuerst kursierte das Ondit, er sei ein hoher Geheimdienstler und mit Vladimir Zagorec in dubiose Waffengeschäfte verwickelt gewesen. Dann wurde behauptet, er stecke mit der gesamten Balkanmafia unter einer Decke. Und irgendwann tauchte sogar das Gerücht auf, er habe seiner Tochter einen Chip einpflanzen lassen, um sie vor Kidnappern zu schützen. »Man hat meinen Namen benutzt, wie Toilettenpapier«, gerät er noch heute in Rage. »Ich wurde permanent angepatzt, vor allem von einem Journalisten, dessen Frau die Pressesprecherin der Bank war.«

Das mediale Interesse an dem zeitweiligen Heißsporn war für manche in Klagenfurt eine willkommene Ablenkung. Nachdem im Frühjahr 2006 aufgeflogen war, dass der Vorstand versucht hatte, den Verlust von 330 Millionen, die von der Hypo bei Devisenwetten verspekuliert worden waren, an der Bilanz vorbeizuschmuggeln, mussten die Finanzjongleure fürchten, dass ihre Geschäfte mit häufig dubiosen Partnern in Kroatien unter die Lupe genommen würden. Besonders eine Geschäftsbeziehung musste den Hypo-Kapitänen dabei Sorgen bereiten: Sie hatten es dem zwischenzeitlich in Wien ansässigen kroatischen Waffenschieber Vladimir Zagorec mit Krediten ermöglicht, ein umfangreiches Immobilienimperium zusammenzutragen. Zugleich fand sich der Bankvorstand vor Gericht gestellt und wurde schließlich wegen Bilanzfälschung verurteilt. Und dann tagte im Wiener Parlament auch noch ein Bankenuntersuchungsausschuss. Kurzum: Es herrschte Ausnahmezustand, und man war dankbar für jede Schlagzeile, die von diesen Problemen ablenkte.

Im Herbst 2006 – als auch die BayernLB bereits vor der Tür stand – kam es dann endgültig zur Eskalation. »Im Übrigen kündigen wir vorsorglich alle bestehenden Kreditverträge vorzeitig auf, stellen sämtliche Kredite fällig und fordern Sie auf, die aushaftenden Kreditverträge laut beiliegender Aufstellung binnen 14 Tagen an uns zur Einzahlung zu bringen«, hieß es in einem unverhofften Brief der neuen Hypo-Vorstände Siegfried Grigg und Josef Kircher. Im Weiteren skizzierten die Banker die Konditionen der Rückzahlung, forderten Bürgschaften und dabei nicht weniger als die Übertragung aller Gesellschaftsanteile um einen symbolischen Euro.

Für Oblak, der zuletzt immer nur mit Kulterer verhandelt hatte, »weil der Striedinger ja schon weg war«, ein reiner Erpressungsversuch. »Die wollten mich einfach aus dem Projekt drängen.« Damals seien nämlich die Grundstückspreise in Istrien geradezu explodiert und die Hälfte der bereits fertiggestellten Appartements und Villen schnell verkauft gewesen, angeblich sogar zu Höchstpreisen: So etwa sollen die Luxusappartements im Durchschnitt 5600 Euro und die Villen sogar bis zu 11 000 Euro pro Quadratmeter eingebracht haben. »Da ist die Hypo gierig geworden und wollte das Geschäft alleine machen«, glaubt Oblak und verweist auf andere Projekte, wie etwa die Getränkefabrik Maraska in Zadar, wo die Bank mit dem ehemaligen Formel-1-Rennstallbesitzer Walter Wolf genauso vorgegangen ist. »Es muss wahrlich höchst dringende Gründe dafür gegeben haben, dass die Hypo nicht nur die gesamten aushaftenden Kredite zurück-, sondern auch das damit finanzierte Projekt geschenkt haben wollte«, wundert sich auch das *profil* über die finanziellen Daumenschrauben, mit denen man Oblak in die Knie zwingen wollte. »Einzig: Grigg und Kircher bleiben diese schuldig.« Doch der Gequälte wusste sich zu wehren: Er klagte auf Einhaltung der Verträge und bekam im März 2007 nicht nur recht, sondern sogar noch einen weiteren Kredit in Höhe von 35 Millionen Euro.

Zu dieser Zeit war Skiper allerdings bereits in einer bedrohlichen Schieflage, wobei selbst Oblak einräumt, dass die Projektkosten, die ursprünglich mit einem Gesamtvolumen von 170 Millionen Euro veranschlagt waren, »nicht zuletzt auch aufgrund der extravaganten Vorstellungen von Kempinski eine gewisse Eigendynamik bekamen«. Dazu kamen permanente Bauverzögerungen, weil die slowenische Vegrad, die sich bei der Ausschreibung gegen die österreichische Strabag als Generalunternehmer durchgesetzt hatte, ihre Subunternehmer nur schleppend bezahlte, was in der oft wochenlangen Stehzeit enorme Zusatzkosten verursachte, »weil wir eine lebendige Firma mit bis zu 70 Beschäftigten waren«, wie Oblak vorrechnet. Auch deshalb hätte er die Baufirma immer wieder rausschmeißen wollen. »Aber die Herren in Klagenfurt wollten sich nicht von ihrem größten Kreditkunden in Slowenien trennen.«

Im Gegenteil: Als Oblak im März 2008 – nachdem die Eröffnung des Hotels erneut um ein Jahr verschoben werden musste – endgültig auf Skiper die Segel strich, bestand die Bank darauf, dass er seinen 75-Prozent-Anteil an die schon damals konkursgefährdete Vegrad abtrat. Den Kaufpreis (ausgemacht waren 15 Millionen Euro, davon wurden aber nur 7 Millionen bezahlt) finanzierte natürlich die Hypo, weshalb sich hartnäckig das Gerücht hält, dass die Bank als Käufer hinter dem Deal stand, die durch diese Konstruktion lediglich ihre strapazierten Bilanzen schonen wollte.

Doch die Strategie ging gründlich schief, weil nichts mehr funktionierte. Nur sechs Monate später holte die Hypo Oblak reumütig wieder an Bord und bot ihm einen gut dotierten Managervertrag, der ihm sogar erlaubte, den neuen Haupteigentümer als Generalunternehmer zu feuern. Als dann infolge der weltweiten Finanzkrise die Immobilienwerte auch in Osteuropa in den Keller rasselten, war trotzdem an einen lukrativen Verkauf der freien Villen und Appartements nicht mehr zu denken. Dessen ungeachtet schlug der damalige Hypo-Vorstand Franz Pinkl ein Kempinski-Angebot großspurig aus, wonach die Luxuskette bereit gewesen wäre, allein die von ihr betriebene Hotelanlage (ohne die rund 150 noch nicht verkauften Appartements) für 150 Millionen Euro zu übernehmen. Angeblich schwebte dem Kurzzeit-General, der schon als Chef der Österreichischen Volksbanken AG keine glückliche Hand gehabt hatte, trotz aller Krisen ein euphorischer Kaufpreis von 250 Millionen vor – was sich als schwerer Fehler erweisen sollte. Denn nun, wo Schnäppchenjäger auf dem internationalen Immobilienmarkt noch immer voll auf ihre Kosten kommen und die Heta Asset Resolution als Hypo-Abbaubank alles schnellstens zu Geld machen muss, was an Werten noch vorhanden ist – und außer dem angeblichen Skandalprojekt Skiper gibt es nicht viel –, dürfte der Verlust deutlich höher ausfallen.

Manche behaupten, das sei Bestandteil eines Systems. So etwa verscherbelte noch die alte Hypo eine der schönsten Villen, die direkt am Meer gelegen zu den echten Perlen der Anlage gehört, um schlappe 1,12 Millionen Euro an einen unbekannten Russen – und das inklusive 23 Prozent Mehrwertsteuer. Gekostet hat der Bau vor sechs Jahren rund das Doppelte. Das gleiche Schicksal droht jetzt der gesamten Ferienanlage, die – wie Fachleute aufgrund der bereits wieder steigenden Immobilienpreise in Istrien behaupten – in fünf bis sieben Jahren durchaus einen Wert von über 200 Millionen Euro haben könnte. Denn obwohl es zuletzt mindestens drei seriöse internationale Angebote von bis zu 120 Millionen Euro für das wahrscheinlich wertvollste Asset des Hypo-Torsos Heta gab, verhandelt die Bad Bank noch immer mit einem österreichischen Interessenten um weit weniger als die Hälfte.

Oblak, der Skiper bereits zweimal für die Bank gerettet hat – zuerst, als er die italienische CEIT austrickste; später, indem er die damals unbedarften Hypo-Manager 14 Tage vor Ablauf der Kaufoption auf diese Möglichkeit überhaupt erst hinwies –, kann jetzt nur mehr resignieren: »Die Bank wollte schon immer an die Anlage kommen, um sie an bestimmte Personen zu verschenken. Das war ständig in der Luft!«

Skiper unter Wasser

Für Miro Oblak ist Geiz nicht geil, sondern wirtschaftlicher Schwachsinn. Er gehört zu jenen Exoten, die sich ohne Wenn und Aber zum Hedonismus und den damit verbundenen Annehmlichkeiten bekennen. Skiper – und vor allem das Kempinski Adriatic Hotel – ist so ein Bekenntnis zu Genuss, Luxus und gutem Leben. Dass diese Begriffe im siebenten Jahr der Weltwirtschaftskrise nicht gerade gut beleumundet sind, ist richtig. Richtig ist aber auch, dass die oft gähnende Leere der Ferienanlage mit diesem Umstand nur wenig zu tun hat: Nahezu alle luxusverwöhnten Touristen, die schon vor 2008 in Nobelherbergen abstiegen, gönnen sich dieses Vergnügen auch heute noch. Und alle Spekulanten, die schon vor dem Zusammenbruch von Lehman Brothers auf steigende Immobilienpreise in Istrien setzten, rechnen zwei Jahre nach dem EU-Beitritt von Kroatien erst recht mit einer Wertsteigerung ihrer Investition. Aber nur die wenigsten der 106 Immobilienbesitzer auf Skiper würden sich wieder hier niederlassen. »Als wir uns vor neun Jahren unser Appartement kauften, wurde uns ein ganzjähriger Service versprochen, da hat es auch im Golf-Club ein Restaurant gegeben«, moniert ein pensioniertes Ärzte-Ehepaar. »Inzwischen gibt es überhaupt nur mehr das Restaurant im Hotel, und das macht im September dicht.« Auch sonstige Beschwerden wären sinnlos, da man den örtlichen Geschäftsführer, Lovro Celio-Cega, den jeder eigentlich nur unter seinem Vornamen kennt, in seinem Büro kaum antreffe – und Klagenfurt sei weit weg.

Die 224 Kilometer große Distanz zur Hypo-Zentrale soll auch der Grund für andere Missstände auf Skiper sein. Laut einer Anzeige bei der kroatischen und österreichischen Staatsanwaltschaft, die von Miro Oblak erstattet worden ist, sollen auf dieser Strecke seit die Hypo hundertprozentiger Eigentümer ist, rund 25 Millionen Euro versickert sein. Ein Teil davon dürfte, wie inzwischen ermittelt wurde, seinen Weg wieder nach Klagenfurt zurückgefunden haben. Eine genaue Verifizierung der Vorwürfe ist jedoch nicht möglich, da weder die Hypo noch Lovro zu den Vorwürfen Stellung nehmen wollen. Ihre Abwehrhaltung nimmt dabei bisweilen fast schon groteske Formen an: Als zum Beispiel ein ORF-*Schauplatz*-Team der Sache auf den Grund gehen wollte, wurde ein Steckbrief mit Foto von den Fernsehleuten angefertigt und an alle Beschäftigten auf dem Areal verteilt mit der Drohung einer fristlosen Entlassung, falls jemand mit den neugierigen Journalisten reden sollte. Aufgekommen ist inzwischen trotzdem einiges.

- So etwa fanden Reporter des Internetportals *ipress* heraus, dass sich das Geschäftsführergehalt von Celio-Cega, der mit einem Salär von 5000 Euro netto im Monat begann, in den letzten vier Jahren auf 550 000 Euro im Jahr nahezu verzehnfacht hat, obwohl die Trägergesellschaft der Ferienanlage, die Rezidencija

Skiper d.o.o., noch immer jährlich etwa zwei Millionen Euro Verlust macht. Allerdings soll sich der herumtriebige Manager die Gehaltserhöhung selbst bewilligt haben. Konkret, indem er als Skiper-Geschäftsführer mit einer ihm gehörenden Beratungsfirma einen Managementvertrag abschloss. Und zwar sowohl für die Appartement- und Villenanlage als auch für das von Kempinski betriebene Hotelresort, das in eine eigene Tochtergesellschaft (Skiper Hoteli d.o.o.) ausgegliedert ist – ungeachtet der Tatsache, dass die Hotelkette mit der Hypo einen eigenen Betreibervertrag hat.

- Des Weiteren sollen ab 2011 um 23 Millionen Euro »gravierende Mängel« der Hotelanlage behoben worden sein, wobei die angeblichen Schäden von jenen beiden Hypo-Kontrolleuren festgestellt worden sind, die seinerzeit auch für das Bau-Controlling und die Endabnahme der Anlage zuständig waren. Beauftragt wurde mit den Reparaturaufgaben unter Umgehung der Ausschreibungsrichtlinien eine 460 Kilometer weit entfernte Baufirma in Slavonski Brod. An ihrem Firmensitz in dieser gottverlassenen Gegend im Norden Kroatiens, wo es kaum Tourismus, aber viele Bauernhöfe gibt, hat offensichtlich auch die Endabrechnung der vorgenommenen Ausbesserungsarbeiten stattgefunden, da sich dort Ende August 2012 nicht nur Lovro Celio-Cega, sondern auch die Klagenfurter Bankmanager mit dem Inhaber der Baufirma drei Tage lang getroffen haben sollen.
- Laut kroatischen Gerichtsunterlagen soll es im Zuge dieser Renovierungsarbeiten jedoch auch zu Kick-back-Zahlungen gekommen sein. Konkret wird dabei von einer Zeugin auch ein Klagenfurter Küchenausstatter erwähnt, der für eine Lieferung rund 1,2 Millionen Euro in Rechnung gestellt hatte, wovon 86 258 Euro auf ein österreichisches Konto zurückgeflossen sein dürften.

Zufall oder nicht: Der gleiche Küchenhersteller hat schon die Appartementanlage des Schlosshotels Velden ausgestattet, für dessen Bauüberwachung übrigens dieselben Bankmanager wie bei Skiper zuständig waren. Das gesamte Schlossareal wurde bekanntlich im Herbst 2011 an Bila-Gründer Karl Wlaschek verschleudert. In das Hotel wurden zur Zeit von Jörg Haider und Wolfgang Kulterer über 130 Millionen Euro investiert, erlöst wurden beim Verkauf nur 46 Millionen. Allerdings ist dieser Deal aufgrund eines Rechnungshofberichts inzwischen bereits im Visier der Justiz. Wie eigentlich immer geht es auch hier um den Verdacht der Untreue, wobei der Fall jedoch unter einer eigenen Aktennummer geführt wird. Beschuldigt sind laut Klagenfurter Staatsanwaltschaft neun »Organe und leitende Angestellte« der Kärntner Holding und Beteiligungs AG, einer mittlerweile aufgelösten Hypo-Tochter, deren ehemaliger Vorstand Kurt Mahnert inzwischen ein eigenes Beratungsunternehmen betreibt. Seine ersten Privatkunden haben ihn unternehmerisch jedoch kaum gefordert: Es waren die von ihm schon zu Hypo-Zeiten betreuten Projekte Skiper und das Schlosshotel Velden.

Massengrab für Kreditleichen

Moshe Shklarek ist ein einfacher Mann mit bodenständigem Charakter. Die Pläne seines Sohnes, sich als Unternehmensberater durchs Leben zu schlagen, kann er nur schwer nachvollziehen. »Alon, ich verkaufe die Erdkruste, davon kann man rechtschaffen leben – aber was willst du verkaufen? Nichts als Luft in Dosen.« Heute, 23 Jahre später, blickt dieser Sohn eines Buntmetallhändlers und einer Religionslehrerin von seinem Büro aus auf den noblen Wiener Graben und berät als diskreter Ratgeber internationale Unternehmen wie ABB, Daimler, Johnson oder Japan Tobacco bei ihren Transaktionen. Auch in Österreich agierte seine ASP Consulting GmbH – »das P stand für Partner, weil ich bei der Gründung dachte, das klingt nach mehr« – eher im Hintergrund und unauffällig. Doch dann braute sich ein Skandal zusammen: Die Kärntner Hypo musste Spekulationsverluste kaschieren und wollte vermeintliches Tafelsilber verscherbeln – und mit dem Verkauf der Hypo Consultants Holding GmbH (HCH), den Alon Shklarek von Oktober 2005 bis Juni 2007 begleitete, geriet auch der 47-jährige Familienvater erstmals ins grelle Rampenlicht der nationalen Medien.

Seit ihrer Gründung Ende der Neunzigerjahre war das Portfolio der HCH ein wohlgehütetes Geheimnis. Nicht einmal die Eigentümer, das Land Kärnten und die GraWe, kannten den wahren Wert. Daher wurde Anfang September 2005 Günter Striedinger, der HCH-Vorstand war, von Karl-Heinz Moser und Othmar Ederer aufgefordert, einen Bestandsbericht vorzulegen. Die beiden Aufsichtsräte gehörten zu den wenigen Führungsköpfen, die von Kulterer über das wahre

Ausmaß der Swap-Affäre aufgeklärt worden waren, wobei Moser als Confida-Chef und ehemaliger Bilanzprüfer der Bank nicht ganz so ahnungslos gewesen sein dürfte. Noch im gleichen Monat wurde auf Anregung von Moser und Ederer im Aufsichtsrat der HBInt auch erstmals laut über einen Verkauf der HCH nachgedacht und die Beiziehung eines externen Sachverständigen diskutiert. Aus den Wortmeldungen dazu geht hervor, dass Striedinger schon damals gegen jegliche Veränderung – und erst recht gegen einen Verkauf gewesen sein dürfte.

Im Januar 2006 wird er bereits vor vollendete Tatsachen gestellt: Da teilen ihm Moser und Ederer auf recht deutliche Art und Weise mit, dass Shklareks ASP Consulting (ASP) mit der Wertfeststellung sämtlicher Beteiligungen beauftragt worden sei, er zu kooperieren hätte und Portfolio-Änderungen künftig nur in Abstimmung mit der ASP erfolgen dürfen. Für Striedinger, den Gründervater der HCH, in der acht Ländergesellschaften vereinigt waren, muss an diesem Tag eine Welt zusammengebrochen sein.

Ursprüngliche Aufgabe der Consultants-Gruppe war es, sich an diversen Investitionen, insbesondere Immobilienprojekten im südosteuropäischen Raum, zu beteiligen, welche dann von der Banken- oder Leasingsparte der HGAA finanziert wurden. Damit wollten die Klagenfurter Finanzjongleure nicht nur mit herkömmlichen Kreditzinsen verdienen, sondern darüber hinaus auch an der Wertsteigerung im Zuge der Projektentwicklung. Diese Grundidee wurde jedoch sukzessive verwässert. Immer öfter wurden notleidende Kredite einfach in Beteiligungskapital umgewandelt und in eine der Consultants-Töchter ausgelagert, weshalb auch schon bald gemunkelt wurde, dass dies der eigentliche Gründungszweck gewesen sei. Ein Vorteil lag jedenfalls auf der Hand: Durch eine Beteiligung konnten Wertberichtigungen, welche sich negativ auf die Eigenmittel und den Bilanzgewinn ausgewirkt hätten, elegant vermieden werden.

Darüber hinaus soll speziell der Hypo Consultants Liechtenstein (HCLi) noch eine andere Aufgabe zugekommen sein. Dort, so lassen bisherige Ermittlungen vermuten, dürften hauptsächlich Projekte, an denen Teile des Hypo-Managements selbst beteiligt waren, auf Eis gelegt worden sein. Und zwar bis feststand, ob sie rentabel – oder ein Flop sind. Waren sie Letzteres, verblieben sie im Eigentum der Bank und verfaulten mit anderen Kreditleichen im Massengrab;

versprachen sie indes ein lukratives Geschäft, wurden die Werte oder Gewinne über das bereits bekannte »System Liechtenstein« privatisiert. Beispiele dafür wären etwa die kroatische Putenfarm Puris, hinter der Kulterer gestanden haben soll, der Getränkehersteller Maraska in Zadar, den sich zum Teil der damalige Hypo-Konsulent Zdenko Zrilić gekrallt haben dürfte – und vor allem der Hypo-Deal von Vodnjan, von dem neben Kulterer und Striedinger auch Milan Naperotić, ebenfalls ein bevorzugter Berater der Bank, profitiert haben soll.

Grabplünderung

Für diese Vermutung spricht auch eine andere Tatsache: Bevor der tatsächliche Verkauf startete, wurden nämlich einzelne Projekte aus den Tochtergesellschaften entweder veräußert oder nach Liechtenstein ausgelagert, wobei die HCLi letztlich überhaupt aus dem Verkaufsprozess herausgehalten wurde. Siegfried Grigg, als oberster Bankchef damals für alles verantwortlich, erklärt, das hätte lediglich Projekte betroffen, an denen nur eine geringe Beteiligung bestanden habe, da »Minderheitenbeteiligungen die Attraktivität des Gesamtportfolios beeinträchtigt hätten, zumal ein Investor grundsätzlich eine Mehrheitsbeteiligung erwerben möchte«. Das darf jedoch bezweifelt werden, zumal auch etliche Voll- und Mehrheitsbeteiligungen in der HCLi enthalten waren, wie etwa die Hilltop Holding Anstalt (74 Prozent) oder Singulus* (100 Prozent).

Wahrscheinlicher ist, dass vor allem Kreditfälle, an welchen die unterschiedlichsten Personen ein privates Interesse hatten, ausgesondert wurden. Auffällig sind zumindest zwei Fakten in diesem Zusammenhang: zum Ersten der angeblich äußerst negative Unternehmenswert der HCLi, der mit minus 17,8 Millionen Euro angegeben wurde; und zum Zweiten, dass zahlreiche der darin gehaltenen Beteiligungen inzwischen Gegenstand gerichtlicher Ermittlungen

* Beim Projekt Singulus handelt es sich um eine alte Weinkellerei mit Riesengrund direkt am Meer in Umag (Istrien), die zu einer Wohnanlage umgestaltet werden sollte. Allerdings hat die Hypo, nachdem sie den Vorbesitzer rausgekauft hatte, weil sie das Geschäft alleine machen wollte, so lange an den fertigen Plänen herumgepfuscht, bis sämtliche Baugenehmigungen für die historische Anlage verfallen waren.

sind. Über die Gründe für die niedrige Bewertung wollte Striedinger, als Zeuge vom Wiener U-Ausschuss dazu befragt, »nicht spekulieren«. Der Ex-Banker, der aus dem Gefängnis angereist war, bestritt auch, dass er oder seine Firma Rubicon ein Kaufangebot abgegeben hätten. Er hätte lediglich einen schottischen Fonds beraten, dessen Namen er nicht nennen wolle. Der Ex-Vorstand verriet nur, dass es sich um einen schottischen Bieter gehandelt habe. Dieser – gemeint war die Equinox Access aus Glasgow – habe 185 Millionen Euro geboten. Seine Rubicon, die wie Equinox sehr wohl ein indikatives Angebot abgegeben hatte, hätte im Falle eines Zuschlages lediglich das »entsprechende Know-How eingebracht und das Management gemacht«.

Zum Zug gekommen ist dann ohnedies die kroatische Investmentgesellschaft Auctor, die das ganze HCH-Portfolio (allerdings ohne die Töchter in Italien und Slowenien, die jeweils an die eigenen Landesbanken verkauft wurden) um 62,3 Millionen Euro einsacken konnte. Laut Ausschreibung wären zudem die ausstehenden Verbindlichkeiten (225 Millionen Euro) zu übernehmen gewesen. Allerdings hat die HBInt letztlich vergessen, diese »nicht verhandelbare Bedingung« auch in den Kaufvertrag aufzunehmen. Daher kann nicht ausgeschlossen werden, dass es sich dabei nur um ein Knock-out-Kriterium gehandelt hat, um andere Interessenten von Haus aus zu verschrecken. Darüber hinaus bestünde auch der Verdacht, »dass der Kaufpreis zum überwiegenden Teil indirekt durch die HBInt selbst finanziert wurde«, heißt es in einer Anzeige bei der Staatsanwaltschaft Klagenfurt.

Ungeachtet dessen wurde, diesmal auf Vorschlag des seinerzeitigen HBInt-Vorstandes unter Tilo Berlin, den Altaktionären vom Bilanzgewinn 2007 eine Sonderdividende von 50 Millionen Euro ausbezahlt, wobei der Gewinn (64,5 Mio. Euro) erst nach Auflösung einer Gewinnrücklage von rund 363 Millionen zustande kam. Das legt wiederum den Verdacht nahe, dass der Verkauf der HCH unmittelbar vor dem Einstieg der BayernLB nur dem Ziel gedient haben könnte, die seinerzeitigen Altaktionäre – in erster Linie das Land Kärnten, die GraWe und die Berlin & Co S.a.r.l – in den Genuss dieser Sonderzahlungen kommen zu lassen. Dass auch Kulterer einen Monat nach seinem endgültigen Ausscheiden aus der Bank per Gesellschafterbeschluss »eine einmalige Prämie in Höhe von Euro 30 500 brutto aufgrund seiner entscheidenden Verdienste um den Verkauf der

Hypo Consultants-Sparte« mit auf den Weg gegeben wurde, fällt dabei weniger ins Gewicht. Da schon eher das Beratungshonorar für die ASP von angeblich knapp acht Millionen Euro im Zusammenhang mit dem *Projekt Cherry*, wie der Codename der HCH-Transaktionen lautete. Insgesamt soll der Bank durch den undurchsichtigen Verkauf ein Schaden von 145 894 787,00 Euro entstanden sein – abzüglich jener 17,5 Millionen, welche die Grazer Wechselseitige inzwischen aufgrund eines zivilrechtlichen Vergleichs aus der erhaltenen Sonderdividende (20,7 Mio.) zurückgezahlt hat. »Die GRAWE unterstreicht damit ihre Verantwortung als ehemalige Miteigentümerin der Bank und liefert einen substanziellen Beitrag zur Aufarbeitung«, ließ Ederer via Presseaussendung verschämt verkünden. Es gab jedoch schon deutlichere Schuldbekenntnisse.

ASP-Chef Alon Shklarek hatte solche Gefühle offensichtlich nie. Auch damals nicht, als ihn der sorgenvolle Vater von seinen Berufsplänen abbringen wollte. Stattdessen fuhr er in jenem Frühling des Jahres 1992 mit seiner weißen Ente in die Fabrik eines Konservenherstellers und kaufte eine Palette blecherne Gefäße – Ausschussware mit kaum sichtbaren Mängeln. Wenige Tage später erhielten Hunderte potenzielle Kunden per Post diese Büchsen – versehen mit der leicht ironischen Frage: »Beratung von ASP Consulting – nur Luft in Dosen?«

Auferstehen wie Phönix

Er war Hypo-Konsulent, Großkreditkunde und ist noch immer einer der wichtigsten Geschäftspartner von Otmar Michaeler, dem Vorstand und dem Gesicht der Falkensteiner Michaeler Tourism Group (FMTG). Die Rede ist von Zdenko Zrilić, der seiner Klagenfurter Hausbank noch immer rund 110 Millionen Euro schuldig ist. Ursprünglich waren es über 250 Millionen, weshalb er von der Hypo – obwohl er zum harten Kern der Verdächtigen zählt – bis Ende 2013 auffällig rücksichtsvoll behandelt wurde. Doch dann hat der HDZ-Mann, der in seiner Heimatstadt wegen seines Netzwerkes sowohl in die Politik als auch zu gewissen lokalen Größen fast schon gefürchtet ist, seine Rückzahlungen plötzlich eingestellt. Stattdessen trudelte bei der Hypo-Abbaugesellschaft Heta ein Angebot ein, wonach ein ominöser Investor bereit wäre, seine Schulden um 60 Millionen Euro auszulösen. Einen besseren Deal hat bisher nur sein Freund Michaeler gemacht.

Ihm ist es nämlich gelungen, für die Tourismusanlage Borik in Zadar, die bei der Hypo rund 88 Millionen Euro offen hatte, mit der alten Hypo-Führung unter Gottwald Kranebitter einen Haircut von 68 Millionen Euro auszuhandeln und sich mit 20 Millionen von der gesamten Schuldenlast freizukaufen. Das Geld dazu bekam die FMTG, die der nunmehrigen Heta noch rund 162 Millionen schuldig ist und deshalb nur eine Bonität von 5C (Skala: 1A bis 5E) genießt, von der Bank für Steiermark und Kärnten, wo jetzt ausgerechnet jene Kreditsachbearbeiterin sitzt, die einst diese Kredite bei der HBInt zu bearbeiten hatte. Ein ähnlich lukratives Geschäft schwebt dem Südtiroler Tourismusbetreiber nun auch bei der Hotelanlage Punta Skala vor, wo die FMTG über eine Tochtergesellschaft 50 Prozent der Anteile hält. Mit 30 Prozent soll über eine Aktiengesellschaft in Liechtenstein Zrilić stecken; die restlichen 20 Prozent hält eine ehemalige Falkensteiner-Gesellschaft, für die nun ein italienischer Investmentbanker verantwortlich zeichnet.

Ob sich die Heta, die natürlich ihre Altlasten so schnell wie möglich loswerden möchte, auf diesen Deal einlässt, ist noch offen. Angeblich will sich die neue Bankführung zuerst noch einmal die alten Kreditakten vorknöpfen. Grund dafür sind unter anderem auch zwei sich widersprechende Ermittlungsberichte, die bisher nur in der Bank auflagen – aber inzwischen auch ihren Weg zur Staatsanwaltschaft Klagenfurt gefunden haben sollen. Beide stammen aus dem Frühjahr 2011 und sind dennoch vom Tenor her grundverschieden. Trotzdem gibt es gewisse Gemeinsamkeiten. In beiden Berichten heißt es etwa wortgleich: »Es besteht der Verdacht, dass beim Projekt Punta Skala, wie auch bei anderen Projekten der Gruppe Falkensteiner (Borik, Hotel Novi) jegliches Risiko auf die Bank verlagert wurde, während der Kreditnehmer praktisch keine Eigenmittel einbrachte, dafür aber erhebliche Überfinanzierungen erhielt. Zugleich wurden mittels überhöhter Gebühren und Kosten seitens Falkensteiner ständig Gelder aus der Projektgesellschaft gezogen.« Doch dort, wo es darum geht, welche Konsequenzen daraus zu ziehen sind, gehen die Empfehlungen diametral auseinander: Denn während im ersten Dokument eine »umfassende Detailprüfung« empfohlen wird, »um in einer zu erarbeitenden Sachverhaltsdarstellung die Vorgänge umfassend darstellen zu können«, heißt es im zweiten Bericht einlenkend, »dass nicht hinreichende Hinweise vorliegen, welche einen strafrechtlich relevanten Sachverhalt belegen könnten«, weshalb empfohlen wird, »die Untersuchung hinsichtlich dieses Geschäftsfalls einzustellen«.

Das verwundert auch insofern, als nur wenige Seiten später im selben Bericht auf einen vermeintlichen Garantieschwindel hingewiesen wird. Konkret soll es dabei um einen Hypo-Kredit von 7,5 Millionen Euro an eine Zrilić nahestehende Projektgesellschaft (Lena d.o.o.) gehen, für den eine ehemalige Firma von Falkensteiner mit ihrem Grundstück garantiert hätte. Doch als die Hypo die Garantie ziehen wollte, weil der Kredit nie bedient wurde, habe sie ins Leere gegriffen, weil die Garantin angeblich zuvor an eine andere Konzerngesellschaft verschenkt worden sein soll. »Nun haftet der Kredit unberechtigt aus. Die Finanzierung Lena d.o.o. war Gegenstand mehrerer Untersuchungen, unter anderem der kroatischen Korruptionsstaatsanwaltschaft, und wurde auch im Rahmen einer Urkundenvorlage bereits den Ermittlungsbehörden gegenüber offengelegt«, heißt es in demselben Bericht, der zuvor empfiehlt, weitere Untersuchungen einzustellen – wobei die FMTG sämtliche Vorwürfe bestreitet.

Des Rätsels Lösung könnte die sogenannte Phönix-Bürgschaft des Bundes sein. Um die vorgeschriebene Eigenmittelquote zu erfüllen, aber auch das Budget zu schonen, hatte nämlich just zum Zeitpunkt der zweiten Berichterstellung die Republik als Eigentümer für notleidende Hypo-Kredite eine Haftung in Höhe von insgesamt 200 Millionen Euro übernommen. Einzige Bedingung: Die Kreditnehmer müssen forensisch geprüft – und unverdächtig sein.

10 SCHULD UND BÜHNE

Der siebente Tag

Richter Manfred Herrnhofer will nichts dem Zufall überlassen. Wie stets hat der hünenhafte Jurist auch am 25. Juli 2012 für seine Verhandlung einen »Entscheidungsbaum« zusammengestellt, einen verästelten Leitfaden, der ihm ermöglichen soll, auf alle Überraschungen, die ein Prozessablauf mit sich bringt, prompt und zielstrebig zu reagieren. Mithilfe dieser Methode hat der Vizepräsident der Richtervereinigung während seiner 18-jährigen Amtszeit am Klagenfurter Landesgericht selbst besonders verstockte Missetäter zu Geständnissen bewegt. An diesem Mittwoch, an dem Herrnhofer bei strömendem Regen seinen Arbeitsplatz betritt, wurzelt sein Entscheidungsbaum in der wenig spektakulären Zeugenvernehmung von drei Privatgutachtern. Neunzig Minuten später ist das politische System in Kärnten ins Wanken geraten, haben zwei politische Gruppierungen, Freiheitliche und Volkspartei, viel an Glaubwürdigkeit eingebüßt und kennt die Republik kaum noch ein anderes Thema als den Sumpf aus Korruption, Veruntreuung und politischer Selbstherrlichkeit im Süden des Landes.

Es ist der siebente Verhandlungstag in einem Prozess, in dem ein Nebenaspekt des Hypo-Debakels verhandelt wird. Vor Gericht steht der Villacher Steuerberater Dietrich Birnbacher. Er hatte im Frühjahr 2007 einen achtseitigen Schriftsatz verfasst, der den Verkauf der Kärntner Landesanteile an die Bayerische Landesbank befürwortete und die Angemessenheit des Kaufpreises bestätigte. Dafür war mit der damaligen Regierungsspitze Jörg Haider (BZÖ) und Josef Martinz (ÖVP) ein Honorar von zwölf Millionen Euro mündlich vereinbart worden. Nach öffentlichen Protesten wurde der Betrag schließlich durch den mittlerweile legendären »Patriotenrabatt« – eine Wortschöpfung von Haider-Intimus Stefan Petzner – um die Hälfte reduziert und überwiesen. Nun ist Birnbacher als Beitragstäter angeklagt, der Martinz und zwei Vorständen der Landesholding das Delikt der Untreue ermöglicht haben soll.

Überraschungen bot das Verfahren an den bisherigen Verhandlungstagen kaum. Lediglich einmal räumte Birnbacher ein, sechs Millionen Euro für exakt 44 sehr allgemein formulierte Sätze habe er seinerzeit auch für überzogen gehalten. »Ich habe gewusst, dass zwölf Millionen unangemessen sind und gewusst, dass auch sechs Millionen unangemessen sind. Wenn es 300 000 Euro werden, bin ich zufrieden«, hätte er sich gedacht. Allerdings habe es sich bei der aufgeblähten Vergütung nicht um eine verdeckte Parteienfinanzierung gehandelt, wie behauptet würde, wenngleich er nicht an die »Selbstlosigkeit der handelnden Personen« geglaubt und es »im Hinterkopf« für möglich gehalten habe, »dass irgendwann einmal einer kommt und sagt: Jetzt zahlst mir was.«

Das Eingeständnis irritierte den Hauptangeklagten Martinz zwar kurz, konnte den routinierten Politiker aber nicht aus der Fassung bringen. Wie immer war der Verhandlungssaal fast bis auf den letzten Platz mit seinen Anhängern gefüllt. 2004 hatte der Campingplatzbesitzer und ehemalige Bürgermeister von Ossiach die Führung der Kärntner Volkspartei übernommen, um sie nach einer verheerenden Wahlniederlage aus der Bedeutungslosigkeit zu manövrieren. Vor allem im Zusammenspiel mit Haiders Privatpartei BZÖ, die später von den Erben wieder in den Schoß des freiheitlichen Lagers zurückgeführt wurde, hatte Martinz der ÖVP-Landespartei zu mehr Einfluss verholfen, als ihrer tatsächlichen Stärke entsprach. An der Seite des selbstherrlichen Landesvaters bekleidete er Schlüsselpositionen. Für den willigen Helfer im tolldreisten Kärntner Finanzkarussell fielen stets Brosamen ab. Gemeinsam bildeten die Volkspartei und das Haider-Universum vom Wörthersee eine Bastion, an der jede Kritik, selbst wenn sie von einem Höchstgericht, von der Finanzmarktaufsicht oder vom Staatsoberhaupt kam, folgenlos abprallte. Das System dieser Kumpanei führte zu Pleiten, und der Schuldenberg wuchs in schwindelerregende Höhen. Doch das alles zeitigte keinerlei Konsequenzen. Vom ersten Verhandlungstag an versprühte deshalb Josef Martinz auch puren Optimismus, beharrte auf seiner Unschuld und betonte, er würde »heute wieder so handeln«. Mehrmals forderte ihn Richter Herrnhofer auf: »Überlegen Sie sich ein Geständnis, Herr Doktor.« Ein müdes Lächeln. Martinz durfte wohl darauf vertrauen, dass in Kärnten weiterhin das Gesetz des Schweigens regierte, da alle irgendwie eingebunden waren in das System der Günstlingswirtschaft.

Daher sind an diesem regnerischen Mittwochmorgen die Erwartungen auch gering. Lediglich vier Reporter langweilen sich auf den für die Medien reservierten Sitzen. Die Aussagen jener drei Privatgutachter, die vor Jahren im Auftrag der Landesholding das Millionenhonorar für »angemessen« befunden hatten, versprechen wenig Spannung. Ihre Ausreden waren schon zuvor in der Zeitung gestanden. Ohne Umstände wurde der Villacher Steuerberater von allen drei Experten zu einer Art Ein-Mann-Investmentbank erklärt, um das Honorar im Sinne des Auftraggebers, der deshalb auch vom Rechnungshof unter Beschuss geratenen Kärntner Landesholding, zu rechtfertigen. Doch noch bevor der erste Gutachter in den Zeugenstand gerufen wird, nimmt plötzlich Dietrich Birnbacher seinen ganzen Mut zusammen: Seine Aktien sind in den vergangenen Wochen immer mehr gefallen; die Aussicht auf eine mehrjährige Gefängnisstrafe verfinstert seinen Lebensabend; der Loyalitätskonflikt mit seinem mitangeklagten Auftraggeber bereitet ihm bereits körperliche Schmerzen. Er ist der dürre Ast im Entscheidungsbaum des Richters – der erste, der bricht.

Er wünsche eine Erklärung abzugeben, teilt er dem Vorsitzenden mit. Der kleine, rundliche Mann wankt nahezu vor das Richterpult und macht reinen Tisch. »Herr Rat!«, beginnt er mit stockender Stimme eine vorbereitete Erklärung abzulesen. »Wie hier in den letzten Tagen Beteiligte versucht haben, den wahren Sachverhalt zu verdrehen und zuzudecken, erfordert es, mein Geständnis zu erweitern.« Er hoffe damit »vielleicht wirklich dem Land Kärnten einen Dienst zu erweisen«. Seine Stimme gewinnt an Kraft. Er blickt nun nicht mehr in seine Notizen, während er zugibt, dass schon von Anfang an geplant gewesen sei, sein Honorar schamlos aufzublähen, um es anschließend zu je einem Drittel zwischen ihm, der ÖVP und dem BZÖ aufzuteilen. Haider habe ursprünglich mit einer Million Euro für seine Partei gerechnet. Auf seine Frage nach dem Ablauf der verschwiegenen Transaktion habe ihn Martinz »an Dr. Strasser in Wien« verwiesen, da dieser über »das nötige Know How« verfüge. Schließlich dürfte das Fachwissen des ehemaligen Innenministers und EU-Abgeordneten – der im Oktober 2014 wegen Bestechlichkeit zu drei Jahren Haft verurteilt werden sollte, weil er zwei englischen Undercoverjournalisten auf den Leim gegangen war – dann doch nicht für das eher simple Procedere benötigt worden sein. Bei der Weihnachtsfeier des Rotary Clubs in Villach habe er Martinz 2008 einen Umschlag mit 65 000 Euro unter dem Gabentisch zugesteckt, erzählt Birnbacher. Außerdem habe er auch der Anwältin des ÖVP-Chefs für eine fingierte Rechnung 35 000 Euro überwiesen. So seien alles in allem 100 000 Euro bei der Volkspartei gelandet.

Die Haider-Partei sei hingegen leer ausgegangen. Zwar hätten Uwe Scheuch, Haiders Nachfolger an der Parteispitze, und Harald Dobernig, einst Büroleiter von Jörg Haider und später Finanzlandesrat, ihn bei einem Mittagessen im Hotel Werzer am Wörthersee an den Deal erinnert und 500 000 Euro gefordert. »Aber da war der Haider schon tot«, meint Birnbacher pragmatisch und legt nach einer Stunde letztlich seinen Terminkalender und die fingierte Rechnung der Anwältin neben den Entscheidungsbaum auf den Richtertisch.

Die Berichterstatter eilen aus dem Raum, um die Sensation ihren Redaktionen zu melden. Richter Herrnhofer scheint hingegen gar nicht überrascht zu sein, so als habe er ohnehin erwartet, dass ein Angeklagter sein Gewissen erleichtern würde. Ungerührt ruft er Josef Martinz auf. Wäre da nicht die Wörthersee-Sonne in seinem Gesicht, der bis dahin so selbstbewusste Mann wäre in diesem Augenblick erbleicht. Hilflos gestikuliert er mit den Armen. Er habe, beteuert der Parteichef, dem gerade der Boden unter den Füßen weggezogen worden ist, nicht von Anfang an »mit Haider unter der Decke gesteckt«. Dann sei »aber irgendwie die Idee aufgetaucht«, auch den Parteien etwas zukommen zu lassen. Richter Herrnhofer platzt der Kragen: »Das ist die Taktik von Schwerverbrechern, die geben auch nur zu, was bereits auf dem Tisch liegt.« Er wolle nun endlich Namen hören, sagt er in schneidendem Ton. Martinz versucht es noch einmal: »Haider und ich haben die Idee gehabt …«

Es dauert keine dreißig Minuten, dann ist die Katze aus dem Sack. Zu präzise hat Birnbacher zuvor die Zusammenhänge geschildert. Martinz nickte einen Namen nach dem andern ab: Jörg Haider, Harald Dobernig, Uwe Scheuch. Lediglich an ein Gespräch mit Ernst Strasser könne er sich »nicht erinnern«. Die beiden mitangeklagten Holding-Vorstände hätten hingegen keine Ahnung von den geplanten Geldflüssen gehabt. »Sie waren treue Diener ihres Herrn«, hatte der Steuerberater schon zuvor erklärt. Verwundert vermerkt der Richter, dass dem geständigen Angeklagten das Wort »Reue« nicht über die Lippen gekommen sei. Martinz rafft sich noch einmal auf. Sein Fehler sei es gewesen, sich auf das »System Haider« einzulassen. »Er hat mich mitgerissen, und ich soll jetzt für alles allein den

Dr. Tilo Berlin

PERSÖNLICH/VERTRAULICH

Herrn
Werner Schmidt
Vorsitzender des Vorstandes
Bayerische Landesbank
Briennerstr. 18

80333 München

Hamburg, 23. August 2006
060823-Schmidt-IFH

Österreich

Verehrter Herr Schmidt,

wie bereits am Telefon besprochen, halte ich die letzten Veränderungen im Hause der Hypo-Alpe-Adria-Bank für beachtenswert. Das mit Blick auf die Wachstumsmärkte sehr gut aufgestellte Institut ist durch die innerösterreichische Diskussion möglicherweise in der Bewertung günstiger geworden, gleichzeitig scheinen mir Veränderungen im Gesellschafterkreis nicht mehr unmöglich. Die Ertragskraft ist trotz des „Ausrutschers" im Jahre 2004 offenbar ungebrochen.

Als Vorbereitung für unser Gespräch am 31.08. in Kärnten übersende ich Ihnen eine Kurzfassung des aktuellsten Business Plan, den mir Herr Dr. Kulterer im Vertrauen und mit Gruß an Sie überlassen hat.

Wir rechnen mit Ihnen und Ihrer Frau zu einem Mittagessen ab 12.30 Uhr auf der Klockerhube, danach setzen wir uns mit Herrn Dr. Kulterer zusammen. Meine Frau freut sich darauf, Ihrer Frau am Nachmittag ein paar Eindrücke unserer Gegend zu verschaffen.

Bis dahin mit einem herzlichen Gruß

Ihr Tilo [illegible]

Berlin & Co. Aktiengesellschaft
Esplanade 23 · 20354 Hamburg · Telefon: +49 (0)40 · 35 10 50 0 · Telefax: +49 (0)40 · 35 10 50 24
Brauchbachstr. 36 · 60311 Frankfurt am Main · Telefon: +49 (0)69 · 92 88 48 30 · Telefax: +49 (0)69 · 92 88 48 50
Widenmayerstr. 3 · 80538 München · Telefon: +49 (0)89 · 89 06 59 0 · Telefax: +49 (0)89 · 89 06 59 22
www.berlin-co.com · Sitz: Frankfurt/M., HRB 73566 · USt-ID Nr. DE 226207509

Expansionsgelüste. Bereits im Sommer 2006 zeigte die BayernLB ein reges Interesse an einem Einstieg bei der Hypo Group Alpe Adria und erhielt von Tilo Berlin vertrauliche Bankunterlagen.

Kopf hinhalten«, beklagt er sein Schicksal. Herrnhofer bleibt unbeeindruckt: »Haider steht vor einem anderen Gericht. Sie hier!«

Dann, es ist 10.28 Uhr, ist alles vorbei. In Kärnten, wo einst die Sonne vom Himmel fiel, als der Landesvater in den Tod raste, ist ein erstes Licht der Aufklärung angegangen. Fortan werden nun alle Mitglieder aus seinem Hofstaat, die in die Affäre verstrickt sind, versuchen, die gesamte Schuld am Grab des Toten abzuladen. Vom Idol zum Sündenbock: Für diese Metamorphose reicht ein trüber Sommertag.

Ein Schwabe in Klagenfurt

Der schwäbische Bankkaufmann hielt nicht einmal ein halbes Jahr durch. Werner Schmidt, Vorstandschef im Ruhestand, ging schon bei seiner zweiten Vernehmung in die Knie. Nur einen kurzen Fußweg von seiner ehemaligen Wirkungsstätte entfernt, der mit einem steinernen Löwen bewehrten Zentrale der Bayerischen Landesbank (BLB) im besten Münchner Börsenviertel, erzählte der heute 72-jährige Unglücksrabe den erstaunten Staatsanwälten im Strafjustizzentrum an der Nymphenburger Straße, was sich damals tatsächlich zugetragen habe in jenen folgenschweren Tagen im Dezember 2006 und den anschließenden Wintermonaten, als der Finanzplatz München nach Süden expandierte und sich die BLB mit der Klagenfurter Hypo Alpe Adria ein Fiasko einhandelte, das die Bayern schließlich fünf Milliarden kosten sollte.

Bislang hatten alle Beteiligten – Schmidt, sein Kärntner Kollege Wolfgang Kulterer, der schillernde Vermögensberater, Hypo-Aktionär und Nebenerwerbsbauer Tilo Berlin und der verstorbene Landeshauptmann Jörg Haider – eisern an jener Version festgehalten, mit der sie bereits 2007 einen Untersuchungsausschuss des Kärntner Landtages abspeisten. Erstmals, so flunkerten die Geschäftsfreunde damals, hätte die BayernLB am 26. März 2007 Interesse an einem Einstieg in das Kärntner Finanzinstitut gezeigt, das bereits in großem Stil Verluste im riskanten Balkangeschäft angehäuft hatte. Doch von den brisanten Belastungen war bei dieser Kontaktaufnahme nicht die Rede. Im Eilzugtempo wurde ein Vertrag ausgehandelt, der schon am 25. Mai unterschriftsreif war. Vergessen waren die beiden internen Strategiepapiere der BayernLB vom Juni und

Oktober 2006, in denen noch eindringlich vor einem Zukauf in Kärnten gewarnt worden war.

Schon damals, nicht erst am Tag des großen Katzenjammers im Dezember 2010, als die schrottreife Bank aus Klagenfurt notverstaatlicht werden musste, war die Vermutung laut geworden, der ruinöse Handel sei ganz anders abgelaufen als offiziell dargestellt und tatsächlich ein abgekartetes Spiel gewesen. Diesen Verdacht erhärtet auch die Aussage des Bankkaufmannes, den die *Süddeutsche Zeitung* nicht als gerissenen Finanzprofi, sondern eher als biederen Sparkassenmann einschätzt.

Schicksalstag ist der 14. Dezember 2006. An diesem Tag holen sich die Bayern mit einem Angebot, das ihnen die ziemlich ramponierte Gewerkschaftsbank BAWAG sichern soll, die in einem Notverkauf auf den Markt geworfen worden war, in Wien einen Korb. Doch die Herren in der damals noch allmächtigen Regierungspartei CSU wollen hoch hinaus, sind von Expansionsdrang beseelt. Sie machen Druck, Bayern drängt es nach Weltgeltung – in diesem Punkt sind sie mit den Kärntner Machthabern geistesverwandt. Da fügt es sich, dass sich in dieser bitteren Stunde zwei alte Bekannte aus Klagenfurt telefonisch in München melden: Kulterer und Berlin. Sie hätten da etwas im Angebot – ein Geldhaus am Wörthersee. Berlin, der mit Schmidt aus gemeinsamen Tagen in der Vorstandsetage der Baden-Württembergischen Landesbank auf vertrautem Fuß steht, offeriert bei diesem Anlass Hypo-Anteile, über die er noch gar nicht verfügt. Erst fünf Tage später wird er damit beginnen, in drei Tranchen eine Sperrminorität zu erwerben. Bei dem dritten Teilbetrag greifen die hilfsbereiten Bayern dem Goldjungen sogar mit einem Überbrückungskredit in Höhe von 300 Millionen Euro unter die Arme.

Unverzüglich nach diesen Gesprächen, das beichtete Schmidt der Münchner Staatsanwaltschaft, habe er den gedemütigten Managerkollegen die neue Option präsentiert. Zwei Tage später bei einer abendlichen Geburtstagsfeier seien auch die CSU-Granden, allen voran Ministerpräsident Edmund Stoiber, eingeweiht worden. Die geheime Mission läuft an. Sie wird auf den sinnigen Codenamen *Lindwurm*, das Wahrzeichen von Klagenfurt, getauft.

Dann geht es Schlag auf Schlag. Verschwiegene Treffen werden anberaumt. Schmidt begibt sich auf die mühsame Fahrt in die schneereiche Kärntner Provinz. Dort, am abgelegenen Ulrichshof, wo Tilo Berlin Hochlandrinder züchtet, erwartet ihn in der guten

Stube des Gastgebers bereits die Schlüsselfigur der Transaktion. »Hobt's des Geld?«, will Jörg Haider lediglich wissen. Dann bittet er den Emissär aus München zum Vieraugengespräch in die Küche. Da wäre noch eine Kleinigkeit: zehn Millionen Euro, mit denen der neue Hypo-Eigentümer den Fußballverein FC Kärnten und dessen überdimensioniertes Stadion sponsern müsse. Das sei eine Voraussetzung. Zumindest hier beweist Schmidt seine Verhandlungsqualitäten: Es gelingt ihm, die Summe auf die Hälfte zu drücken. Eine Bankentochter der BayernLB in Berlin wird den Betrag später verschämt überweisen.

Die Prüfer, die vorerst noch unter höchster Geheimhaltung losgeschickt werden, sind hingegen »fassungslos«, denn das Objekt der Begierde scheint ihnen »eine ausgequetschte Zitrone« zu sein. Da war jedoch der *Letter of Intent* aus München längst auf die Reise geschickt. Als die Katze im März 2007 endlich aus dem Sack war, waren die Geschäftsinteressen der risikofreudigen Anlegerfreunde von Tilo Berlin längst in trockenen Tüchern. Seine Investoren erwarben ihre Genussscheine auf der Basis einer Beurteilung, die den Wert der Hypo auf 2,5 Milliarden Euro einschätzte. Dem vertraglich verankerten Kaufpreis lag fünf Monate später aber ein Bankenwert von 3,2 Milliarden zugrunde. In der Riege der zufriedenen Anleger findet sich auch ein Name, der im Kontext solch geglückter Transaktionen in Österreich einfach nicht fehlen darf: Die Familie von Ex-Finanzminister Karl-Heinz Grasser investierte über eine Stiftung namens Ferint 500 000 Euro und erhielt kurz darauf 783 000 Euro zurück. Macht 56,6 Prozent Rendite.

Werner Schmidt war zumindest ansatzweise mit den Zuständen, die in dem Klagenfurter Institut herrschten, vertraut. Drei Monate lang sei Schmidt im ersten Halbjahr 2001 »jede zweite Woche« für einige Tage im Haus gewesen und habe für das Controlling und Rechnungswesen ein Konzept ausgearbeitet, verrät Kulterer bei einer seiner Vernehmungen: »Dieses war zur Umsetzung fertig.« Doch Schmidt zog nach München weiter.

Nachdem er dort 2008 aus der BayernLB wegen der Hypo-Pleite und eines weiteren Missgeschicks (toxische Immobilieninvestments in den USA) hatte ausscheiden müssen, verpflichteten ihn die Kärntner erneut. Ein dankbarer Tilo Berlin, der für zwei Jahre auf dem Vorstandsvorsitz der HGAA inthronisiert worden war, wollte den Rat des Mannes nicht missen, der sein Institut so geschickt auf einen mutigen Wachstumskurs manövriert hatte. Vereinbart wurden für 20 Beratungstage vergleichsweise wohlfeile 100 000 Euro zuzüglich Spesen. Anlässlich eines Besuchs zum Abendessen bei dem »lieben Tilo«, wo sich bei »zielführenden« Gesprächen, wie Schmidt dankbar schrieb, eben »echte Freunde« zeigten, wenn die Zeiten einmal etwas rauer geworden waren, stand auf der Spesenrechnung auch das fürstliche Trinkgeld von 2,60 Euro, das er der Bedienung im Hotelrestaurant Wallerwirt am Wörthersee in die Hand gedrückt hatte.

Weiß-blaue Geschichten

Es ist der 29. November im Jahr 2008, an dem das entscheidende Treffen der 20 mächtigen Männer stattfindet. Um exakt 13.07 Uhr begrüßt Georg Fahrenschon die Sitzungsteilnehmer. Er ist gerade erst vom einfachen Staatssekretär zum bayerischen Finanzminister aufgestiegen und mit 40 Jahren das jüngste Kabinettsmitglied. Seine Haut ist fast faltenlos, nur zwischen den Augenbrauen hat sich eine tiefe Furche ins Gesicht gegraben. Es ist keine gute Zeit für die bayerische Staatsbank. Zwei Monate zuvor hatte die New Yorker Investmentbank Lehman Brothers Konkurs angemeldet. Seitdem bestimmt die Panik vor weiteren Bankpleiten ganz Europa. Auch die BayernLB hatte durch Fehlinvestitionen viel Geld verbrannt und braucht jetzt Neues: Ihr fehlen 10 Milliarden Euro. So steht es in der Niederschrift der 85. Sitzung des Verwaltungsrates der BayernLB.

»Es war also eine Krisensitzung, und eine, die entscheidend sein würde für die Zukunft der BayernLB – vor allem aber für die ihrer österreichischen Tochter, der Hypo Group Alpe Adria (HGAA)«, schreibt *DIE ZEIT* Mitte Mai 2014. Und während damals noch das Münchner Landgericht prüfte, ob sich die führenden Banker der BayernLB mit der Fehlinvestition in die HGAA strafbar gemacht haben, wies das *Hamburger Wochenblatt* aufgrund vorliegender Dokumente auf eine möglicherweise noch größere Affäre hin: Diese Unterlagen würden zeigen, »dass in dem Fall noch ein zweiter Skandal steckt: Ein Staat hat hier den anderen betrogen. Genauer: München hat Wien betrogen.«

Ein zentraler Ausgangspunkt für diesen möglichen Betrug könnte die Verwaltungsratssitzung vom 29. November 2008 sein. An diesem Tag trifft sich das Gremium der BLB-Eigentümervertreter in einer völlig neuen Zusammensetzung. Mit dem neuen Wirtschaftsminister Martin Zeil hat nach der damals jüngsten Landtagswahl in Bayern, die die CSU in eine Regierungskoalition gezwungen hatte, nun auch ein FDP-Mann Zutritt zu dieser Eigentümervertretung. Außerdem ersetzt Georg Fahrenschon den kurz zuvor zurückgetretenen Finanzminister Erwin Huber (CSU). Bloß Michael Kemmer, der schmale Bankvorstand der BayernLB, dessen Gesicht es später wegen der vielen Gerichtsfotos zu einiger Bekanntheit bringen wird, ist eine der wenigen Konstanten.

In dieser Sitzung fallen weitreichende Entscheidungen. Das Gremium beschließt, die Osteuropa-Strategie der HGAA drastisch zu korrigieren, was kurze Zeit später zur Schließung von sechs der insgesamt zwölf Standorte der Bank führt. Ein Bankinsider nennt diesen Kurswechsel vor allem deshalb »schicksalhaft«, weil »die Hypo ja nicht viel anderes hatte als ihre Osteuropa-Geschäfte«. Weiter wird an diesem Novembertag entschieden, die marode österreichische Tochter wieder »kapitalmarktfähig« zu machen – soll heißen: sie für den Verkauf vorzubereiten. Außerdem steht im Protokoll, das erstaunlicherweise bei den verschiedenen Gerichten und U-Ausschüssen in verschiedenen Variationen kursiert: »Die Gefahr, dass man sich auf Grund von EU-Auflagen« von der Bank trennen müsse, schätze »Herr Dr. Kemmer als hoch ein«. Dazu passt auch eine Zeugenaussage vom Oktober 2013, die der damalige Finanzvorstand der Bayerischen Landesbank vor einem Wiener Gericht abgab. Er nannte dieses Novembertreffen eine »wichtige Verwaltungsratssitzung«, besonders deshalb, weil entschieden wurde, dass die HGAA in Zukunft nicht mehr zum Kern des bayerischen Bankgeschäfts gehören werde. »Man freundet sich also in dieser Münchner Sitzung sehr mit dem Gedanken an, das lästige Milliardending aus Klagenfurt loszuwerden«, folgerte *DIE ZEIT* in ihrem Dossier. Es gab dabei nur ein krasses Problem: Die HGAA plante, sich im Zuge der Finanzkrise um Staatshilfe zu bemühen, mit der die österreichische Regierung strauchelnde Institute unterstützte. Und als an diesem trüben Novembertag in München all diese folgenschweren Beschlüsse getroffen wurden, stand die Hypo unmittelbar vor der Bewerbung um das sogenannte Partizipationsgeld. Im Raum standen Beihilfen in Höhe von bis zu 1,4 Milliarden Euro, wobei allen klar sein musste, dass die neuen Informationen aus der Münchner Verwaltungsratssitzung die Beihilfeverhandlungen akut gefährden würden. Tatsächlich enthalten die Bayern ihren österreichischen Verhandlungspartnern diese neuen Informationen dann auch vor.

Im Gegenteil: Die bayerische Bank habe sogar noch während der entscheidenden Gespräche versichert, als Eigentümer langfristig mit der HGAA zu planen, behauptete der Präsident der Finanzprokuratur Wolfgang Peschorn. Und genau dies sei die zentrale Bedingung für die Gewährung der Gelder gewesen. Ähnlich äußerte sich der Finanzbeamte Michael Höllerer, 2008 der zweite Mann hinter dem österreichischen Finanzminister Josef Pröll und ebenfalls einer der österreichischen Verhandler bei dem Staatshilfe-Deal mit den Bayern: »Die Position der Eigentümer war ein wesentlicher Teil der Gewährung von Partizipationskapital.« Und selbst heute noch, wenn man mit Regierungskreisen spricht, hört man immer wieder: »Hätten wir gewusst, die Bayern wollen die HGAA loswerden, wären die Gespräche völlig anders gelaufen.« Eines scheint damit jedenfalls sicher: Hätten die Münchner damals die Karten auf den Tisch gelegt, hätten sie die Wiener Partizipationsgelder mit hoher Wahrscheinlichkeit nicht bekommen. Aber sie haben das Geld bekommen, wenn auch nicht die ganze Summe: Noch kurz vor Jahresende gewährte die Republik 900 Millionen Euro.

Tilo Berlin, damals Vorstandsvorsitzender der Klagenfurter Bank und Verhandlungsführer, fühlt sich im Rückblick »missbraucht« von den bayerischen Bankern und Politikern, weil sie ihm ihre wahren Absichten verschwiegen hätten. »Heute weiß ich, dass wir den Antrag auf die Partizipationsgelder auf völlig verzerrten Grundlagen gestellt haben«, sagt er. Aus diesem Grund hat Berlin gegen die damaligen Verantwortlichen der Bayerischen Landesbank Anzeige erstattet. Seither ermittelt die Klagenfurter Staatsanwaltschaft wegen »schweren Betrugs« sowie des Verdachtes des betrügerischen Erlangens von Partizipationskapital, und auch die Münchner Staatsanwaltschaft erklärte, den Vorgang prüfen zu wollen. Nun gibt es sicher strahlendere Zeugen als Tilo Berlin, der im Zusammenhang mit dem dubiosen Vorzugsaktiendeal 2006 in erster Instanz (nicht rechtskräftig) zu zwei Jahren und zwei Monaten Haft verurteilt worden ist und auf den noch weitere Anklagen warten dürften. Doch in diesem Fall kommt ihm doch eine gewisse Glaubwürdigkeit zu: Immerhin ist seine Betrugsanzeige auch eine Art Selbstanzeige, da er als Vorstandsvorsitzender für den Antrag auf Partizipationsgeld verantwortlich war.

Im Dezember 2008, bei der entscheidenden Verhandlungsrunde mit den Vertretern des österreichischen Staates, ließen sich die Bosse aus München, Finanzminister und Verwaltungsratschef Fahrenschon sowie Bankchef Kemmer, erst gar nicht blicken. Sie überließen das unschöne Schweigen einem Mann aus der zweiten Reihe der Bayerischen Landesbank, der sich nach der Erinnerung Anwesender nicht weiter zu Wort gemeldet hat. Fahrenschon spielte später, bei einer Zeugenaussage vor Gericht im Jahr 2013, den Ahnungslosen: Ob die österreichische Regierung im Dezember 2008 von den dramatischen Entscheidungen der Bayerischen Landesbank erfahren habe, könne er »nicht sagen«.

Michael Kemmer musste zwar im Dezember 2009 wegen der hohen Verluste durch die HGAA als BayernLB-Chef zurücktreten, doch seiner Karriere tat dies keinen Abbruch. Er ist seit Oktober 2010 der Chef des Bundesverbandes Deutscher Banken und damit einer der führenden Banker Deutschlands. Er hat auch den Münchner Prozess mit Bravour überstanden. Das Verfahren gegen ihn und drei weitere ehemalige BLB-Vorstände wurde Ende August 2014 eingestellt. Im Gegenzug mussten die Ex-Banker Geldauflagen tragen: Bei Kemmer ging es um 20 000 Euro, ein weiterer Vorstand trug 15 000 Euro und die übrigen je 5000 Euro. Insgesamt kostete also die weitere Unbescholtenheit die bayerischen Amigos der HGAA schlappe 45 000 Euro.

Zwei Monate später endete auch für die letzten zwei Münchner Angeklagten der Untreueprozess um das bayerische Milliardendebakel mit einem Deal: Werner Schmidt erhielt eine Bewährungsstrafe von einem Jahr und sechs Monaten. Außerdem musste der 72-Jährige eine Geldstrafe von 100 000 Euro an die Staatskasse zahlen und für die Verfahrenskosten aufkommen. Mit der Vereinbarung wollte das Gericht ein schnelles Ende des Verfahrens nach mehr als 50 Verhandlungstagen erreichen. Es hatte Schmidt die Bewährungsstrafe in Aussicht gestellt, wenn er die Bestechung Haiders gestehe. Im Gegenzug wurde auch der Untreuevorwurf im Zusammenhang mit dem HGAA-Erwerb eingestellt. Es sei dafür kein Tatnachweis zu erbringen, hieß es in der Begründung. Schmidts letzter Mitangeklagter und ehemaliger Vorstandskollege Rudolf Hanisch – unter Ministerpräsident Edmund Stoiber einst oberster Beamter

Bayerns – verließ das Gericht indes gegen eine Auflage von 50 000 Euro sogar als unbescholtener Mann.

Damit erübrigt sich auch die Frage, warum die ganze Führungsriege der BayernLB so allein auf der Anklagebank saß – und niemand aus dem politisch dominierten Verwaltungsrat, der den Vorstand ermächtigt hat, die marode Bank zu kaufen. In diesem Gremium saßen immerhin Schwergewichte wie der ehemalige Ministerpräsident Günther Beckstein, der frühere Parteichef Erwin Huber, der damalige Finanzminister Kurt Faltlhauser sowie der einstige Fraktionschef der CSU Georg Schmid. »Haben all diese Herren in ihren Kontrollfunktionen versagt, oder waren sie sogar die Antreiber im Hintergrund dieses Milliardendeals? Wie viel Schuld, wie viel Verantwortung tragen die politischen Entscheidungsträger angesichts des Fiaskos?«, fragte *DIE ZEIT*. Ein Untersuchungsausschuss des Münchner Landtags hat bis März 2011 versucht, diesen Fragen auf den Grund zu gehen. 29 Sitzungen, 300 Aktenordner und 74 Zeugenbefragungen später gab es zwar zahlreiche neue Erkenntnisse, die vor allem den Druck auf die Politik weiter erhöhten. Doch die Münchner Staatsanwaltschaft machte sich seltsamerweise eine andere Deutung zu eigen: Die armen Politiker seien von den Bankern getäuscht worden und daher schuldlos. »Dass die Politiker nicht zur Verantwortung gezogen wurden, ist ein Skandal. Ihr Größenwahn kostet die Bürger täglich eine Million Euro an Zinsen«, wettert die SPD-Landtagsabgeordnete Inge Aures, die den Untersuchungsausschuss maßgeblich vorangetrieben hat, noch heute – nur so wirklich aufregen dürfte das keinen mehr.

Dead Bank Walking

Aus dem Mund des Finanzministers war es eine erstaunliche Einsicht. »Man muss den Tatsachen ins Auge blicken«, erklärte Michael Spindelegger im Februar 2014, nachdem der Bankengipfel zur Abwicklung des Pleiteinstituts Hypo Alpe Adria gescheitert war. Die österreichische Finanzindustrie wollte sich nicht an dem teuren Vorhaben beteiligen, mit dem der Milliardenschaden, den das Kärntner Geldhaus verursacht hatte, aufgeräumt werden sollte. Bis zuletzt hatte sich die Regierung an diese Möglichkeit geklammert. Diese Lösung hätte vor allem den Charme besessen, dass der finanzielle

Aufwand des Staates nicht im Budget hätte berücksichtigt werden müssen. Realistisch war diese Annahme ohnedies nie, weil sie nicht mit den Vorgaben der EU vereinbar ist, werden später einige der an den Verhandlungen Beteiligten einräumen. Doch die politischen Entscheidungsträger holten den Fetisch bei jeder sich bietenden Gelegenheit hervor und ließen ihn von ihrem Expertenrat, der Taskforce Hypo, anpreisen. Es konnte dem Ratsschluss der illustren Runde kaum etwas anhaben, dass in diesem Gremium genau jene Leute und Institutionen (Notenbank und Finanzmarktaufsicht) vertreten sind, unter deren wachsamen Augen die Hypo einst ins Desaster geschlittert war.

Damit war allerdings ein Ende mit Schrecken gekommen. Der Staat wird nun den Konkursfall in alleiniger Verantwortung bereinigen. Alle faulen Kredite und das nur mühevoll verkäufliche Immobilienvermögen, das sich bei der Hypo nach geplatzten Finanzierungen angehäuft hat, wurde in eine sogenannte Abbaueinheit, die HETA Asset Resolution AG (Heta), ausgelagert, für deren voraussehbare Großverluste nun nur die Republik haftet. Die dadurch entlasteten Hypo-Töchter in Südosteuropa dürften nach dem Pre-Closing Anfang Juli 2015 wie geplant an ein Konsortium aus der Europäischen Bank für Wiederaufbau und Entwicklung (EBRD) und dem US-Fonds Advent International losgeschlagen worden sein. Mit dem endgültigen Closing fließen vorerst zwar nur 50 Millionen Euro an die Heta, also den Steuerzahler, der jedoch weiter für 2 Milliarden haftet. Aber durch den Verkauf wird die Summe jetzt nicht schlagend. Auf der anderen Seite übernimmt das Konsortium 2,2 Milliarden Verbindlichkeiten des Hypo-Balkannetzwerkes gegenüber der Heta. Damit ist die Hypo-Gruppe endgültig Geschichte. Das Österreich-Geschäft der Bank wurde bereits 2014 – ebenfalls zu einem Schnäppchenpreis – an indische Investoren verkauft. Eine Insolvenz wird weiterhin dezidiert ausgeschlossen.

Tatsächlich war die Hypo Alpe Adria schon seit jenem eisigen Montagmorgen im Dezember 2009 eine *Dead Bank Walking*, an dem der damalige Finanzminister Josef Pröll die sechstgrößte Bank des Landes in Staatsbesitz übernahm. Nur die Hinrichtung wurde immer wieder aufgeschoben. Zunächst lautete einige Jahre lang die Devise: Zuwarten. Konkurrierende Teams von Polizei, Staatsanwaltschaft, der Bank selbst sowie die Finanzdetektive des Ministeriums, die sogenannte CSI Hypo, mussten sich erst durch das Archiv des Finanzinstituts wühlen, um all den schimmeligen Geschäftsfällen, die das Geldhaus in den Ruin getrieben hatten, auf die Spur zu kommen. Der neue Eigentümer hatte ja keine Ahnung, zu einer Überprüfung des maroden Instituts hatte man sich vor der Notverstaatlichung keine Zeit genommen. Leiche um Leiche wurde im Keller ausgescharrt, Sachverhaltsdarstellung um Sachverhaltsdarstellung wanderte zur Justiz, immer neue Verdächtigte gerieten ins Visier der Ermittler, und langsam nahmen die abenteuerlichen Umstände Konturen an, unter denen in Klagenfurt fast ein Jahrzehnt lang mit ungeheuren Summen jongliert worden war.

Was allerdings mit dem Finanzkadaver selbst geschehen sollte, wusste niemand zu sagen. Längst umkreisten ihn Hyänen, die versuchten, den einen oder anderen Happen herauszureißen. Die Versuche, Vermögenswerte der Bank an den Mann zu bringen, endeten häufig in verlustreichen Notverkäufen. Insgeheim herrschte offensichtlich die Hoffnung, die Zeit heile alle Wunden und eines Tages würden die dahinsiechenden Banktöchter in Südosteuropa noch einen schönen Batzen Geld einbringen – wenn sich das wirtschaftliche Umfeld aufhelle, wie gerne hinzugefügt wurde. Zwischenzeitlich musste der Staat immer wieder Geld zuschießen, um die Bank am Leben zu erhalten. In all diesen Jahren gab die Hypo 300 Millionen Euro für externe Berater aus – einen Weg aus dem Schlamassel fanden allerdings auch sie nicht.

Im Frühjahr 2013 bereitete die Wettbewerbskommission der EU dem heiteren Nichtstun ein Ende. Sie verlangte ein schlüssiges Konzept für eine zügige Abwicklung. Mit Mühe gelang es, die Gnadenfrist zu verlängern. Der damaligen Finanzministerin Maria Fekter wurde die beratende Taskforce zur Seite gestellt. Die beriet – und es geschah wieder nichts. Spätestens zu diesem Zeitpunkt war deutlich geworden, dass kein Weg an einem Bad-Bank-Modell vorbeiführt. Der damalige Chef des Hypo-Aufsichtsrates Johannes Ditz drängte immer heftiger auf diese Lösung hin. Allein, Ministerin Fekter wollte nichts davon hören. Wahlen standen vor der Tür, und der Politikerin waren geschönte Budgetzahlen bei Weitem wichtiger als ein reiner Tisch. Entnervt legte Ditz im August 2013 seine Funktion nieder und klagte, die Regierung vergrößere durch ihre Untätigkeit den Schaden beträchtlich. Bis Juli 2015 schwelte auch noch ein Konflikt mit der früheren Eigentümerin, der Bayerischen Landesbank. Es ging um ein offenes Darlehen von 2,4 Milliarden Euro, das die BayernLB ihrer damals notleidenden Tochter in Klagenfurt gewährt hatte und von dem die Kärntner dann behaupteten, es sei eine Eigenkapital ersetzende Rettungsmaßnahme gewesen. Im Gegenzug klagten dann die Bayern wegen »arglistiger Täuschung«, um den Kauf rückabzuwickeln, da sie einen überhöhten Preis gezahlt hätten. Und so ging es bis zum Juli 2015: Da unterzeichneten der österreichische Finanzminister Hans-Jörg Schelling und sein bayerischer Amtskollege Markus Söder einen Generalvergleich (der aber noch von den jeweiligen Parlamenten abgesegnet werden muss), der unter alle laufenden Prozesse und österreichischen Gegenklagen einen Schlussstrich ziehen soll. »Wir können die Wunden schließen, auch wenn Narben bleiben«, sagte Söder. »I want my money back«, forderte der bayerische Löwe noch im Oktober 2012 von Finanzministerin Maria Fekter selbstbewusst, wie einst die ehemalige britische Premierministerin Maggie Thatcher, die unter diesem Motto den Britenrabatt bei der EU durchboxte. Jetzt sind es immerhin 1,23 Milliarden Euro geworden, mit denen er nach München zurückkehren kann.

Zwischenzeitlich muss Hans Jörg Schelling, immerhin bereits der vierte Hypo-Finanzminister, gleich an mehreren Fronten darauf achten, nicht ebenfalls in den destruktiven Sog der Kärntner Unglücksbank zu geraten. Diese hatte Ende Februar 2015 – zu den bereits geflossenen 5,5 Steuermilliarden – einen weiteren Finanzierungsbedarf von bis zu 7,6 Milliarden Euro angekündigt, worauf der schnauzbärtige ÖVP-Politiker couragiert die Reißleine zog. Seither gilt für die Hypo-Nachfolge-Anstalt Heta bis vorerst Mai 2016 ein sogenanntes Schuldenmoratorium. Die Heta ist somit das erste Geldinstitut, das nach den neuen EU-Regeln liquidiert wird und seine Gläubiger über einen Schuldenschnitt an den Kosten beteiligt. Bestätigt durch Schellings forschen Auftritt, fordert die Opposition in Österreich jetzt erneut, eine »geordnete Insolvenz« in Betracht zu ziehen. Das käme vermutlich auch nicht wesentlich billiger, hätte aber einen unschätzbaren Vorteil: Die quälend lange Hypo-Saga hätte endlich ein Ende.

Abkürzungen

AAP Alpe Adria Privatbank (Hypo Liechtenstein)
BAWAG Bank für Arbeit und Wirtschaft AG
BHI Bank für Handel und Industrie
BLB BayernLB, Bayerische Landesbank
BND Bundesnachrichtendienst
BWG Bankwesengesetz
BZÖ Bündnis Zukunft Österreich (aus der FPÖ hervorgegangene Haider-Partei)
CIA Central Intelligence Agency (Zentraler Nachrichtendienst = Auslandsnachrichtendienst der Vereinigten Staaten von Amerika)
CSI Crime Scene Investigation (Tatort-Ermittlung)
CSU Christlich-Soziale Union (1945 gegründete politische Partei in Deutschland, die ausschließlich in Bayern zu Wahlen antritt)
FIMBAG Finanzmarktbeteiligung Aktiengesellschaft des Bundes
FMA Finanzmarktaufsicht
FPÖ Freiheitliche Partei Österreich
GraWe Grazer Wechselseitige Versicherung
HAAB Hypo Alpe-Adria-Bank Österreich
HBInt Hypo Alpe-Adria-Bank International AG
HBLi Hypo Alpe-Adria-Bank (Liechtenstein) AG
HCLi Hypo Consultants Liechtenstein
HDZ Hrvatska demokratska zajednica (Kroatische Demokratische Union)
Heta Heta Asset Resolution AG (Hypo-Abbaubank = Hypo-Bad-Bank)
HFP Hrvatski fond za privatizaciju (Kroatischer Privatisierungsfonds)
HGAA Hypo Group Alpe Adria
HLH Hypo Leasing Holding
HNB Hrvatska narodna banka (Kroatische Nationalbank)
HVO Hrvatsko vijeće obrane (Kroatischer Verteidigungsrat = kroatische Hauptstreitmacht während des Bosnienkrieges)
Hypo I-Prozess Anklage wegen Untreue; Kredit auf Zuruf von Haider für Fluglinie Styrian Spirit

Hypo II-Prozess Anklage wegen Untreue; Gutachter-Affäre Birnbacher

Hypo III-Prozess Anklage wegen Untreue; Vorzugsaktien-Affäre 1. Tranche 2004

Hypo IV-Prozess Anklage wegen Untreue; Vorzugsaktien-Affäre 2. Tranche 2006

Hypo V-Prozess Anklage wegen Untreue; drei Teilanklagen, darunter unbesicherte Kredite an Sohn von Maler Ernst Fuchs (Paradiso-Affäre)

KELAG Kärntner Elektrizitäts-Aktiengesellschaft

KHM Karl-Heinz Moser (Confida-Gründer)

KLH Kärntner Landesholding

KPMG Wirtschaftsprüfungskanzlei Klynveld, Peat, Marwick und Goerdeler

NDH Nezavisna Dražava Hrvatska (Unabhängiger Staat Kroatien = kroatischer Vasallenstaat der Achsenmächte im Zweiten Weltkrieg)

OeNB Österreichische Nationalbank

OLAF Office européen de lutte antifraude (Europäisches Amt für Betrugsbekämpfung)

ÖVP Österreichische Volkspartei

POA Protuobavještajna agencija (Spionageabwehr Agentur = kroatischer Auslandsgeheimdienst)

RWE Rheinisch-Westfälisches Elektrizitätswerk Aktiengesellschaft, Essen

SOA Sigurnosno-obavještajna agencija (kroatischer Inlandsgeheimdienst)

SPÖ Sozialdemokratische Partei Österreichs

StA Staatsanwaltschaft

UBS Union de Banques Suisses, Schweizer Großbank mit Sitz in Zürich

UDBA Uprava državne bezbednosti (Jugoslawische Geheimpolizei unter Tito)

USKOK Ured za suzbijanje korupcije i organiziranog kriminaliteta (kroatische Behörde zur Bekämpfung der Korruption und organisierten Kriminalität)

VCP Vienna Capital Partners

VZA Vorzugsaktien

WKStA Wirtschafts- und Korruptionsstaatsanwaltschaft, Wien

Aussprache serbokroatischer Buchstaben

Č	tsch wie in Tschüss
C	z wie in Zeit, tz wie in Katze
Ć	weiches tsch
Dž	dsch wie in Dschungel
H	immer hinteres »ach«-H
Lj	zusammenhängend wie in Ljubljana
Nj	zusammenhängend wie Cognac oder Anja
S	scharfes S wie Fass, Fuß
Š	sch wie Schule
R	wird gerollt
V	w wie Wagen
Ž	sch wie Journal
Z	weiches S wie Seife

b, d, f, k, l, m, n, p, t werden wie im Deutschen ausgesprochen